AF396895

DE

L'AMORTISSEMENT

DES

EMPRUNTS D'ÉTATS

PAR

Maurice TRINQUAT

Ancien Élève de l'École Polytechnique
Docteur en Droit.

PARIS

GUILLAUMIN ET Cⁱᵉ

ÉDITEURS DU JOURNAL DES ÉCONOMISTES

RUE RICHELIEU, 14

1899

DE
L'AMORTISSEMENT

DES

EMPRUNTS D'ETATS

Toulouse. — Imprimerie A. Trinchant, rue d'Aubuisson, 27.

DE

L'AMORTISSEMENT

DES

EMPRUNTS D'ÉTATS

PAR

Maurice TRINQUAT

Ancien Élève de l'École Polytechnique
Docteur en Droit.

PARIS

GUILLAUMIN ET Cⁱᵉ

ÉDITEURS DU JOURNAL DES ÉCONOMISTES
RUE RICHELIEU, 14

1899

TABLE DES MATIÈRES

PREMIÈRE PARTIE
Le Principe de l'Amortissement

CHAPITRE PREMIER

L'AMORTISSEMENT AU POINT DE VUE MORAL ET POLITIQUE

Sommaire : Deux catégories d'emprunts d'États. — Les Emprunts dépensés improductivement. — Les Emprunts dépensés productivement. — Devoir moral d'amortir les deux catégories d'emprunts. — Nécessité politique de l'amortissement.. 29

CHAPITRE II

L'AMORTISSEMENT AU POINT DE VUE ÉCONOMIQUE

Sommaire : Effets économiques de l'amortissement. — Théorie de M. J. Laffitte. — L'amortissement et les créanciers de l'État. — L'amortissement et les contribuables. — La Dette publique et la lutte économique entre les nations. — L'amortissement est une nécessité économique........... 43

CHAPITRE III

DE L'OPPORTUNITÉ DE L'AMORTISSEMENT

Sommaire : De la politique d'expectative en matière d'amortissement. — Accroissement de la richesse nationale. —

DEUXIÈME PARTIE
Étude des Méthodes d'Amortissement

LIVRE PREMIER
Les Caisses d'amortissement à intérêt composé

CHAPITRE PREMIER
LES FONDS D'AMORTISSEMENT EN ANGLETERRE

CHAPITRE II
CRÉATION DE L'AMORTISSEMENT EN FRANCE, LES LOIS DE 1816 ET 1817

CHAPITRE III

L'AMORTISSEMENT SOUS LE RÉGIME DE LA LOI DU 1ᵉʳ MAI 1825

CHAPITRE IV

L'AMORTISSEMENT SOUS LE RÉGIME DE LA LOI DU 10 JUIN 1833

CHAPITRE V

L'AMORTISSEMENT SOUS LE RÉGIME DE LA LOI DU 11 JUILLET 1866

CHAPITRE VI
EXAMEN CRITIQUE DES CAISSES D'AMORTISSEMENT
A INTÉRÊT COMPOSÉ

LIVRE II
L'Amortissement fondé sur les Ressources budgétaires

CHAPITRE PREMIER
L'AMORTISSEMENT FACULTATIF EN ANGLETERRE

CHAPITRE II
L'AMORTISSEMENT AUX ÉTATS-UNIS

CHAPITRE III

L'AMORTISSEMENT DE LA DETTE PERPÉTUELLE EN FRANCE APRÈS 1871

SOMMAIRE : Les idées de M. Thiers. — Remboursement des avances faites par la Banque de France pendant la guerre. — Abandon du plan de M. Thiers. — Tentatives pour entreprendre l'amortissement de la Dette perpétuelle. — La France n'amortit plus que sa dette remboursable à terme ou par annuités

CHAPITRE IV

L'AMORTISSEMENT OBLIGATOIREMENT INSCRIT AU BUDGET

SOMMAIRE : Appréciation de l'amortissement facultatif. — L'amortissement basé sur les excédents est une doctrine négative et ne peut constituer une théorie positive. — Des ressources destinées à l'amortissement. — Méthode anglaise : le New sinking fund de 1875. — L'amortissement en Prusse, les lois du 27 mars 1882 et du 8 mars 1897. — Affectation à l'amortissement d'une branche des revenus publics ; l'amortissement en Angleterre et le rachat de certains impôts

LIVRE III

De l'Amortissement par Annuités.

CHAPITRE PREMIER

THÉORIE DE L'AMORTISSEMENT PAR ANNUITÉS

SOMMAIRE : De l'idée d'un amortissement contractuel ou automatique. — Les annuités d'amortissement. — Diverses formes d'annuités. — Les emprunts remboursables par annuités. — Les emprunts en obligations amortissables par tirages au sort périodiques

CHAPITRE V

L'AMORTISSEMENT DE LA RENTE 3 % AMORTISSABLE

CONCLUSION

BIBLIOGRAPHIE

Adams (H.) — Public debts (London, 1888).

Audiffret (Marquis d'). — Système financier de la France, t. III.

Bailly. — Histoire financière de la France.

Bartholony (F.) — Simple exposé de quelques idées financières et industrielles (1860).
— Coup d'œil sur l'avenir financier de la France (1875).

Bastable (C.) — Public finance (London, 1895), ch. VII.

Béquet. — Répertoire du droit administratif, articles *Amortissement* et *Dette publique*.

Bidoire (P.) — Tableau résumé du budget de l'Etat français (1894), ch. III.

Blanche (A.) — Dictionnaire général d'administration, article *Amortissement*.

Block (M.) — Dictionnaire de l'administration française, article *Caisse d'amortissement*.

Calmon (A.) — Histoire parlementaire des finances de la Restauration.
— Histoire parlementaire des finances de la Monarchie de Juillet.

Casimir Périer. — Les finances et la politique; de l'influence des institutions politiques et de la législation financière sur la fortune publique (1863).

Cauwès (P.) — Cours d'économie politique (3e éd.), t. IV.

Cohn (G.) — System der Nationalökonomie, 2ter Band, Finanz-wissenschaft (Stuttgart, 1889).

Cossa (L.) — Premiers éléments de la science des finances.

Cucheval-Clarigny. — Essai sur l'amortissement et sur les emprunts d'Etats.
— Les finances de la France de 1870 à 1891.

Cugnin (E.) — Théorie et pratique de l'intérêt et de l'amortissement (1890).

Dreyfus (C.) — Articles *Amortissement* et *Dette* à la Grande Encyclopédie.

Dudley-Baxter. — National debts (London, 1871), ch. IX.

Elliot (J.) — The funding system of the United States and of Great Britain, 1845.

ɤ **Forbonnais.** — Recherches et Considérations sur les finances (Bâle 1758).

Foville. (de). — La France économique.

ɤ **Foyot (L.)** — Article *Amortissement* au nouveau Dictionnaire d'économie politique.

ɤ **Fuzier-Herman (E.)** — Répertoire général alphabétique du droit français, article *Amortissement*.

ɤ **Garnier (J.)** — Traité de finances.

ɤ **Garnier (M.)** — Répertoire de l'enregistrement, article *Amortissement*.

Gide (Ch.) — Principes d'économie politique.

ɤ **Gorges (J.)** — La Dette publique; histoire de la rente française.

ɤ **Goumain-Cornille (P.)** — Plan d'amortissement de la Dette perpétuelle en cent ans (1886).

Grenville (Lord). — Essay on the supposed advantages of a sinking fund (London, 1828).

Grimprel (G.) — Articles *Annuités* et *Annuités terminables* au Dictionnaire des finances.

Hamilton (R.) — An inquiry concerning the rise and progress, the redemption and the present state of the National debt of Great Britain (Edinburgh 1814).

ɤ **Höwig (J.)** — Zur Tilgung der Staatsanleihen (Karlsruhe, 1897).

Hume (D.) — Essay on public credit (1752).

ɤ **Joubert (A.)** — L'amortissement de la Dette publique en France (1896).

— La Conversion de la rente 4 $1/2$ % (1893).

ɤ **Juvigny (W.)** — De la nécessité de maintenir l'amortissement (1832).

Von Kaufmann. — Finanzstatistiches zu den Schulden der europaïschen grossmächte. Jahrbuch für Nationalökonomie 1887.

ɤ **Labeyrie (H.)** — Théorie et histoire des conversions de rentes.

Laffitte J.) — Réflexions sur la réduction de la rente et l'état du crédit (1824).

Leroy-Beaulieu (P.) — Traité de la Science des finances (1891).

ɤ **Letort (Ch.)** — L'amortissement en France (1872).

ɤ **Lévy (R.-G.)** — Les Conversions de rentes (1886).

— Le péril financier (1888).

— Articles dans la *Revue des Deux-Mondes* d'août et d'octobre 1898.

Mac Culloch (J.) — A treatise on the principles and practical influence of Taxation and the Funding System (LoJon 1845).

Marie (L.) — Traité mathématique et pratique des opérations financières.

Mathieu-Bodet. — Les finances françaises de 1870 à 1878.

Menier. — L'amortissement des Dettes publiques (1872).

Molinari (J. de) — La morale économique.

Mopurgo (T.) — Essai sur la théorie de l'amortissement (1884).

National debt. — Report by the Secretary and Comptroller gene ral of the proceedings of the Commissionners for the Reduction of the National Debt, from 1786 to 31st March 1890, presented to both Houses of Parliament by command of Her Majesty (C-6539).

Neymarck (A.) — Les contribuables et la conversion de la rente.
— La rente 3 %, amortissable (1883).
— Les Dettes publiques européennes (1887).
— La hausse des fonds d'États (1894).

Pandectes françaises. — Article *Amortissement.*

Péreire (Is.). — Questions financières (1876).
— La conversion et l'amortissement (1879).

Plehn (C.). — Introduction to public finance (New-York, 1896).

Price (R.). — Observations ou reversionary payment (London, 1769, 7e éd. 1812).
— An appeal to the public on the subject of the national debt (London, 1774).
— Two tracts on civil liberty, the war with America and the debt and finances of the kingdom (London, 1778).
— The state of the public debt and finances (London, 1783).
— Postcrift to a pamphlet (London, 1785),

Rau (K.-H.). — Grundsätze der Finanzwissenschaft, 3te Auflage (Heidelberg, 1850).

Renaud. — L'amortissement en France (Discours prononcé par M. le Procureur général Renaud à l'audience solennelle de rentrée de la Cour des Comptes, 16 octobre 1891).

Ricardo (D.) (trad. Fonteyraud). — Essai sur le système des Dettes consolidées et sur l'amortissement (1819).
— Article *Funding System* dans l'*Encyclopædia Britannica.*

Roscher (W.). — System der Finanzwissenschaft (Stuttgart, 1889).

Ross (E.). — Sinking funds (American economic association, 1892).

Rossi (P.). — Cours d'économie politique (XIVe à XVIIIe leçon).

Rouget (Ch.) — Théorie des emprunts remboursables par annuités.

Roy (M.) — De l'amortissement des dettes de l'État, son origine et son histoire en France jusqu'en 1790.

Sargant (W.-L.) — Apology for sinking funds (London 1868.)

Sattler. — Das Schuldenwesen des Preussischen Staats (Stuttgart, 1893.)

Say (J.-B.) — Cours complet d'économie politique, t. II (1828.)

Say (L.) — Articles *amortissement* et *Caisse d'amortissement* au Dictionnaire des finances.
— Les finances de la France.

Schäffle. — Zur theorie der Deckung des Staatsbedarfes (Zeitschrift fur die gesammte Staatswissenschaft, Tubingen 1884, Erstes Heft).

Schanz. — Der Preuessische Staatshaushalt in den letzten zehn Iahren und die Mittel zu seiner Sanierung (Schanz, Finanz archiv. 1887).

Schwarz (O.) — Staatsschuldentilgung in den grószeren Europaïschen und Deutschen Staaten (Berlin, 1896.)

Seligman (E.-R.-A.) — Finance Statistics of the American Commonwealths. (Boston, American Statistical association, 1889.)

Siduey-Buxton. — Finance and politics, and historical study (London 1888.)

Sinclair (J.) — History of the pu lic revenue (1785).

Smith (Ad.) — Recherches sur la nature et les causes de la richesse des nations, liv. V, c. III.

Société d'économie politique de Paris. — Les comptes-rendus des discussions de la Société se trouvent à l'*Annuaire de la Société*, au *journal des économistes*, à l'*Economiste français*, etc.

Stein (L. von) — Lehrbuch der Finanzwissenschaft, 5ᵗᵉ Auflage (Leipzig 1885.)

Stcurm (R.) — Les finances de l'Ancien Régime et la Révolution.

Stuart-Mill (J.) (traduction Courcelle-Seneuil). — Principes d'économie politique (liv. V, c. vii).

Vauthier (L.) — Amortissement de la Dette publique et Réformes budgétaires à l'aide des droits de succession (1896).

Vührer (A). — Histoire de la Dette publique en France.

Wagner (A). — Offentlicher Kredit, Handbuch der politischen ökonomie herausgegeben Dʳ G. von Schonberg, 1897, B. III.

Wilson (A.-J.) — The National Budget, the National Debt, Taxes and Rates (London, 1882).

INTRODUCTION

Depuis le commencement du siècle, les Dettes publiques se sont développées, à peu près en tous pays, d'une façon ininterrompue : les emprunts se sont ajoutés aux emprunts, et, formant la boule de neige, ils ont fini par encombrer de colossales avalanches le système financier des peuples modernes. Six milliards par an, telle est actuellement la somme que coûte à l'Europe le passif de 130 à 136 milliards (1) dont elle est condamnée à supporter la charge ; six milliards de dépenses que paient les populations pour solder l'arriéré du passé, alors que des sommes relativement minimes sont consacrées aux nécessités du présent, à l'instruction publique (2), aux travaux utiles, au

(1) Evaluation de M. A. Neymarck. — Voir son ouvrage : *les Dettes publiques européennes*, 1887, et son article dans le journal *le Rentier*, du 7 septembre 1898.

(2) Pour l'instruction publique, par exemple, 625 à 650 millions.

développement du commerce et de l'industrie, à tout ce qui, en un mot, peut contribuer au bien-être matériel et moral des peuples.

Sur l'ensemble de ces Dettes publiques, barrières inexorables à bien des améliorations, à bien des soulagements, à bien des progrès, la dette de notre pays se dresse de toute la hauteur de ses 36 milliards (1) : c'est le quart, environ, du passif de l'Europe réparti sur une population dont le chiffre ne dépasse guère 38 millions d'âmes.

En face d'un pareil état de choses, des réflexions sérieuses s'imposent à tous les peuples, mais, quel caractère particulièrement grave ne doivent-elles pas revêtir quand elles se présentent à l'esprit de la France ! Faut-il se résigner à subir toujours la situation actuelle et à voir passer indéfiniment, dans les poches des créanciers de l'État, une part considérable du revenu national; ou bien n'est-il pas plus digne et plus pratique à la fois de faire de vigoureux

---

(1) Chiffre approximatif donné par M. de Foville dans son ouvrage *la France économique,* 1890, p. 498, et par M. C. Fouquet dans son rapport de 1893 (Chambre des députés, session de 1893, annexe n° 2625.) Si l'on en retranche le capital correspondant aux pensions viagères et aux emprunts locaux, on descend au chiffre de 30 milliards et demi environ : **30.300.843.394** fr., d'après le rapport de M. Pelletan sur la situation financière de la France (Chambre des députés, session extraordinaire de 1890, annexe n° 1031, p. 180); **30.611.685.122** fr., d'après le rapport de M. Poincaré (Chambre des députés, session extraordinaire de 1892, annexe n° 2348, p. 83); **30.506.255.301** fr., d'après celui de M. Morel (Sénat, session de 1898, annexe n° 119, p. vi).

efforts pour jeter à bas cette *Servitude de la dette* (1) qui impose des charges si lourdes?

Trois moyens s'offrent à une nation qui veut s'en débarrasser ou en alléger le poids.

Que n'est-il possible de passer le premier sous silence! Mais, il a malheureusement été trop souvent mis en pratique pour qu'on puisse ne pas s'en préoccuper. C'est la banqueroute, la hideuse banqueroute, dont Mirabeau essayait de repousser le spectre planant sur l'Assemblée nationale, et à qui le Directoire demanda la libération de la plus grande partie des engagements de la France. Pendant longtemps, le souvenir du tiers consolidé a pesé sur nos finances et en a comprimé l'essor. Suivant notre exemple certains peuples d'Europe, la Grèce, le Portugal, etc..... et certaines républiques de l'Amérique latine, la Bolivie, l'Uruguay, etc..... ont, à diverses époques, imposé des concordats à leurs créanciers. L'économie politique s'unit à la morale pour enseigner ce qu'a de funeste une telle répudiation, par les Etats, du passif inscrit à leur grand livre; et c'est, précisément, pour échapper à l'éventualité de la banqueroute, qu'ils doivent mettre un terme à l'accumulation de leurs dettes, et s'efforcer d'employer les deux autres moyens d'en alléger la charge.

Ces deux moyens s'appellent la conversion et l'amortissement.

(1) Cette expression est la traduction littérale du mot *Schuld-knechtschaft*, fréquemment employé par les professeurs Schafflc et Wagner dans celles de leurs œuvres que nous avons l'occasion de citer dans le cours de notre étude.

La conversion, sommairement définie, est l'acte par lequel l'Etat met ses créanciers en demeure d'opter entre le remboursement de leur créance ou la diminution du taux de l'intérêt qui leur est servi. D'ailleurs, l'offre de remboursement n'est faite qu'aux époques où la situation économique générale permet de présumer qu'elle sera refusée. En fin de compte, l'opération aboutit à réduire la charge annuelle des arrérages de la dette sans diminuer en rien le capital nominal (1).

L'amortissement, au contraire, fait porter ses efforts sur le capital lui-même. *C'est l'opération qui consiste à éteindre graduellement une dette, par des remboursements successifs et partiels.* Il a pu être proposé, autrefois, des plans d'extinction immédiate des Dettes publiques. La vaste érudition de Roscher (2) nous signale, notamment, ceux de Hutcheson, Ricardo et Sinclair, ainsi que les tentatives faites dans ce sens par le grand duché de Toscane et le duché de Anhalt; un économiste espagnol, Florez Estrada (3), a avancé, lui aussi, que la nation devait éteindre ses dettes, en un seul paiement, par la vente d'une partie des propriétés de ses citoyens. Mais il faut reconnaitre que de pareils plans sont impraticables à notre époque (4) et

(1) Les conversions au-dessous du pair l'augmentent au contraire,
(2) W. Roscher, *System der Finanzwissenschaft,* § 140.
(3) Voir à son sujet : J. Garnier, *Traité de finances,* p. 225.
(4) Cf. sur ce point : J. Mac Culloch, *Taxation and the funding System,* 1845, p. 463; — C.-F. Bastable, *Public finance,* 1895. p. 657; — Stuart Mill, *Principes d'économie politique* (traduction Courcelle-Seneuil), 1861, t. II, p. 418.

qu'un grand Etat, vu le surendettement général actuel, ne pourrait jamais, si riche qu'il soit, se libérer en une fois; d'ailleurs, la politique adopté dans la constitution de son passif, lui permet de se libérer par acomptes. Lorsqu'on parle d'amortir, on ne peut donc songer qu'à des paiements partiels et non à un remboursement total.

Toute une école financière (1) prétend que, des deux moyens légitimes de diminuer la charge des dettes publiques, un seul, la conversion, est pratique et doit être employé, l'autre, l'amortissement devant être mis de côté comme un objet de luxe que ne peuvent s'offrir les Etats modernes : ce qui pèse, dit-elle, ce n'est pas le capital de la dette, c'est la somme des intérêts que l'on paie annuellement; c'est à réduire la somme des intérêts et non le capital nominal que doit s'appliquer une bonne politique financière.

Mais n'est-ce pas parce que le capital nominal existe, qu'il faut en payer les intérêts, et le meilleur moyen d'échapper à un effet n'est-il pas encore d'en éviter la cause ? Sans doute, l'amortissement semble de prime abord imposer au pays un effort pénible, car, pour se libérer par acomptes partiels, si faibles soient-ils, il faut se résoudre à un certain sacrifice ; au contraire, la conversion d'une dette en une autre constituée à plus

(1) MM. de Girardin et Cernuschi, voir les citations de ces publicistes données par M. A. Neymarck dans son ouvrage : *les Contribuables et la conversion de la rente*, 1878, p. 51; — Isaac Pereire, *la Conversion et l'amortissement*, p. 17; — M. Rouvier, voir son discours à la Chambre des députés du 16 mars 1878; *Journal officiel* du 17 mars 1878, p. 3008, etc.

faible intérêt paraît procurer à l'État un bénéfice gratuit et sans frais, puisque, par cette opération, il profite tout simplement de ce que la situation économique et financière se présente sous certaines conditions favorables.

Malheureusement ces conditions favorables ne se trouvent pas réunies très fréquemment et on ne peut, d'ailleurs, avoir très souvent recours à la conversion, pour certains motifs parfaitement indiqués par le regretté président Carnot (1), alors qu'il était ministre des finances : « Les conversions, disait-il, sont mal compri. es du public et il faut éviter de les multiplier. Les porteurs français considèrent toujours, à tort sans doute, qu'on les dépouille d'une partie de leur avoir quand on réduit une portion de leurs rentes. Ils redoutent les conversions ; aussi un type menacé de conversion prochaine est toujours frappé de discrédit ».

D'un autre côté, l'allègement apporté par la conversion à la charge de la dette a une limite : c'est celle de la hausse des fonds d'État, hausse invariablement liée à la baisse du taux normal de l'intérêt. Sans doute, on prétend que celle-ci se produira d'une façon continue jusqu'à ce que, les risques à courir par le capital n'étant plus en rapport avec le revenu retiré, le capitaliste préfère garder son argent et ne plus le placer. Au point de vue théorique c'est peut-être possible ; mais au point de vue pratique il n'en est pas ainsi, et il faut compter avec l'émigration des capitaux vers les pays neufs, les développements de l'agriculture, les

(1) Chambre des députés, séance du 8 avril 1880.

progrès et les découvertes de la science, la guerre et la
préparation à la guerre, etc..., tous facteurs destinés
à enrayer la baisse du taux de l'intérêt, si bien qu'à
l'heure actuelle il y a une tendance marquée à la hausse.
L'histoire nous montre, en effet, que la ligne décrite
par la marche du taux de l'intérêt ne présente pas
une courbure régulière dans le sens de la diminution,
mais qu'elle offre, au contraire, à intervalles inégaux,
des élévations suivies de chutes (1).

Pour ce motif, joint à ceux que avons donnés plus
haut, il nous semble que les conversions ne peuvent
suffire à alléger le poids des dettes publiques dans la
proportion où cet allègement est à désirer ; une bonne
politique financière doit employer aussi dans ce but la
pratique de l'amortissement.

La conversion a fourni la matière d'excellents ouvrages ; l'amortissement a été plus négligé et nous lui
consacrerons notre étude.

Dans une première partie, considérant l'amortissement en lui-même, au point de vue des principes,

(1) Voir en ce sens : Ch. Gide, *Principes d'économie politique*
(5e éd.), p. 456 ; — P. Cauwès, *Cours d'économie politique* (3e éd.),
t. II, p. 230 ; — A. Neymarck, la *Hausse des fonds d'État*, 1894,
p. 41 ; — R.-G. Lévy, les *Conversions de rentes*, 1880, p. 9.

Voir en sens contraire : Paul Leroy-Beaulieu, *Essai sur la répartition des richesses* et *Traité théorique et pratique d'économie politique* (2e éd.), t. II, pp. 108 à 176.

La question a été souvent posée à la Société d'économie politique ; voir, notamment, les discussions du 5 juin 1892 et 5 janvier 1899 (*Journal des économistes* de juin 1892 et janvier 1899.

nous montrerons que, si la morale le prescrit comme
un devoir, les éventualités de la vie politique et économique l'imposent comme une nécessité aux hommes
d'Etats soucieux de l'avenir de leur pays. Nous ferons
voir, ensuite, combien il est faux de croire que les dettes publiques s'amortissent d'elles-mêmes par l'effet
du temps, combién il est imprudent, de la part d'un
gouvernement, de se croiser les bras en attendant que
la charge du passif national se réduise à une quantité négligeable par suite de la progression constante
de la richesse générale, par suite de la dépréciation
continue des métaux monétaires, pour la France, enfin,
par le retour futur des chemins de fer à l'État. Les
dettes publiques ne sont malheureusement pas, comme
l'a fort bien dit M. Thiers (1), de ces « espèces de
substances volatiles qu'il suffit de laisser à l'air libre
pour qu'elles s'évaporent ».

Cette discussion nous permettra de nous rendre
compte de ce que doit être l'amortissement, et nous
passerons alors, dans une deuxième partie, la plus
importante en longueur, à l'étude des méthodes employées pour amortir les emprunts d'États. Dans
l'application de ces méthodes, l'Angleterre a été presque toujours le pionnier qui a ouvert la voie, *the great
pioneer in modern finance*, comme dit l'américain
Edward Ross (2). A propos de chacune d'elles nous
exposons succinctement comment elle est née et a été

(1) Calmon, *Recueil des discours parlementaires de M. Thiers*,
t. II, p. 20.
(2) Sinking funds, (American economic association), 1892, p. 97.

appliquée de l'autre côté de la Manche; nous étudions ensuite, d'une façon détaillée, les imitations, souvent malencontreuses, qui en ont été faites en France; nous trouvons également quelquefois l'occasion de décrire les efforts très intéressants accomplis en d'autres pays étrangers, les État-Unis et la Prusse notamment, et de nous demander s'ils ne pourraient être tentés en France.

L'exposé des méthodes est divisé en trois livres. Le premier est consacré au plus ancien procédé d'amortissement, celui connu sous le nom de Caisse ou Fonds d'amortissement opérant à intérêt composé; nous assistons à la naissance de ce procédé en Angleterre et, presque au moment où ce pays l'abandonne, nous le voyons introduire en France où il forme, de 1816 à 1871, un organe important de notre mécanisme financier.

Au bout d'un certain temps, théoriciens et praticiens s'accordèrent à proscrire cette méthode, qui n'avait presque jamais donné de bons résultats; ils reconnurent que la première condition pour amortir, c'était d'avoir des budgets se présentant avec des excédents de recettes, et que l'on pouvait amortir seulement dans la proportion de ces excédents. Il fut décidé, en conséquence, que l'on ne se fixerait plus de plan d'amortissement déterminé d'avance; seraient affectés, dorénavant, à l'extinction de la dette, les seuls excédents budgétaires au fur et à mesure qu'ils se présenteraient.

Nous consacrons notre deuxième livre à l'exposé de cette politique, et nous recherchons comment elle fut tour à tour mise en pratique, en Angleterre dès 1829, aux État-Unis de fort bonne heure, et en France à partir de 1871. Cependant les administrateurs des finances publiques finirent par s'apercevoir que ce n'était pas vouloir amortir sérieusement que se contenter d'affecter à l'extinction de la dette les surplus problématiquement éventuels des recettes par rapport aux dépenses, et ils se préoccupèrent d'assurer d'avance, dans leurs budgets, les excédents nécessaires à l'amortissement : ils virent qu'il fallait y inscrire les dépenses pour le remboursement des emprunts de l'État, tout comme on y inscrivait les dépenses pour les autres services publics. Nous terminons notre livre en étudiant comment cette idée a été mise en pratique par l'Angleterre qui l'avait empruntée elle-même à l'Amérique, par la Prusse et par certains pays à crédit peu sûr qui affectent au paiement de leurs créanciers une branche spéciale de leurs revenus.

On peut deviner facilement que la forme des emprunts exerce une influence considérable sur leur amortissement et, en effet, certaines dettes sont contractées de façon à porter, comme l'on dit, leur amortissement en elles-mêmes. Dans les emprunts dont ces sortes de dettes sont le résultat, l'amortissement fait partie du contrat intervenu entre les créanciers et l'État, et celui-ci ne peut s'y dérober sans manquer à ses engagements. « Ces emprunts, comme le dit M. L. Say (1), constituent en réalité des négociations d'annuités, et les diverses formes qu'on a adoptées ne

(1) *Dictionnaire des finances,* article *Amortissement.*

sont, en réalité, que des organisations variées du système des annuités. »

Nous étudions dans notre troisième livre ce système d'amortissement par annuités : nous envisageons tour à tour les rentes viagères, les annuités terminables, les obligations amortissables par tirages au sort périodiques. Nous insistons particulièrement sur le 3 % amortissable français qui fait partie de ce dernier type. Après avoir considéré les emprunts émis directement sous la forme d'annuités, nous examinons le mode d'amortissement, dont l'Angleterre a fait un si fréquent usage, qui consiste à transformer les dettes perpétuelles en dettes terminables.

Nous terminons, par ce troisième livre, l'analyse des procédés d'amortissement employés jusqu'ici; dans notre conclusion, nous en présentons synthétiquement la comparaison et nos préférences se portent sur le mode, imaginé en 1802 aux États-Unis, et adopté en 1875 par l'Angleterre : c'est l'affectation au service total de la dette, intérêts et amortissements compris, d'une somme déterminée, échappant aux discussions budgétaires annuelles et disparaissant lorsque, aux époques d'emprunts ou de déficits chroniques, l'amortissement ne deviendrait plus qu'une illusion vaine et coûteuse.

Tout ce qui touche à l'amortissement est chose délicate; nous serons guidé dans notre tâche par l'ardent amour de la vérité et de la justice sociale.

PREMIÈRE PARTIE

———

Le principe de l'amortissement

———

CHAPITRE PREMIER

L'AMORTISSEMENT AU POINT DE VUE MORAL ET POLITIQUE

SOMMAIRE : Deux catégories d'emprunts d'États. — Emprunts dépensés improductivement. — Emprunts dépensés productivement. — Devoir moral d'amortir tous les emprunts sans distinction. — L'amortissement est une nécessité politique.

Les emprunts d'États rangés en deux catégories. — Il serait suranné d'insister sur la question de l'utilité et de la légitimité du crédit public ; et, on doit reconnaître que, les nations placées en face de grosses dépenses immédiates ne peuvent s'empêcher de demander à l'emprunt les ressources nécessaires. Mais, il faut le reconnaître aussi, en recourant au crédit les générations présentes reportent sur les générations futures le poids des obligations qu'elles contractent.

Eh bien, les gouvernements ont-ils le droit de laisser s'amasser indéfiniment, sur l'horizon de l'avenir, des charges qui, par leur accumulation successive, peuvent arriver à former un ensemble menaçant? Quand leur situation financière est redevenue normale, un devoir impérieux ne s'impose-t-il pas à eux, celui d'éteindre graduellement les dettes qu'ils ont souscrites dans les jours de besoins inéluctables? Et même, aux moments de prospérité, ne doivent-ils pas faire effort pour se débarrasser de celles qui, par suite des circonstances de la vie nationale, leur ont été léguées par les gouvernements antérieurs?

Nous avons à nous demander, en un mot, si l'amortissement n'est pas un devoir moral dont l'accomplissement s'impose à l'État. Afin de répondre d'une façon précise à cette question, il est bon de distinguer entre les dettes publiques, suivant le but dans lequel elles ont été contractées. Vouloir classer les motifs qui ont augmenté, de jour en jour, le passif de l'État serait, sans doute, chose bien délicate; mais on peut toutefois grouper en deux catégories distinctes les articles qui le composent: d'un côté, les emprunts contractés dans le but de subvenir à des dépenses qualifiées en économie politique d'improductives; de l'autre, les emprunts affectés à des emplois reproductifs.

Les emprunts dépensés improductivement. — Le plus souvent, les capitaux empruntés par l'État ont été consommés d'une façon improductive, c'est-à-dire sans

qu'il en résultât la moindre utilité pour l'économie
nationale. Et, en effet, lorsqu'on étudie l'histoire des
Dettes européennes (1), on voit que presque partout
la guerre en a été le plus important facteur. Après la
guerre, c'est la paix armée et les centaines de millions
qu'elle réclame pour « acquérir des engins de destruction effroyables qui, considérés aujourd'hui comme le
dernier mot de la science, sont destinés à perdre
demain toute valeur à la suite de quelque nouvelle
découverte dans ce domaine (2) ». Combien de fois,
aussi, n'a-t-il pas fallu emprunter pour réparer les destructions de capitaux anéantis au souffle des révolutions, ou pour consolider une Dette flottante portée à
un niveau exagéré par les conséquences d'une mauvaise gestion financière !

On a pu rejeter ainsi sur l'avenir le poids des négli-
gences, des erreurs grossières, des fautes lourdes commises dans le présent. On a, comme le dit J.-B. Say,
*rendu la nation plus pauvre de tout ce qu'elle
doit* (3). La morale n'impose-t-elle pas à l'Etat le devoir
de reconstituer, par l'amortissement, le capital qui a été
gaspillé avec tant d'insouciance? Sans doute, et elle
lui prescrit de faire succéder à l'ère des budgets de
folie, l'ère des budgets de repentir.

(1) Voir sur ce point : H. Labeyrie, *Histoire et théorie des
conversions de Rentes*; p. 21 ; — Paul Leroy-Beaulieu, *Recherches
économiques, historiques et statistiques sur les guerres contempo-
raines, passim*.

(2) Citation de la circulaire du comte Mouraview.

(3) J.-B. Say, *Cours complet d'économie politique*, t. II, p. 405.

Les emprunts dépensés productivement. — Si la plupart des emprunts ont été affectés à des dépenses stériles, il en est d'autres qui ont été employés à des œuvres productives d'utilité. On a, mainte fois, demandé au crédit public les ressources nécessaires pour créer ou compléter rapidement l'outillage de l'économie nationale, routes, ports, canaux, chemins de fer, etc..... De tels emprunts ont mis le pays en situation de travailler plus vite, plus commodément et à meilleur marché ; ils ont donc puissamment contribué au développement de la richesse nationale. Les *utilités* ainsi produites sont transmises aux générations de l'avenir ; ne peut-on leur transmettre aussi la charge des capitaux empruntés pour les créer ? Il semblerait qu'au point de vue de la justice, les générations présentes s'acquittent de tous leurs devoirs en payant seulement l'intérêt de ces capitaux. C'est ce qui a été soutenu bien souvent ; cette différence prétendue des devoirs de l'Etat, quant aux deux catégories de dettes que nous étudions, se trouve faite d'une manière bien précise par un économiste de talent (1) dans une étude sur un de nos emprunts de guerre : « Quand un emprunt ne peut laisser après lui de compensations avantageuses, quand il a lieu comme conséquence de fautes qu'il liquide et non d'utilités qu'il transmet, alors il doit s'amortir dans une période assez courte, comme la durée de la génération qui, en toute justice, doit être seule à supporter les conséquences de ses fautes et de

(1) A propos de l'emprunt Morgan, Alph. Courtois, *Journal des économistes*, décembre 1870, p. 385.

ses malheurs. Mais, un emprunt a-t-il pour objet un canal, un chemin de fer. des digues propres à conquérir des terres sur les mers, des plantations nécessaires pour éviter les inondations, enfin des travaux publics quelconques productifs d'utilité quelconque pour nos descendants, des rentes perpétuelles (1) nous semblent naturellement désignées à cet office puisqu'elles ne lèguent de charges à nos arrière-petits-neveux que parallèlement à des avantages dont ils recueillent leur part de bénéfices. »

La même idée fut émise à la tribune de la Chambre, en 1878, par M. Rouvier, (2) alors que l'on discutait sur la création de la rente amortissable ; cette rente, d'après les idées du ministre d'alors, M. L. Say, devait constituer l'instrument financier nécessaire à la réalisation du plan projeté, par M. de Freycinet, pour le développement de notre système de travaux publics. M. Rouvier, s'opposant à la création de cette nouvelle rente, déclarait comprendre que l'on songeât à amortir « la partie de la dette qui provient des emprunts de guerre, celle qui ne représente rien ou qui représente ce qu'en économie politique on appelle des capitaux anéantis »; mais qu'on ne devait pas avoir cette prétention pour « la partie de la dette qui représente une valeur active, un capital productif ».

Nous croyons que, si la distinction précédente peut

---

(1) M. M. Courtois, qui possède à merveille notre histoire financière, savait fort bien qu'en France le mot « Rente perpétuelle » veut dire : « Rente que l'on n'amortira pas ».

(2) Le discours de M. Rouvier se trouve au *Journal officiel* du 17 mars 1878, p. 3008.

être faite lorsqu'on s'occupe du mode de l'amortissement, il faut la bannir absolument quand on discute
sur le principe même de l'amortissement. Toutes les
dettes de l'Etat doivent être amorties.

Il importe, en effet, de remarquer que l'outillage
économique légué par une génération à la suivante
perd de sa valeur avec le temps ; la génération actuelle
ne transmettra donc pas intact, aux générations futures,
le stock des progrès matériels et des accumulations de
capitaux dont la contre-partie, inscrite au grand livre
de la Dette publique, est transmise, elle, intégralement
si l'on néglige de l'amortir. Ainsi que le dit fort bien
J. Garnier (1), « les représentants de la génération
actuelle ne doivent pas s'exagérer les avantages laissés
aux générations suivantes ; il faut, au contraire, calculer la durée de ces avantages, et échelonner en conséquence les périodes de remboursement de la dette ;
sans quoi on lègue à l'avenir, sans le consulter, plus
de charges que d'avantages, sans compter qu'on court
grand risque, à cinquante ou même vingt-cinq ans de
distance, de faire des constructions et de prendre des
dispositions qui seront condamnées par le progrès
futur ». Développer les travaux publics, c'est accroître
l'outillage national et, par suite, faire œuvre de bonne
administration ; mais on ne comprend pas que l'Etat
agisse à l'inverse des sociétés industrielles, et qu'il
puisse emprunter toujours, pour développer son matériel, sans songer jamais à l'amortir (2).

(1) J. Garnier, *Traité de finances* (3e éd.), p. 205.
(2) Cf. sur ce point : J. Garnier, *op. cit.*, p. 205 ; O. Schwarz,

Nous parlons ici de travaux productifs en les supposant sagement conduits. Mais combien de fois n'a-t-on pas entrepris simplement des travaux soi-disant productifs ! L'expérience a montré, en effet, que, si bien souvent les travaux dus à l'Etat se trouvaient être de vrais travaux d'utilité publique, bien souvent aussi l'avoir des contribuables présents et à venir avait été dépensé dans des entreprises insuffisamment motivées, relativement inutiles ou qui, du moins, auraient été plus économiquement et plus rationnellement abandonnées à l'industrie privée. Nous rentrons alors dans la catégorie de dettes que nous avons envisagées au précédent paragraphe.

Devoir moral d'amortir tous les emprunts sans distinction. — Notre conclusion est donc que, tous les emprunts doivent être amortis, quel que soit le but dans lequel ils ont été contractés. L'Etat doit s'imposer la charge de l'amortissement par un motif de justice sociale, s'il s'agit d'emprunts consommés improductivement, par une raison de prévoyance toute élémentaire, s'il s'agit de dettes de la deuxième catégorie. Comme le dit fort bien M. Schäffle (1), on ne peut admettre de compromis, et permettre à l'Etat de laisser celles-ci s'amonceler sur l'avenir, ne lui imposant le devoir d'éteindre les premières.

Staatsschuldentilgung, pp. 43 et suiv.; *Journal des économistes* du mois de juin 1860, p. 480 (Discussions de la Société d'économie politique).

(1) Schäffle, *Zeitschrift für die gesammte Staatswissenschaft*, *Tübingen 1884, Erstes Heft*, p. 140.

Nécessité politique d'amortir la dette. — En principe, une nation doit vivre sur les produits ordinaires de ses impôts et de son domaine public. L'emprunt ne se justifie que par des circonstances extraordinaires, guerres dont la nécessité s'impose, travaux publics dont l'exécution immédiate aidera puissamment l'essor de la richesse nationale. Mais dès qu'on a ainsi demandé au crédit des ressources exceptionnelles, le devoir moral s'impose de songer à l'amortissement de la dette qui vient d'être contractée. En ne le faisant pas, on laisse les charges s'accumuler, et comme ce cumul ne peut être continué indéfiniment, on s'expose à ne plus pouvoir faire face aux nouveaux besoins extraordinaires qui peuvent se reproduire et qui, la vie des peuples étant un perpétuel recommencement, se reproduiront forcément dans l'avenir.

Dans un de ses plus beaux discours (1), M. Thiers raconte que le baron Louis le chargea un jour d'un travail sur la question : combien faut-il mettre de temps à racheter une dette ? Après des études historiques très serrées, le maître et le disciple avaient admis que, remettre le remboursement d'une dette à plus de trente ans était une souveraine imprudence, car on ne passe jamais trente ans sans une de ces luttes extrêmes qui exigent le déploiement des forces d'un pays (2) Le baron Louis disait : « Il faut amortir pendant

----

(1) Voir le discours de M. Thiers au Corps législatif, *Moniteur* du 3 juin 1865, p. 730.

(2) Un auteur allemand bien connu, le Dr L. von Stein (*Lehrbuch der Finanzwissenschaft*, 1881, p. 366.) réclame à peu près le même

la paix pour pouvoir emprunter pendant la guerre. »

Cette pensée était juste au commencement du siècle ; le cours des événements accomplis depuis, en rend l'exactitude plus rigoureuse encore, si c'est possible. Un savant publiciste français, M. J. Roche, et un statisticien russe, M. de Blioch, ont récemment calculé, chacun en partant de données différentes, ce que coûterait, en cas de guerre, l'emploi des moyens militaires préparés par chacune des grandes puissances européennes. Ils sont arrivés à peu près aux mêmes résultats, 25 à 26 millions par jour pour la France seule. Comme, dans la guerre future, nous aurons à échelonner vers les champs de bataille plus de trois millions d'hommes, on se rend compte à première vue que l'estimation précédente n'est certainement pas exagérée. Si l'on évalue à cent jours seulement la durée des hostilités, cela fera déjà près de 2 milliards et demi qu'il faudra se procurer. En présence de ce chiffre formidable, que l'on songe un peu aux difficultés qu'il a fallu surmonter pour trouver les quelques dizaines de millions (1) de l'emprunt Morgan.

délai d'amortissement. Il veut que l'on prévoie l'extinction de toute dette au bout d'une période de trente à quarante ans, et dans tous les cas, cette extinction doit être réalisée au bout de cinquante ans (*bereits in 30-50 Jahren die Amortization möglich, in 50 Jahren, aber, unter allen Umständen, gewisz.*)

(1) L'emprunt Morgan contracté par le gouvernement de la Défense nationale, à la fin d'octobre 1870, pour une valeur nominale de 250 millions, n'a pas fait entrer dans les caisses du Trésor plus de 182.302.725 fr. (Vührer, *Histoire de la dette publique*, t. II, p. 539.)

Aux dépenses journalières dont nous venons de donner une idée, il faut joindre les dépenses d'entrée en campagne : indemnités diverses dues à cette occasion, organisation de la défense des places, approvisionnement de vivres, réquisitions et achats de chevaux et de voitures, et bien d'autres dépenses encore que M. J. Roche évalue à près de 2 milliards. Il faut compter aussi que, du chef des caisses d'épargne, l'Etat a plus de 4 milliards et demi de dépôts, dont une bonne part serait réclamée par les familles privées de leurs soutiens naturels. On doit s'attendre, en même temps, à ce que les impôts ne suffiront plus pour couvrir les dépenses ordinaires.

Somme toute, c'est au bas mot six à sept milliards qu'il faudra trouver en quelques semaines. Comment se les procurer? Sans doute, nous savons bien que les encaisses des Banques nationales sont destinées à être transformées, le cas échéant, en trésors de guerre. A peine les hostilités déclarées, le gouvernement se ferait facilement concéder le droit de puiser à la réserve accumulée dans les caves de la Banque de France ; en retour, il accorderait le cours forcé aux billets de cet établissement, en garantissant aux porteurs de ces billets la faculté de pouvoir échanger leur papier contre de l'or, quand les circonstances se seraient améliorées.

Mais la Banque ne sera jamais à même de fournir à l'État qu'une partie de ce dont il aura besoin et celui-ci devra toujours, en fin de compte, faire appel au crédit. Et alors, comme le dit un remarquable article (1) que nous avons sous les yeux, « les capitaux

(1) Journal *le Temps*, 12 janvier 1899, article non signé.

examineront sans bienveillance, avec une imagination troublée par la peur, l'opération qui leur sera proposée. L'argent ne connaît pas l'enthousiasme, et les mêmes circonstances qui entraînent une nation vers les frontrières le font se cacher dans les trous. » Il ne faut pas compter en effet sur ce que l'on a appelé *le patriotisme des capitaux*. Nous avons déjà fait allusion aux difficultés qu'avait rencontrées le gouvernement de la Défense nationale pour trouver les quelques dizaines de millions de l'emprunt Morgan. Que l'on songe également aux insignifiants résultats donnés par les emprunts patriotiques (1) de 1789 (sous l'administration de Necker) et par ceux de 1831 et de 1848. Si, au lendemain de nos malheurs, les emprunts colossaux de 2 et 3 milliards ont été souscrits avec un empressement inouï, c'est uniquement parce que l'on sentait que, sous l'énergique impulsion de M. Thiers, la France saurait créer des ressources suffisantes pour payer les fautes commises. Il en sera ainsi tant que la clientèle de nos fonds d'Etat conservera une pareille assurance. Mais si aux risques d'une grande guerre et d'une commotion intérieure violente, on joint les défiances qu'inspire un budget surchargé de dettes, que l'on s'attende à trouver cette clientèle récalcitrante.

Il faut donc se dire que si l'État ne peut, au début d'une guerre s'appuyer sur une situation financière solide, sur des finances *libres et fortes*, il sera impuissant à se procurer les milliards absolument

____

(1) Voir Vührer, *Histoire de la dette publique*, t. I, p. 326 et t. II, pp. 173 et 245.

nécessaires pour soutenir les hostilités ; faute d'argent, il ne pourra utiliser complètement l'héroïsme de ses troupes ou la valeur militaire de son armement. C'est ici que l'on peut bien vérifier la portée du dicton : l'argent est le nerf de la guerre. On peut, à ce sujet, faire plus que des conjectures sur l'avenir ; le passé fournit de nombreux exemples. Prenons le plus récent : au début de la guerre de Cuba, sur les 912 millions de pesetas prévues pour l'exercice courant par le budget de l'Espagne, bien plus de la moitié, soit 542 millions était absorbé par le service de la dette ; sans compter 300 millions d'arriéré dus aux fournisseurs, aux troupes et aux fonctionnaires de l'île. Restaient seulement 140 millions pour la guerre et 30 millions pour la marine. « Aussi semble-t-il (1), comme le remarque un article très étudié, récemment paru dans la *Revue des Deux-Mondes*, que la supériorité financière des Etats-Unis ait été un élément de succès aussi important que l'énorme différence de population, quadruple en Amérique de ce qu'elle est dans la péninsule. »

Mais ce n'est pas seulement au point de vue des éventualités d'une guerre qu'il importe à un Etat de s'efforcer, en temps normal, de réduire le poids de sa dette. Dans toutes les circonstances de la vie politique,

(1) Article de M. R.-G. Lévy sur les finances des États-Unis d'Amérique ; *Revue des Deux-Mondes*, 1er août 1898. — Voir aussi sur la nécessité d'aborder, avec un crédit intact, les éventualités d'une guerre, M. Cucheval-Clarigny, *Essai sur l'amortissement et les emprunts d'États*, p. 150.

on peut l'affirmer sans crainte, la liberté et la puissance d'action d'un pays sont en rapport direct avec la sécurité de ses finances. L'attitude de l'Angleterre (1) ne nous le fait-elle pas sentir en ce mòment? Au contraire, les emprunts accumulés sur le grand livre de la Dette publique d'un pays le frappent d'une sorte d'impuissance, et amoindrissent son rôle dans les relations internationales; ils sont pour lui une cause d'infériorité relative. « Avoir un crédit intact, écrit M. Cucheval-Clarigny (2), des finances libres et la faculté de se procurer des capitaux considérables sans écraser les contribuables et sans paralyser l'activité nationale par des charges trop lourdes : c'est dans nos sociétés modernes, le plus puissant élément de force qu'un Gouvernement puisse posséder. »

Aussi les hommes d'Etat qui se sont montrés vraiment soucieux des destinées de leur pays ont toujours énergiquement défendu le principe de l'amortissement. M. Thiers le fit courageusement adopter par l'Assemblée nationale, malgré les charges écrasantes auxquelles elle avait à faire face, et on peut dire que la diminution progressive de la Dette anglaise a été la préoccupation constante de la politique financière de M. Gladstone. C'est aussi un devoir pour les publicistes de montrer au pays qu'il doit résolument travailler, pendant les années de calme, à la réduction de ses dettes afin de pouvoir, quand l'heure aura sonné, ras-

____

(1) Ceci est écrit au moment des complications amenées par l'affaire de Fashoda.

(2) Cucheval-Clarigny, *op. cit.*, p. 150.

sembler toutes ses forces et frapper des coups qui consolident sa puissance.

Les éventualités de la vie politique concourent donc avec les considérations de la morale, pour imposer la pratique de l'amortissement à un gouvernement qui est pénétré du sentiment de ses devoirs envers la nation.

CHAPITRE II

L'AMORTISSEMENT AU POINT DE VUE ÉCONOMIQUE

Sommaire : Effets économiques de l'amortissement. — Théorie de
M. J. Laffitte. — L'amortissement et les créanciers de l'État. —
L'amortissement et les contribuables. — La dette publique et la
lutte économique entre les nations. — L'amortissement est une
nécessité économique.

Effets économiques de l'amortissement. — Au dix-
huitième siècle, ce fut une opinion courante qu'il fallait
considérer les Dettes nationales comme formant l'un
des éléments constitutifs de la fortune d'un pays.
Le philosophe Berkeley (1) les regardait comme des
mines d'or, *as a mine of gold;* Pinto (2), banquier
juif établi en Hollande, montrait que par l'influence

(1) Berkeley-Querist, nᵒ 233.

(2) Pinto, *Traité de la circulation et du crédit,* Amster-
dam, 1771, p. 44.

magique du crédit elles augmentaient la fortune publique de tout leur montant. Moins exagérés, les publicistes français, Voltaire (1) et Condorcet notamment, croyaient qu'un Etat qui n'emprunte qu'à lui-même ne s'appauvrit pas. Mais, il était réservé à un auteur à peu près inconnu de nos jours, Melon (2), de traduire cette idée en une formule qui est devenue célèbre : *les Dettes publiques d'un pays sont de simples dettes de la main droite à la main gauche.* Mais est-il vrai qu'il en soit réellement ainsi? Si les affirmations des auteurs que nous venons de citer sont exactes, l'existence des dettes nationales, si élevées qu'elles soient, ne comporte aucune déperdition de la richesse publique et l'amortissement ne peut exercer aucune influence sur l'économie nationale. Cette institution serait même antiéconomique; cela est évident, si l'on admet les idées de Berkeley et de Pinto, puisqu'elle aurait pour effet de diminuer un des éléments de la fortune publique; cela est encore évident, avec la conception mitigée de Voltaire et de Melon, car elle imposerait au pays un effort sans utilité pratique, la situation économique n'étant pas améliorée par le déploiement de cet effort.

Mais d'abord, il est faux que les dettes publiques constituent un des éléments de la fortune nationale et qu'elles l'augmentent de tout leur montant.

____

(1) Voltaire, *Observations sur MM. Jean Law, Melon, Dutot, sur le commerce, le luxe, les monnaies et l'impôt.*

(2) Melon, *Essai sur le commerce et l'industrie,* 1735.

Cette proposition (1) n'est qu'un sophisme, et, au dix-huitième siècle déjà, elle avait été répudiée par Ad. Smith, par Turgot et par Dr Hume ; celui-ci disait que les bienfaits attribués à l'accumulation des Dettes avaient la même valeur que « les panégyriques sur la folie et sur la fièvre, sur Busiris et sur Néron (2). » Sans doute, les titres de rentes constituent une fortune pour les particuliers qui les possèdent. Mais, au point de vue de l'économie nationale qu'est cette fortune ? Elle consiste dans le droit pour le rentier de percevoir une quote-part déterminée du produit des taxes imposées au pays. L'ensemble des contribuables est donc appauvri de co que gagne la classe des rentiers, et les dettes de l'Etat ne sont pas un des éléments de la richesse publique ; sans doute, elles représentent parfois des emprunts qui ont servi à créer des œuvres d'utilité générale, mais alors ce sont ces œuvres qui enrichissent le pays et non pas les titres de rente dont les intérêts sont payés par les contribuables aux rentiers. On peut donc, tout au plus, dire que les dettes de l'Etat sont des dettes de la main droite à la main gauche.

Et reconnaissons qu'il semble en être ainsi au premier abord ; mais, en pénétrant le fond des choses, il faut remarquer, avec M. Paul Leroy-Beaulieu, (3) que s'il n'y avait pas de dette, le capitaliste tirerait d'entreprises privées à peu près le même revenu qu'il tire

(1) Cf. Leroy-Beaulieu, *Traité de la science des finances*, t. II, p. 211.

(2) *Like the panegyrics on folly and fever, on Busiris and Nero.* D. Hume, *Essay on public credit*, cité par Mac-Culloch, *On taxation and funding system*, 1845, p. 399.

(3) *Traité de la science des finances*, t. II, p. 214.

de l'Etat, en qualité de rentier, et qu'alors le contribuable garderait l'argent que l'impôt n'aurait plus à prélever sur lui pour le service des intérêts de la dette. « Pour reprendre l'image de Melon, quand il y a un emprunt, la main droite c'est à-dire le contribuable passe son argent à la main gauche, c'est-à-dire au rentier ; quand il n'y a pas eu d'emprunt, chacune des deux mains reste pleine, aucune ne se dessaisit et cela vaut mieux. » Sans doute, lorsque l'emprunt a été employé d'une façon productive, le contribuable retrouve une compensation à la charge des intérêts qu'il est obligé de payer. Mais, lorsque cette compensation existe, la valeur de l'utilité qu'elle procure au pays va constamment en décroissant ; tandis que, si l'on ne songe pas à amortir, le fardeau imposé par la dette, conséquence de l'emprunt, pèse éternellement sur le pays. D'ailleurs, la plupart du temps, la compensation n'existe pas, puisque, comme nous l'avons vu, les ressources provenant de l'emprunt sont gaspillées et dépensées d'une façon improductive. En adoptant une politique d'amortissement, l'Etat reconstituera graduellement le capital qu'il a détruit ou dégagera celui qu'il a immobilisé dans les entreprises d'utilité publique. Il exercera sur l'économie nationale une influence heureuse et déchargera progressivement les contribuables sans nuire aux rentiers. Pour continuer l'image de Melon, sans rien enlever à la main gauche, il rendra à la main droite ce qui lui avait été pris par l'emprunt.

Alors même qu'on ne voudrait pas admettre cet effet économique de l'amortissement, alors même que la société ne s'enrichirait pas d'une façon positive en remboursant ses dettes, on ne peut se refuser à voir que, tout au moins, elle allègerait son budget et simplifierait, ce faisant, sa gestion financière. Si le paiement des intérêts est un simple déplacement de richesse (1), ce déplacement n'en est pas moins forcé puisqu'il se fait par la voie de l'impôt. « Or le déplacement étant forcé, dit avec raison Stuart Mill (2), est fâcheux, et la nécessité de lever une grosse somme par un système d'impôt occasionne tant de dépenses, de vexations, de troubles de la circulation industrielle, tant d'inconvénients autres que le simple paiement de la somme dont le gouvernement a besoin, que la libération d'une telle nécessité vaudrait toujours des efforts considérables. En tout temps il y a, pour payer le capital de la dette, les mêmes motifs de sacrifice qu'il y avait pour empêcher de la contracter. » L'Etat, tout comme un particulier, en travaillant à éteindre son passif n'augmente pas directement l'excédent de son actif ; mais il liquide sa situation et, ce qui est beaucoup, il apprend à la connaître. En payant ses dettes, il introduit de l'ordre dans ses finances et marche dans la voie du progrès et de l'économie ; et de plus, il augmente son crédit et ses facultés d'emprunt pour le jour où il devra rouvrir de nouveau le grand livre de

(1) W. Roscher a dit, d'une façon fort juste que, dans le prétendu déplacement de la main droite à la main gauche des sommes payées à titre d'arrérage, il tombe toujours quelques pièces par terre, *jedoch immer einige Geldstücke zur Erde fallen*. (W. Roscher, *Finan.:wissenschaft*, § 125.)

(2) St. Mill, *Principes d'économie politique* (traduction Courcelle-Seneuil), t. II, p. 441.

sa dette. Sans doute, il faudra imposer au contribuable un effort dans ce but ; mais celui-ci en sera bientôt récompensé par la réduction correspondante des sacrifices à faire pour le paiement, aux capitalistes, de leurs coupons de rentes (1).

Objections : Théorie de M. J. Laffitte. — Les assertions précédentes sont pourtant contestées, et nous ne trouvons, nulle part, les objections plus nettement formulées (2) que dans un discours de M. J. Laffitte, prononcé en 1833, à propos de la réorganisation de notre système d'amortissement : « Lorsqu'on parle de la nécessité du remboursement de la dette, il faut commencer par se rendre compte de ce que l'on réclame : est-ce en faveur du prêteur, ou en faveur de l'emprunteur que la demande est faite? Je ne crains pas d'affirmer que ce n'est dans l'intérêt ni de l'un ni de l'autre.......... Rien ne sort de rien, disent les économistes. Pour qu'un État rembourse, il faut qu'il prenne les capitaux quelque part. Or, où les prendrait-il, sinon dans les poches des contribuables, car il n'y a personne entre eux et le Trésor? A qui les remettrait-il, sinon aux rentiers, qui ne savent comment les employer? Donc, l'opération définitive du remboursement, indépendamment des frais énormes qu'elle occasionne, aurait pour effet certain de priver le travail

---

(1) Cf. sur ce point : *Journal des économistes,* juin 1860 (Discussions de la Société d'économie politique).

(2) Voir dans le même sens : Isaac Péreire, la *Conversion et l'amortissement,* 1879, *passim.*

des capitaux qui lui sont indispensables, de priver le rentier d'un revenu qu'il ne saurait plus comment se procurer? ».

Ainsi M. Laffitte, se plaçant tour à tour au point de vue du contribuable et du porteur de fonds publics, trouve que l'amortissement constitue une mesure malheureuse pour les intérêts de ces deux catégories de personnes. Suivons-le sur ce terrain et essayons de nous rendre compte s'il en est réellement ainsi.

L'amortissement et les créanciers de l'État. — On pourrait, d'abord, répondre à M. Laffitte qu'il est possible d'organiser un mode d'amortissement, ce qui avait lieu d'ailleurs en 1833, permettant de ne rembourser que les créanciers qui désirent l'être : le niveau actuel, si élevé, des Dettes publiques européennes donne assez de marge pour cela. Mais, supposons que l'on soit arrivé à un point tel que l'on rembourse les rentiers qui préféreraient conserver leur argent dans les fonds publics. Et pourquoi les gouvernements iraient-ils maintenir et laisser croître indéfiniment le chiffre de leur Dette, afin de pouvoir offrir un placement sûr aux gens qui ne veulent pas se donner la peine d'en chercher d'autres? Ce serait là, ainsi qu'on l'a dit dans une remarquable discussion de la Société d'Économie politique (1), une concession de privilège injustifiable.

A ce point de vue, on peut considérer le principe

(1) *Journal des Économistes,* janvier 1877 : Discussions à la Société d'Économie politique, p. 153.

de l'amortissement comme un principe éminemment démocratique (1), « the great dogma of the democratic principle »; et, dans le même sens, un ancien ministre de la conservatrice Autriche, nous dépeint le perpétuel assujettissement des contribuables au paiement d'intérêts toujours grossissants (2). Bien avant eux, d'ailleurs, un grand penseur, Montesquieu, avait montré l'inconvénient des impôts destinés à payer les intérêts de la Dette, alors qu'ils sont exagérés, car ils « ôtent les revenus véritables de l'État à ceux qui ont de l'activité et de l'industrie pour les transporter aux gens oisifs; c'est-à-dire qu'on donne des commodités pour travailler à ceux qui ne travaillent point, et des difficultés pour travailler à ceux qui travaillent (3) ».

Sans doute, on nous objectera que les fonds publics servent au placement des capitaux appartenant à des personnes que la loi a à protéger ou à des institutions qu'elle doit surveiller. On nous objectera, aussi, qu'ils offrent asile aux petites épargnes sur lesquelles ils exercent un drainage salutaire en les mettant à l'abri de déceptions, de fraudes et de pertes trop fréquentes. Mais à cela nous répondons qu'il s'agit, non

---

(1) Adams, *Life of Gallatin*, p. 270. — Cf. également sur ce point : L. Sargant, *Apology for Sinking Funds*, p. 160.

(2) « *Das Uebel der allgemeinen Schuldknechtschaft der Steuertrager, welche immer eine die Glaubigerzahl weit überwiegende Masse schwacher und bedrückter Existenzen darstellen.* » Schäffle, *Zur theorie der Deckung des Staatsbedarfes*, loc. cit., p. 145.

(3) Montesquieu, *Esprit des Lois*, liv. XXII, chap. XVII.

pas tant de supprimer la Dette publique que de s'opposer à son développement indéfini (1), ce qui arrive lorsqu'on ne songe pas à amortir au fur et à mesure que l'on contracte des emprunts nouveaux. Ensuite, il faut remarquer que le seul avantage exceptionnel des placements sur l'État, est la garantie nationale ; cette garantie est déjà accordée aux Compagnies des chemins de fer et on pourrait peut-être l'accorder encore à d'autres Sociétés méritant cette faveur si l'amortissement arrivait à diminuer l'importance des fonds d'État, à un point tel qu'ils ne suffiraient plus à remplir le rôle de « placements de pères de famille» .

Dira-t-on qu'il importe de maintenir, sans jamais la faire décroître, la classe des rentiers (2), afin de conserver nombreuse la clientèle des gens intéressés au maintien de l'*ordre public et des institutions existantes?* L'illusion est manifeste, surtout si l'on considère l'histoire de la France : nulle part les titres de rentes ne sont plus disséminés dans la masse du public, et, nulle part, l'*ordre public et les institutions existantes* ne sont aussi fréquemment troublées par les révolutions populaires. En réfléchissant, on se rend vite compte que la Dette n'est pas garantie par tel gouvernement en particulier, mais que la loyauté nationale la met au-dessus des gouvernements qui se succèdent à si bref inter-

---

(1) C'est ainsi que M. Thiers, en 1831, concluant dans un rapport financier à la nécessité de l'amortissement, soutenait l'utilité de la dette.

(2) Cf., sur ce point, St. Mill, *op. cit.*, p. 421, et Leroy-Beaulieu, *op. cit.*, p. 217.

valle, et qu'elle est à peu près également respectée par tous les régimes.

Si profondément que l'on pénètre dans la question, il n'est pas possible d'accorder que, dans l'intérêt des rentiers, il faille renoncer à une politique d'amortissement. L'accumulation des dettes publiques a, au contraire, un inconvénient très sérieux, au point de vue du placement de l'épargne publique; par suite de la facilité sans cesse croissante et de la sécurité jugée absolue que les fonds publics procurent aux rentiers, ils les mènent à une atonie et une paresse d'esprit qui les éloigne peu à peu de toute entreprise industrielle due à l'initiative privée. « La masse des petits capitalistes et des hommes réputés prudents, dit M. Leroy-Beaulieu (1), ne veut plus se fier qu'aux titres portant la signature de l'État, ou celle de quelques rares compagnies qui sont garanties par l'État. L'esprit d'association pour faire sur place des œuvres d'amélioration régionale, disparaît. En multipliant outre mesure les emprunts, on a dégagé la plus grande partie des capitalistes de tout souci, de tout soin, de tout esprit de recherche, on l'a rendue pusillanime; surtout on l'a éloignée de se concerter et de s'associer pour trouver sur place, à ses capitaux un emploi remunérateur. » Et, en effet, pendant qu'en 1896, l'Angleterre constituait pour 3 milliards et l'Allemagne pour un milliard et demi d'affaires nou-

____

(1) *Loc. cit.*, p. 222. — Voir, dans le même sens, au *Journal des Économistes* de juin 1860 : Discussions de la Société d'économie politique.

velles, la France arrivait à peine à créer 400 millions d'entreprises diverses (1).

Un autre inconvénient très grave de cette centralisation de l'épargne par les fonds d'État, c'est que la baisse du taux de l'intérêt n'arrive pas à faire sentir partout ses bienfaisants effets. « Le petit commerçant, le petit industriel, le petit cultivateur ne trouvent pas avec facilité les sommes modestes qui leur permettraient de donner à leurs affaires plus d'amplitude et de perfectionner leur outillage. Ils ne trouvent qu'à emprunter à des taux presque usuraires ; pour eux la baisse du taux de l'intérêt est factice (2)..»

L'adoption d'une sérieuse politique d'amortissement arriverait à rendre libres une partie des capitaux qui sont aujourd'hui absorbés par les rentes sur l'État. Ne peut-on espérer que les titres de rente se convertiraient ainsi d'une façon progressive, en actions ou obligations industrielles ; ne peut-on espérer que le crédit populaire et agricole profiterait aussi de la liberté des capitaux aujourd'hui immobilisés en ces sortes de titres (3)? L'amortissement, en un mot, ne produirait-il pas un heureux effet sur l'économie nationale?

(1) *Revue politique et parlementaire*, avril 1898, article Georges Manchez.

(2) A. Neymarck, *La Hausse des fonds d'État*, p. 27.

(3) Le même M. Laffitte. dont nous attaquons les idées, a prononcé, dans notre sens, une parole typique : Les rentes doivent être *les invalides du capital*, c'est-à-dire qu'il ne devrait y avoir placé en rentes que le capital qui ne peut plus se tenir sur les champs de bataille de l'industrie.

L'Amortissement et les Contribuables. — Supposons que le gouvernement se soit rallié à la doctrine de l'amortissement; l'adoption de cette mesure va se traduire par des inscriptions correspondantes au budget des dépenses. C'est aboutir, en somme, à laisser peser sur le pays des impôts anciens que l'on pourrait peut-être alléger sans cela, ou bien à ajouter de nouveaux impôts à ces impôts anciens qui sont devenus insuffisants. Et alors, on a prétendu que l'argent ainsi prélevé sûr les contribuables et rendu aux capitalistes qui vont être obligés de leur trouver de nouvelles affectations, aurait été employé d'une manière plus utile pour la richesse publique, s'il avait été laissé aux mains des redevables qui l'auraient fait fructifier eux-mêmes. On expose dans ce sens, qu'avec le montant des impôts nécessités par l'amortissement, le petit industriel aurait remplacé ses vieux outils, acheté une modeste machine, perfectionné ses méthodes ; le petit cultivateur eût construit une grange, une étable, drainé ou irrigué son champ, ajouté quelques moutons à son troupeau. Tous les producteurs, dit-on, sont gênés dans leur industrie par ces impôts dont le produit va être un embarras pour le rentier qu'il servira à rembourser.

Personne n'a mieux répondu à l'objection que St. Mill (1) : « On dit quelquefois qu'il vaudrait mieux laisser l'excédent fructifier aux mains du contribuable. Cet argument est bon contre les impôts

____

(1) St. Mill, *op. cit.*, p. 420. On peut voir, dans le même sens, Ricardo, œuvres complètes, traduction Fonteyraud, 1847, p. 735.

pour des dépenses improductives, mais non quand il
s'agit de rembourser la Dette. Que veut dire fructifier?
Le mot signifie faire emploi productif et s'il s'agit de
l'impôt cela signifierait que si on laissait la somme que
l'on perçoit aux mains des contribuables, ils l'épargne-
raient et en feraient un capital. Mais il est peu probable qu'ils épargnassent le tout; tandis que si l'on
prend par l'impôt de quoi payer la Dette publique, la
somme entière est économisée et devient productive.
La part du rentier dans la dette publique n'est pas un
revenu pour lui,-c'est un capital, et il la fera fructifier
afin qu'elle continue de lui rapporter un revenu. Non
seulement l'objection est sans fondement, mais elle
fournit un argument pour la thèse contraire : il est
plus certain que la somme demandée aux contribuables fructifiera si on ne la laisse pas dans leurs mains. »
Et M. Cucheval-Clarigny (1), étudiant l'amortissement aux Etats-Unis, a montré avec raison que les
sommes considérables prélevées dans ce but sur les
produits de l'impôt, ont reçu un emploi plus prompt et
plus fructueux que n'auraient pu le faire les quelques
cents qu'un dégrèvement du Whisky ou du Lägerbier
aurait laissés dans la poche des contribuables.

D'ailleurs, en pénétrant dans la réalité des faits,
l'amortissement est une préparation des dégrèvements
puisque par la réduction de la dette, il tend à diminuer les charges publiques. Il équivaut à un dégrèvement différé, sans doute ; mais du moins ce dégrèvement sera-t-il absolu et permanent, tandis que bien

(1) *Loc. cit.*, p. 150.

souvent de soi-disantes diminutions accordées sur certaines branches d'impôts sont compensées par une aggravation correspondante de charges d'autre nature. Nous en avons un exemple tout récent : la loi de finances de 1898 dégrève de 25 millions l'impôt foncier sur la propriété non bâtie, mais elle atteint d'un autre côté les porteurs de fonds d'Etats étrangers, en doublant le droit de timbre auquel ils sont assujettis.

Malheureusement, l'amortissement étant un dégrèvement différé, le contribuable n'en sent pas les résultats immédiats, et ce dégrèvement n'est guère du goût des représentants du peuple qui n'y voyant pas plus long que d'une législature à une autre, ont une seule préoccupation, produire des effets à date rapprochée sur la masse des électeurs. Mais les économistes ne peuvent se désintéresser de mesures dont les effets réels, tout en étant peu sensibles sur le moment, doivent se faire sentir à la longue d'une manière puissante ; l'étude de l'amortissement en Angleterre et aux Etats-Unis, nous montrera la vérité de cette proposition.

La dette publique et la lutte économique entre les nations. —Nous avons vu, qu'en se plaçant au point de vue politique, il était impossible de nier la nécessité qui s'impose à l'Etat d'amortir énergiquement sa dette pendant les moments de calme, afin de conserver toute sa liberté d'action pour les circonstances difficiles auxquelles il faudra un jour faire face. Si l'on envisage également l'avenir économique du pays, il faut se rappeler que nous ne vivons pas isolés et que sur le terrain de l'agriculture, du commerce et de l'industrie, nous avons une lutte pressante à soutenir avec les autres peuples : nous ne pourrons le faire avec avantage que si le fardeau des charges permanentes qui pèsent sur la production nationale, ne nous met pas en état d'infériorité marquée par rapport à nos concurrents. Or, plus la dette publique est considérable, plus élevés sont les frais généraux des entreprises nationales. L'avenir est aux peuples qui, pouvant modérer leurs dépenses, auront le mieux aménagé les sources vives de leurs richesses, et le pays le moins endetté aura, toutes choses égales d'ailleurs, un avantage de ce chef dans *la lutte pour les marchés du monde*.

Se plaçant à ce point de vue, il y a déjà plus d'un quart de siècle, un auteur anglais bien connu (1) comparait les pays allemands ou anglo-saxons et les pays latins : il montrait ceux-ci courbés sous le poids de dettes dont ils ne songeaient jamais à se débarrasser et, par là, renonçant d'eux-mêmes à toute concurrence possible avec les pays rivaux, *disqualifying themselves for competition with anglo-saxon and teutonic industry*. Le cours des choses n'a-t-il pas donné raison à ce publiciste? Pour ne parler que de la France, notre commerce ne s'étend qu'avec peine et sans beaucoup de profits, pendant que le commerce extérieur anglais double et que le commerce allemand se développe en une proportion encore plus forte (2); notre marine reste stationnaire, alors que les pays que nous

(1) Dudley-Baxter, *National Debts*, London, 1871, p. 123.

(2) Voir, sur ce point, un article de M. Pierre Leroy-Beaulieu dans *l'Économiste français* du 17 septembre 1898.

venons de citer font des pas de géant, jusqu'à la Norwège qui prend le chemin de nous devancer.

Il en est de même pour le trafic par chemins de fer qui est l'indice le plus sûr de la vitalité économique d'un pays. Dans l'espace des cinq dernières années, la progression du tonnage a atteint 41 millions de tonnes en Angleterre, et 52 millions de tonnes en Allemagne ; pour la France, le chiffre correspondant est bien mesquin ; l'augmentation est de 15.670.000 tonnes (1). Si la plus-value des recettes est relativement assez forte chez nous, c'est que pendant ces dernières années les Compagnies se sont attachées, avec un zèle méritoire, à restreindre les dépenses autant que le permettaient les exigences du service.

D'autres facteurs que ceux auxquels songeait M. Dudley-Baxter, commencent d'ailleurs à s'agiter pour faire leur apparition sur la scène industrielle et commerciale. L'Asie et l'Afrique, conscientes de leurs forces, développent leur activité et leurs ressources. Les peuples mi-civilisés de ces continents commencent à profiter des découvertes et des progrès que l'Europe a accomplis; et comme le prix de la main-d'œuvre est faible, comme leurs budgets n'ont pas à payer six milliards pour la guerre et six milliards pour la Dette publique, ces pays neufs sont destinés à faire à la vieille Europe une concurrence d'année en année plus redoutable. Il faut donc voir dans la

(1) Voir, sur ce point, Ch. Gomel, les *Grandes Compagnies des chemins de fer français en 1897*.

lutte économique pour la conquête des marchés du monde, une raison très sérieuse d'amortir. La dette publique constitue un poids mort, *a dead weight*, que les nations traînent après elles et qui entrave plus ou moins leur essor ; plus on pourra alléger ce poids, plus la marche en avant sera facile et rapide (1).

(1) Mac-Culloch a cependant prétendu que les taxes affectées au paiement des intérêts de la dette produisaient l'effet d'un aiguillon sur le commerce et l'industrie, et, par là, restituaient amplement aux contribuables ce qu'elles leur avaient demandé, *through the stimulus they give to invention and economy, usually replace, and sometimes more than replace, the interest*. Mais le savant économiste se plaçait dans le cas où les sommes nécessaires pour le service de la dette ne nécessitent pas une très grande élévation d'impôts, *not a very great increase of taxation*, auquel cas l'effet produit est déprimant pour les *public energies*. C'est précisément la situation de bien des grandes nations européennes. (Mac-Culloch, *Essay on taxation*, p. 401.)

CHAPITRE III

DE L'OPPORTUNITÉ DE L'AMORTISSEMENT

Politique d'expectative en matière d'amortissement.
— Il apparait donc que la pratique de l'amortissement,
pratique dont la morale fait un devoir à l'Etat, s'impose encore comme une nécessité à tout gouvernement
qui veut sérieusement travailler à la puissance politique
et à la grandeur économique de son pays. On n'ose pas,
en général, contester la justesse de ce principe, mais
pour échapper aux efforts que nécessiterait son application, on prétexte souvent d'un soi-disant amortissement qui s'accomplirait avec le temps, par le cours
naturel des choses : alors même que l'on ne s'efforce-
rait pas de diminuer *le poids absolu* de la dette, *son
poids spécifique* n'en irait pas moins décroissant toujours, à cause de la progression ininterrompue de la

richesse publique et de la dépréciation continue des métaux précieux ; d'ailleurs, en se plaçant spécialement au point de vue de notre pays, vers le milieu du siècle prochain, l'Etat doit entrer en possession du réseau des voies ferrées actuellement concédées aux Compagnies, et de ce chef, il aura en mains un capital considérable avec lequel il pourra puissamment contrebalancer le passif porté à son grand Livre.

Ce triple état de choses donne un argument puissant à ceux qui préconisent, au point de vue de l'amortissement, une politique d'expectative systématique. Nous allons l'étudier en détail, et essayer de montrer la conclusion qui se dégage d'un examen attentif et impartial.

Progression de la richesse nationale. — Lorsqu'on veut comparer à des époques différentes les charges imposées à un pays par sa dette, le moyen le plus sûr consiste à rechercher quelle est, en ces divers moments, la proportion des intérêts annuels au revenu général du pays. Or, il apparait d'une façon incontestable que les grandes nations modernes, par leur poussée presque ininterrompue vers le progrès matériel, tendent à augmenter constamment l'ensemble de leur revenu et, par suite, à diminuer graduellement la charge réelle que leur impose l'existence de leur dette. C'est ainsi que la France est plus à l'aise, pour payer les centaines de millions qui passent actuellement dans les mains des rentiers, sous forme d'intérêts, qu'elle ne l'était autrefois, à l'époque de l'ancienne Monarchie, pour trouver les quelques dizaines de millions de livres dont on faisait attendre si fréquemment le paiement aux créanciers de l'Etat. Pour prendre des chiffres précis, considérons l'exemple de l'Angleterre qui est saisissant : en 1815, les habitants du Royaume Uni payaient environ 9 % de leur revenu ; en 1870, ils ne payaient plus que 2,8 % et, en 1890, la charge de la dette **était à peine des 2 %** du revenu (1). Et cette diminution provient surtout de la cause que nous étudions.

Eh bien, puisque la part des revenus du pays absorbée par le paiement des intérêts de la dette est graduellement décroissante, pourquoi opprimer avec de lourds impôts les *générations présentes*, qui ont déjà à faire face à tant de dépenses inévitables, afin de leur donner la satisfaction morale de contribuer à l'amoindrissement des charges qu'elles transmettront aux *générations futures* : l'effet du temps diminue ces charges d'une façon, lente mais sûre (2), cela n'est-il pas suffisant ? Oui, répondent les adversaires de l'amortissement ; et « au lieu de s'efforcer à appliquer des systèmes plus ou moins défectueux pour le remboursement de la dette, il semble autrement préférable de travailler à donner la plus vigoureuse impulsion aux forces productives du pays (3). » C'est, semble-t-il, le meilleur

---

(1) Dudley-Baxter, *op. cit.*, p. 121, et P. Leroy-Beaulieu, *op. cit.*, p. 603.

(2) Si, par le cours naturel des choses, la proportion des intérêts de la dette au revenu général tombe, comme dans le cas de l'Angleterre, de 9 % à 2 %, le résultat produit n'est-il pas le même que si le revenu, étant resté stationnaire, il avait été amorti les 7/9 des engagements de l'État ?

(3) Mac-Culloch, *On Taxation and the funding system*, p. 405.

service que l'on puisse rendre aux générations futures.

Si spécieux que soit le raisonnement précédent, nous croyons qu'il faut l'écarter. Sans doute, à la fin du siècle dernier, de grands écrivains avaient prédit la banqueroute aux Etats de l'Europe qui ne feraient pa de sérieux efforts pour amortir leurs dettes; sans doute, non seulement ces Etats n'ont pas fait banqueroute, tout en recourant d'une façon exagérée au crédit public sans faire de sérieux efforts pour amortir, mais encore ils ont augmenté d'une façon prodigieuse leur richesse et, par suite, leur dette pèse sur eux d'un poids moins lourd qu'il y a un siècle. Mais comment s'est produit ce résultat merveilleux ? C'est grâce à l'extension de leur fortune publique, au courant de cette phase merveilleuse de développement industriel et commercial dont le maximum a été atteint vers le milieu de notre siècle. Malheureusement sommes-nous sûrs que cette ère de progrès n'aura pas de limite et pouvons-nous affirmer que la même cause jouera toujours pour produire les mêmes effets ? Et pourquoi la fortune des nations, tout comme celle des particuliers, ne serait-elle pas exposée à décliner aussi bien qu'à s'accroître ?

L'histoire de l'antiquité nous fournit à ce sujet d'abondants exemples, et même de nos jours ne se fait-il pas entendre un son de cloche avertissant que la période de développement peut s'arrêter un jour. Que l'on se rappelle l'émotion produite en Angleterre, il y a déjà trente ans, par la perspective de l'épuisement éventuel de ses mines de charbon (1). Et, quant à la

(1) St. Jevons, *The Coal question, an inquiry concerning the*

France, est-on bien sûr que sa fortune publique ait progressé beaucoup ces derniers temps, lorsqu'on songe aux pertes énormes qu'elle a subies depuis vingt-cinq ans : 2 milliards avec le phylloxéra, 4 à 5 milliards dans le krach de 1882, 1 milliard dans le Panama, 3 à 4 milliards dans des opérations aléatoires et de mauvais placements sur des valeurs étrangères diverses, dans la spéculation sur les cuivres en 1889 ou sur les mines d'or en 1895 et 1896 (1). Notre pays est assez fort pour supporter des coups pareils mais les faits que nous venons de citer montrent qu'il est téméraire de trop vouloir escompter l'avenir.

Combien sages, au contraire, nous paraissent les paroles suivantes adressées par M. Gladstone aux Communes anglaises : « J'espère que pendant longtemps le progrès continuera, mais enfin vous n'avez pas fait un pacte avec la Providence, et elle n'a garanti à aucune nation un développement indéfini et ininterrompu de sa richesse. Vous devez donc prévoir le moment où cette richesse, au lieu de grandir, viendrait à diminuer et où, alors, le fardeau de cette dette que vous n'auriez pas suffisamment allégé au moment de votre prospérité, parce que vous le jugiez facile à porter, pèserait d'un poids bien lourd et même écrasant sur une nation au déclin. Eh bien, soyons prévoyants et agissons de telle sorte que ceux qui viendront après nous, lorsque nous serons sortis de la vie active, que nos descendants n'aient aucun sujet de nous accuser. »

progress of the nation and the probable exhaustion of our Coal mines, 1865.

(1) Évaluations dues à M. A. Neymarck, journal *le Rentier*, 27 octobre 1897.

On ne peut mieux dire que le développement de la richesse d'un pays ne peut le dispenser d'amortir ses dettes. L'école anglaise presque tout entière s'est ralliée à cette opinion, et les Etats-Unis qui marchent à pas de géant dans la voie du progrès, nous ont montré à quel point ils étaient pénétrés de la justesse de ce principe. L'accroissement de la prospérité publique, coïncidant généralement avec la baisse du taux de l'intérêt, permet de procéder à la réduction des intérêts de la dette par voie de conversion; mais cela ne suffit pas, il faut attaquer le capital lui-même et amortir (1).

Dépréciation des métaux précieux. — Tout le monde connaît l'énorme impulsion que donne à la production des métaux précieux la découverte incessante de nouvelles mines et le perfectionnement des méthodes d'exploitation. Pour ne parler que des quinze dernières années, dans ce court espace de temps, le rendement total a progressé de 150 % pour l'or : un demi milliard en 1883, un milliard trois cents millions au moins en 1898. Et le métal blanc, de son côté, est loin de se décourager, malgré la défaveur constante dont il est l'objet : en quinze ans, il a augmenté aussi de 150 %, passant de deux millions de kilogrammes en 1877 à cinq millions en 1893 (2).

Cet accroissement constant de la production métal-

---

(1) Cf., sur ce point : Sargant, *An apology for Sinking Funds*, pp. 182 et suiv.; — Bastable, *Public finance*, p. 658; — Dudley-Baxter, *National debts*, p. 121; — Adams, *Public debts*, p. 243.

(2) Voir Administration des monnaies et des médailles; Rapport au Ministère des Finances, 1898, p. 330.

lique ne renferme-t-il pas une tendance à la dépréciation de la monnaie, et, alors, doit-on imposer au pays
de pénibles efforts pour se libérer actuellement quand
dans un avenir plus ou moins rapproché, il pourra
sans beaucoup de peine procéder au remboursement
de ses créanciers? Il semble qu'un amortissement
naturel de la dette se produise par suite de l'état de
choses que nous considérons, et M. M. Chevalier (1) a
pu écrire cette phrase typique : « En résumé, par la
découverte de nouvelles mines d'or, si ces mines con-
tinuent d'être ce qu'elles ont été jusqu'à ce jour, un
moment viendra où les choses se passeront pour la
Trésorerie britannique, comme si quelque génie ennemi
de ses créanciers fut venu prendre dans leur porte-
feuilles leurs titres de rente et les remplacer par
d'autres qui fussent de moitié ». De son côté
St Jevons évaluait en 1863 (2) que la dépréciation de
l'or ayant été de 9 % pendant la dernière période
de trois ans, cela équivalait à une réduction de
L.75,000,000 sur le capital de la dette (3). C'est dans
ce sens que l'on a pu écrire de Christophe Colomb
qu'il avait rapporté du Nouveau Monde la libération
de toutes les dettes de l'Ancien.

(1) M. Chevalier, *de la Baisse probable de l'or*, 1859, p. 206
(M. Chevalier parle de l'Angleterre et non de la France, parce que,
d'après lui, ce pays ayant l'étalon d'argent, c'est en argent que la
convention avec les rentiers a été faite, et l'Etat ne serait pas admissible à profiter de la baisse de l'or pour faire le service des intérêts
de sa dette à meilleur marché).

(2) St. Jevons, *A serions fall in the value of gold*, 1863, p. 57.

(3) La dette anglaise en 1860 était de 819,070,305 liv. sterl.

L'afflux du produit des mines sur les marchés des divers pays n'est pas la seule cause qui influe sur la dépréciation des métaux monétaires ; une autre cause puissante tend à produire le même effet, en remplaçant la circulation métallique par des moyens de paiement perfectionnés, chèques et lettres de change, clearing-houses et chambres de compensation, titres divers de crédit. Voilà toute une catégorie de faits qui permettent à l'humanité d'avoir de moins en moins besoin des métaux dits précieux, et qui tendent, par conséquent, à abaisser leur valeur tout comme le fait le développement de la production minière.

Et, cependant, l'or, dont la production s'accroît dans de telles proportions et qui peut être suppléé dans une large mesure par la circulation fiduciaire, est encore tellement recherché que tous les pays du monde se le disputent. La quantité d'or existante est insuffisante pour les besoins croissants du commerce et de l'industrie, telle est la première base de la théorie du bimétallisme dont les partisans s'agitent beaucoup depuis quelque temps. Presque toutes les grandes banques haussent ou menacent de hausser le taux de leur escompte, parce que leur stock d'or serait sur le point de diminuer dans une proportion alarmante : et en effet, d'octobre 1897 à octobre 1898, l'encaisse métallique or des banques nationales européennes a décru de 524 millions. Il est incontestable que l'on se dispute l'or de pays à pays avec une réelle âpreté ; et, bien que la production ait été triplée depuis quinze ans, cela n'empêche pas de rechercher le précieux métal toujours avec le même empressement. Il se

produit en effet, ainsi que le dit fort bien M. Cauwès (1),
« une sorte de lutte de vitesse entre l'accumulation du
numéraire par l'exploitation des mines et le développement du commerce du monde » et malgré l'extension des
procédés perfectionnés de paiement, la monnaie ne cesse
pas de rester la base substantielle des échanges entre les
nations.

Des deux métaux précieux, l'un est pourtant
en disgrâce, c'est l'argent, et l'adoption successive
de l'étalon d'or par tous les peuples importants ou
riches, Angleterre, Allemagne, Autriche, Russie,
Japon...., est une cause nouvelle de la demande de
ce métal ; le monométallisme or est le système monétaire
de presque tous les grands peuples civilisés, alors
même qu'ils sont apparemment bimétallistes comme la
France et les pays de l'Union Latine. Il est bien des
pays à circulation fiduciaire plus ou moins dépréciée
qui aspirent, eux aussi, à la conquête de l'étalon d'or.
Aussi un savant publiciste, M. de Foville (2), après
avoir étudié le prodigieux accroissement de la production aurifère par suite de l'exploitation de nouveaux
gissements dans l'Amérique du Nord, résume ainsi
son opinion sur le point qui nous occupe : « La circulation générale des peuples est loin d'avoir atteint, en
ce qui concerne ce métal envié, le point de saturation
au delà duquel commencerait pour lui une crise ana-
logue à celle de l'argent. » D'ailleurs, la production de
l'or ira-t-elle constamment croissant et ne finira-t-elle

(1) Cauwès, *Cours d'économie politique* (3e éd.), t. II, p. 158.

(2) A. de Foville, « L'or du Kondykle », *Revue des Deux-
Mondes*, 15 novembre 1898.

pas par subir un mouvement d'arrêt ou de recul ? Les gisements actuellement exploités ne s'épuiseront-ils pas un jour, comme se sont taries les mines de l'Espagne et de l'Asie Mineure exploitées autrefois par les anciens ?

Nous croyons donc qu'il est prudent de travailler d'une façon voulue et régulière à l'amortissement de la Dette au lieu de la laisser s'accroître démesurément, en comptant sur le prétendu amortissement qui doit résulter de la dépréciation de la monnaie.

N'y a-t-il pas d'ailleurs immoralité à spéculer sur ce que l'Etat pourra ainsi se libérer en rendant à ses créanciers une valeur dépréciée ? N'est-ce pas escompter la possibilité d'une sorte de « banqueroute » ? Ce mot a été prononcé effectivement sous la Restauration (1); il est peut-être un peu forcé, mais il n'en renferme pas moins une idée vraie. Un auteur anglais, M. Bastable (2), exprime la même idée en des termes plus modérés lorsqu'il dit que « sur le terrain

(1) « Il est une autre Caisse d'amortissement dont l'effet, bien qu'insensible, n'en est pas moins réel et efficace; elle tire ses fonds des entrailles de la terre, des mines du Potose; la masse du numéraire s'accroît sans cesse, la valeur du signe diminue et la dette, numériquement la même, se trouve tous les quarante ans environ diminuée de moitié. Voilà une *sorte de banqueroute* qu'il n'est pas en notre pouvoir d'empêcher. » Discours du comte de Boisclaireau. (Chambre des députés, 4 mars 1817; *Archives parlementaires,* t. XIX, p. 261.)

(2) « *Neither on grounds of fact, nor of equity, can we regard the relief of the state debt trough depreciation as well established or desirable.* » Bastable, *Public finance,* p. 160. — Voir également sur ce point, Cauwès, *op. cit.,* t. II, p. 165.

de l'équité, on ne peut désirer une telle libération de l'Etat ».

En laissant de côté cette question d'équité et en supposant que le progrès du revenu national sera ininterrompu et que la dépréciation des métaux précieux ira constamment en s'accentuant, il y aurait peut-être une raison puissante de renvoyer à un avenir meilleur l'amortissement de la Dette publique si, à un moment donné de son histoire, l'Etat décidait de clore à jamais le grand Livre de la dette publique. Mais peut-on croire qu'il en sera jamais ainsi ? Il faut préjuger, au contraire, que les raisons qui ont poussé les Etats à emprunter se reproduiront encore, les obligeront à avoir de nouveau recours au crédit. La dette ira donc toujours en faisant la boule de neige, et la question est précisément pas de savoir si l'augmentation de volume qui en résultera ne sera pas supérieure à la diminution de poids qui pourrait résulter des deux circonstances que nous venons d'étudier ? Ces deux circonstances peuvent, à un moment donné, faire défaut, mais la dette, elle, sans amortissement ne pourra que s'accroître.

Comme l'a fort bien dit un de nos anciens ministre des finances (1) « l'amortissement se fait très peu par le temps, et quand on n'est pas partisan de l'amortissement, on est généralement partisan de l'emprunt, et alors les emprunts accumulés dépassent de beaucoup ce que le temps peut réduire dans la valeur des métaux et dans la valeur de la Dette. (2) » Il est

(1) Discours de M. Garnier-Pagès au Corps législatif, *Moniteur universel* du 2 juin 1866, p. 704.

(2) Voir sur tous ces points : Adams, *Public debts*, p. 241 ;

impossible de mieux faire observer qu'il ne faut pas trop escompter l'avenir et qu'il est singulièrement imprudent, en face de la nécessité bien établie d'amortir, d'adopter la politique qui consiste à se croiser les bras et à laisser faire, en comptant sur l'heureuse influence du cours naturel des choses.

Perspective du retour des chemins de fer à l'Etat (1). — Si la France a une dette colossale, les partisans de la politique d'expectative en matière d'amortissement prétendent qu'elle en possèdera bientôt une ample contrepartie avec le capital représenté par ses chemins de fer (2). En effet, vers le milieu du siècle prochain, leurs concessions venant à expirer, les grandes Compagnies devront remettre à l'Etat les réseaux qu'elles détiennent actuellement ; et un auteur allemand, dans un ouvrage récemment paru, nous montre (3) un revenu net annuel de 1200 millions encombrant de ce chef la caisse de notre Trésor, revenu qui suffirait au service d'une dette de 48 milliards 2 1[2 %. Dans

P. Leroy-Beaulieu, *Traité de la science des finances*, t. II, pp. 280, 339 et 608 ; Cucheval Clarigny, *Essai sur l'amortissement*, p. 155.

(1) Voir sur cette question : Leroy-Beaulieu, *Science des finances*, t. II, p. 465 ; Labeyrie, *Théorie et histoire des conversions de rentes*, p. 32 ; A. Joubert, *l'Amortissement de la dette publique*. p. 352 ; Ot. Schwartz, *Staatdschuldentilgung*, p. 44.

(2) Les dates d'expiration des concessions s'échelonnent du 31 décembre 1950 pour le Nord, au 31 décembre 1960 pour le Midi.

(3) R. von Kaufmann, *Die Eisenbahnpolitik Frankreichs;* Voir deux remarquables comptes rendus de cet ouvrage dans la *Revue générale des chemins de fer*, février 1897, et dans le *Correspondant*, même date.

ces conditions, pourquoi imposer au présent, dont les charges sont déjà si lourdes, le fardeau d'un amortissement que l'avenir permettra de réaliser bien facilement : l'Etat n'aura qu'a mettre ses rentiers à la place des actionnaires et obligataires actuels dont les droits seront complètement éteints. Il faudra, sans doute, acquérir à prix d'expert (1) le matériel roulant, l'outillage, le mobilier et les approvisionnements des Compagnies ; mais les sommes à verser ainsi seront insignifiantes relativement à la valeur qui passera, sans bourse délier, aux mains de l'Etat.

Quelle sera cette valeur et représentera-t-elle vers le milieu du siècle prochain un capital de 48 millards, ainsi que le prétend M. de Kaufmann ? Peut-être pourrait-on, en songeant à cette évaluation, se redire le *Timeo Danaos* si la bonne foi du publiciste qui l'a émise n'était indiscutable (2). En fait, à l'heure actuelle et d'après les évaluations les plus récentes, le réseau de nos voies ferrées vaut de 16 à 17 milliards et distribue aux actionnaires et obligataires (intérêt et amortissement) 680 millions par an sans compter 220 millions environ de recettes ou économies procurées à l'Etat (3).

(1) A la fin de 1895, ces divers objets étaient portés sur les comptes des Compagnies pour 2 milliards en chiffres ronds ; mais, d'un autre côté, l'État a avancé jusqu'à ce jour 800 millions à titre de garanties d'intérêt et le remboursement de cette somme est précisément gagé par la valeur des objets considérés.

(2) M. R. de Kaufmann trouve la politique de la France bien supérieure au régime prussien.

(3) Les chiffres les plus récents sont donnés dans deux études remarquables dues à deux spécialistes dont la compétence est bien

Voilà pour les budgets de l'avenir une réserve énorme, alors même qu'elle resterait stationnaire.

Cette réserve constitue sans doute une espérance sérieuse pour les finances de la France, mais c'est une espérance, et il est permis de s'interroger sur le sort que les progrès de la science réservent dans près de trois quarts de siècle au mode actuel de transport par voie ferrée. Déjà, sans parler de la concurrence qui lui est faite par la navigation maritime ou intérieure, cette industrie commence à éprouver des concurrences nouvelles sous la forme des tricycles, bicyclettes, tramways sur routes et bientôt des automobiles (1). L'électricité de son côté, qu'elle soit employée seule ou avec la vapeur, semble devoir transformer la locomotion. Qui peut affirmer dans tous les cas que les voies, les gares, le matériel n'auront pas besoin d'être entièrement transformées pour les mettre en état de permettre les grandes vitesses que l'on travaille déjà à obtenir? Les Compagnies voudront-elles et pourront-elles effectuer ces transformations, à la veille de leur dépossession par l'Etat, et celui-ci ne se verra-t-il pas dans l'alternative, ou de prolonger les concessions d'une durée convenable, ou de procéder, en prenant en mains le réseau ferré, à une rénovation coûteuse?

Supposons toutefois qu'il n'en soit pas ainsi et que, vers le milieu du siècle prochain, l'Etat entre en jouis-

---

connue : H. Bonneau, *Etude sur les chemins de fer français*, et C. Colson, *les Chemins de fer et le budget*.

(1) Voir à ce sujet un intéressant article de M. Paul Leroy-Beaulieu. La transformation des voies ferrées, l'électricité et l'auto-mobilisme (*Economiste français*, 11 décembre 1897.)

sance d'un capital dont l'utilité soit intacte. Même dans
ce cas, l'expérience n'est-elle pas là pour nous apprendre
que tout héritage peut être dévoré à l'avance par une
imprévoyante prodigalité ? C'est ainsi que nous avons
englouti les bénéfices des deux conversions de nos
emprunts de guerre : on les escomptait depuis longtemps et l'on prévoyait la possibilité de réformes et de
dégrèvements. Quelles ont été les améliorations réalisées ? Non seulement on n'a rien dégrevé, mais on a
augmenté de 54 millions les intérêts de la Dette perpétuelle sans compter diverses émissions de rentes amortissables (1). « Qui oserait garantir, dit avec son humour
habituelle M. J. Roche, que le bénéfice éventuel du
retour à l'Etat de nos chemins de fer ne subira pas le
sort du bénéfice de nos conversions : celui d'une fraise
dans la gueule d'un loup ? (2) » Et, en effet, on peut
craindre avec raison, étant donné nos mœurs financières, qu'une fois fondue dans l'ensemble du budget, la
réserve représentée par les produits des chemins de fer
ne soit bien vite gaspillée.

Que fera d'ailleurs l'Etat maître absolu des tarifs,
alors que les Compagnies ne seront plus là pour servir
de tampon entre lui et le public ? Il y a longtemps (3)

____

(1) En convertissant le 5 % en 4 1/2 puis en 3 1/2 %, on a
diminué de 102 millions la charge annuelle de notre dette perpétuelle. Les intérêts s'élevaient en 1883, avant la première conversion, à 741 millions; ils devraient donc être descendus aujourd'hui
à 639 millions ; or, ils sont de plus de 693 millions ; c'est donc que
nous avons augmenté la dette de 54 millions en intérêts.

(2) Journal *le Figaro*, 2 juin 1897.

(3) Un ingénieux financier, M. F. Bartholony, a été un des pre-

que l'idée de considérer les chemins de fer comme la contrepartie de notre Dette a été émise en France, et la loi de 1866 sur l'amortissement considérait cette idée comme juste, puisqu'elle affectait à la dotation de cette institution la nue propriété des voies ferrées. M. Garnier-Pagès (1) s'exprimait ainsi à ce propos : « On fait à la Caisse le splendide cadeau de tous les chemins de fer, et dans combien de temps ? Dans quatre-vingt-dix ans. Mais est-ce que vous savez ce qui arrivera dans quatre-vingt-dix ans ? Qui est-ce qui vous dit que l'on ne viendra pas, comme pour les canaux, demander d'abolir le péage ? On abolira le péage, croyez-moi, ce sera le devoir du Gouvernement et ce ne sera pas plus une valeur réelle que ne sont les canaux, rivières, grand'routes ; on prendra seulement ce qui sera nécessaire pour l'entretien ».

Toutes ces considérations montrent qu'il ne faut pas trop escompter l'avenir, et que l'Etat ferait preuve d'imprévoyance coupable en renvoyant le soin d'amortir sa dette au temps où les Chemins de fer seront venus accroître son domaine. Supposons toutefois que l'avenir démente un jour les prévisions aux-

miers vulgarisateurs de l'idée. Dans son ouvrage intitulé : *Simple exposé de quelques idées financières et industrielles* (1860) on peut lire, avec intérêt, le chapitre exposant un système d'amortissement de la Dette publique par voie de compensation (p. 43). La propriété des voies ferrées, qui doit appartenir un jour à l'Etat, forme « un fonds de réserve dont l'action, réglée par le temps comme la marche du soleil, doit infailliblement, à une époque donnée, mettre à la disposition de l'État un énorme capital. » Ce capital permettra d'éteindre la dette par voie de compensation.

(1) Discours de M. Garnier-Pagès au Corps législatif, *Moniteur universel* du 7 juin 1866, p. 704.

quelles nous venons de nous livrer à la suite de bien
des esprits judicieux et éclairés ; admettons que les
revenus de l'exploitation des Chemins de fer, dirigée
par l'Etat, égalent et même dépassent les intérêts de
la Dette publique. Cette circonstance ne pourra faire
disparaitre la nécessité d'amortir, car elles n'empêche-
ront pas la grandeur politique et la puissance économique d'un pays d'être étroitement liées à la force et
à la liberté de ses finances. La Prusse s'est pénétrée
profondément de cette idée; les Chemins de fer d'Etat
à eux seuls, car ce royaume a un patrimoine industriel qui comprend bien autre chose, lui donnent des
revenus correspondant à un capital qui dépasserait de
beaucoup le montant de la dette, *dessen Reinerträge
kapitalisirt einen die Staatsschuld erheblich überss-
teigenden Werth ergeben* (1). Le gouvernement prussien se dispense-t-il pour cela d'amortir? Non, si
bien que par la loi du 8 mars 1897, il vient de pres-
crire qu'à partir de l'exercice 1898-99, il faudrait
amortir au moins 3/5 % du montant en capital de la
dette. Nous faisons effort assez fréquemment pour
imiter nos voisins d'Outre-Rhin, et notre esprit ne
répugne pas à aller s'inspirer au leur. Pourquoi ne les
suivrions-nous pas lorsqu'il s'agit de la bonne direction
et du sain aménagement des finances publiques?

(1) Otto Schwarz, *Staatsschuldentilgung*, p. 45.

CONCLUSION

SOMMAIRE : Mesure de l'amortissement. — Les dettes pour lesquelles se pose la question de l'amortissement.

Mesure de l'amortissement. — Notre argumentation tout entière se peut résumer en la proposition suivante : l'amortissement est une loi économique et politique, en même temps qu'un devoir de conscience envers l'avenir. Mais une génération est-elle obligée par cette loi, est-elle tenue en vertu de ce devoir à léguer aux générations qui la suivront une situation nette de tout passif? Répondre par l'affirmative ce serait aller trop loin à la fois au point de vue de la morale, de la politique et de l'économie politique. Ce serait, ainsi que le dit très finement une étude allemande sur notre matière (1), renverser la célèbre parole : après nous le déluge.

La morale nous fait un devoir de ne pas esquiver la

---

(1) Julius Höwig, *Zur Tilgung der Staatsanleihen* (Karslruhe, 1897), p. 8.

responsabilité de nos actes; mais la dette qui pèse actuellement sur la plupart des peuples de l'Europe est-elle l'œuvre d'une seule génération? La politique et l'économie politique nous montrent combien il est dangereux pour un Etat de laisser s'accumuler une dette qui, comme en France, finit par prélever une part énorme des ressources budgétaires. Il faut faire des efforts pour en alléger la charge, mais encore ces efforts ne doivent-ils pas épuiser la sève vitale d'un pays, le stérilisant au lieu de le féconder.

Aussi Volowski a eu raison d'écrire dans son rapport au nom de la Commission du budget de 1876 : « Rien de plus délicat que la matière de l'amortissement; l'État ne peut être assimilé d'une façon absolue à un particulier et on ne saurait lui appliquer à l'aveugle le dicton : *qui paye ses dettes s'enrichit.* Ce n'est vrai qu'autant qu'il ne risque pas d'écraser l'instrument du travail général. » Nous croyons que l'on courrait ce danger si l'on prétendait imposer à un pays chargé d'une dette comme celle de la France, le remboursement intégral dans un délai déterminé; sans compter qu'une dette permanente est utile, afin qu'il y ait un crédit public et des rentes en circulation.

Mais il importe d'élever, par l'amortissement, un obstacle à la marée toujours montante des charges de l'État qui, dans sa marche rapide, absorbe le bénéfice des conversions et des plus values budgétaires. S'affranchir de l'obligation de payer ses dettes, c'est s'encourager à en contracter indéfiniment de nouvelles; or, pour un État comme pour un particulier, emprunter toujours et ne rembourser jamais, c'est augmenter

indéfiniment son passif et marcher vers la banqueroute. Et c'est l'opinion qu'avaient déjà nos financiers
clairvoyants de 1816 (1) alors qu'ils définissaient l'amortissement « un organe de la vie financière de l'État,
organe qui entretient le mouvement et la circulation,
en maintenant un juste équilibre entre l'accroissement
possible et la réduction calculée de la dette ». Nous
croyons avec eux que, dans le système financier des
peuples modernes, l'amortissement doit remplir à peu
près les mêmes fonctions qu'une soupape de sûreté
dans une machine à vapeur ou un réservoir d'eau : de
même que cette pièce permet d'éviter les explosions
ou les éclatements, de même, grâce à l'amortissement
un État peut échapper aux dangers du grossissement
continu de sa dette. M. Thiers a exprimé cette idée
sous le langage élevé qui lui était habituel : « Il faut
considérer la dette, a-t-il dit (2), comme ces grands
bassins, comme ces lacs qui sont au pied des hautes
montagnes ; lorsque la nature les a remplis, l'hiver par
les pluies, au printemps par la fonte des neiges, elle
les vide en été par la sécheresse ; eh bien, il faut vider
le bassin de la dette en temps de paix pour que ce
bassin puisse se remplir en temps de guerre, c'est
indispensable ».

Notre conclusion est donc que les dépenses de
l'amortissement, mais d'*un amortissement rationnel*,
doivent être mises au rang des dépenses nécessaires.

---

(1) Voir les travaux préparatoires de la loi de 1816 sur l'amortissement (*Archives parlementaires*, t. XVI, p. 751 et suiv.).

(2) Discours au Corps législatif (*Moniteur* du 3 juin 1865, p. 730).

L'amortissement, comme l'a fort bien dit M. Schäffle(1)
est partie intégrante de tout organisme financier à
l'état d'équilibre, *ein integrirendes Element der finan-
ziellen Gleichgewichts*. L'équilibre d'un budget où l'on
ne fait pas à l'amortissement une place en rapport
avec l'importance de la dette, n'est qu'un équilibre
apparent et passager. Mais, sous prétexte d'amortissement, il ne faut pas non plus accabler un pays d'impôts lourds ou vexatoires; même en poursuivant un
excellent but, il importe de garder une juste mesure.

**Les dettes pour lesquelles se pose la question de
l'amortissement.** — Notre énorme passif qui prélève sur
l'exercice courant la somme de 1.255.748.884 fr. se divise
entre quatre natures de dettes régies par des lois différentes : les dettes perpétuelle, remboursable à terme ou par
annuités, viagère et flottante.

Lorsque l'on parle d'amortissement, il ne peut
s'agir que des deux premières catégories de dettes :
22.002.732.377 fr. pour la première, 7.527.656.023 fr. (2)
pour la deuxième. Les deux autres n'entrent pas en
considération.

D'un côté la dette viagère ne fait pas, à proprement
parler, partie de la Dette publique : elle est presque
exclusivement composée en France (3) par les pensions
qui sont des traitements ou des récompenses. La dette

(1) Schaffle, *Zur Theorie der Deckung des Staatsbedarfes, loc.
cit.,* p. 138.

(2) Évaluation du rapport déjà cité de M. Morel.

(3) Il ne subsiste au budget de 1899 que 990 francs de rentes
viagères d'ancienne origine.

viagère ne représente donc pas chez nous un arriéré laissé par les années antérieures. Les dépenses inscrites de ce chef au budget constituent des dépenses administratives destinées à être incessamment renouvelées ; il a été bien des fois question de les réformer, mais on ne peut parler de les amortir.

Quant à la dette flottante elle fait face, ainsi que son nom l'indique, à des engagements temporaires destinés à disparaître les uns après les autres ; il ne peut s'agir que de les solder au moment venu ou, s'ils ont atteint un niveau menaçant, de les échanger contre des rentes perpétuelles ou des obligations à long terme. Il n'y a donc pas à chercher, en ce qui les concerne, de procédé d'amortissement (1).

(1) Cf. sur ce point : Mathieu Bodet, *Les Finances de la France de 1870 à 1878*, p. 344 ; Edward Ross, *Sinking funds*, p. 86.

DEUXIÈME PARTIE

Etude des méthodes d'amortissement

LIVRE PREMIER

LES CAISSES D'AMORTISSEMENT A INTÉRÊT COMPOSÉ

CHAPITRE PREMIER

LES FONDS D'AMORTISSEMENT EN ANGLETERRE DE 1716 A 1829

SOMMAIRE : L'amortissement en Angleterre avant le Dr Price. —
Théories du Dr Price. — William Pitt met ces théories en prati-
que. — L'amortissement de 1786 à 1792. — Mesures de 1792. —
Réorganisation de l'amortissement en 1802. — Le plan de
M. Vansittart en 1813. — L'amortissement de 1813 à 1829. —
Résumé des opérations du Fonds d'amortissement.

L'amortissement en Angleterre avant le Dr Price. —
Diminuer les charges de la dette par la réduction des
intérêts ou le remboursement du capital, telle est
la pensée dirigeante qui se retrouve à chaque page de
l'histoire financière de l'Angleterre « comme le *leit
motiv* d'un opéra de Wagner s'entend à chaque page

de la partition (1). » Et, en effet, les premiers emprunts
de ce pays ne furent pas conclus sous forme de rente
perpétuelle, mais constituèrent des dettes remboursables par annuités comprenant à la fois l'intérêt et une
fraction variable du capital. La dette consolidée n'apparut qu'en 1694 par suite d'un emprunt de 1.200.000 L. st.
fait à la banque d'Angleterre. Cet emprunt fut suivi de
bien d'autres, contractés dans des conditions diverses
pour subvenir aux nécessités de la guerre contre
Louis XIV. Tous ces emprunts en rentes eurent un
caractère commun : à chacun d'eux était affecté un
fonds spécial, c'est-à-dire un fonds comprenant le
produit de certaines taxes calculées de façon à pouvoir
assurer à la fois le service des intérêts et le remboursement partiel et successif du capital.

On s'aperçut bientôt des inconvénients de cette spécialisation, et, en 1716, sous l'administration de Lord
Stanhope, fut adopté par les communes un bill, dont
l'initiative revenait à Sir Robert Walpole, qui groupait
en trois catégories les divers emprunts contractés
jusque là ; à chacune de ces catégories était affecté un
fonds particulier. Le General, l'Aggregate et le South
sea Fund. Les excédents de ces trois Caisses, une
fois les intérêts payés, devaient servir à former un
fonds d'amortissement qui rachèterait sur le marché
les titres des emprunts contractés jusqu'au 25 décembre 1716. Ce fonds, dans l'esprit du bill était chose
sacrée et intangible, *a sacred deposit never to be*

____

(1) R. G. **Lévy**, *La Dette anglaise* (*Revue des Deux Mondes*,
15 septembre 1898, p. 305).

touched ; il devait exclusivement servir au rachat de la dette, *and no other use, intent, or purpose whatever.* Ce sont les termes même du bill.

Des actes successifs vinrent peu à peu accroître l'importance de la dotation annuelle du fonds : en 1716, l'année même de sa création, et, en 1727 et 1749, on procéda à la conversion des rentes 6 p. % en rentes 5 p. %, puis de celles-ci en 4 p. %, et enfin en 3 p. % ; l'amortissement s'accrut des économies réalisées de ce chef, et, vers 1750, il possédait environ 30 millions de ressources annuelles pour une dette dont le capital ne dépassait guère 1.500 millions de francs.

Cette dotation était relativement considérable, malheureusement les intentions de l'act de 1716 à son égard ne furent pas toujours respectées. Jusqu'en 1727, c'est-à-dire pendant onze ans, elle fut scrupuleusement affectée au rachat de la dette. Mais, à cette date, Sir R. Walpole porta une première atteinte à son œuvre en demandant au fonds d'amortissement de quoi payer les intérêts des emprunts nouveaux que l'on contractait. En 1733, il lui porta un nouveau coup, en lui demandant de couvrir l'excédent annuel des dépenses sur les recettes, et à partir de cette époque, le caractère originaire du fonds fut bien oublié : on lui demanda de subvenir à toutes sortes de dépenses, et on l'employa fort peu au remboursement de la Dette. Aussi R. Hamilton (1), dans son Histoire de la Dette arrête à l'année 1735 son étude sur

(1) R. Hamilton, *An inquiry concerning the rise and progress, the redemption and present state and the management of the national Debt of great Britain* (1814), p. 06.

les opérations de ce fonds presque totalement détourné, dès lors, du but que lui avait assigné son créateur. Mais le fonds continua à subsister, nominalement du moins, sur les comptes de la Trésorerie. De 1716 à 1786, il reçut 5.400.116.775 francs, dont 599.608.690 seulement servirent au remboursement de la Dette ; le reste fut employé au payement des intérêts des emprunts successivement contractés depuis la création du fonds, ou servit à couvrir les excédents des dépenses sur les recettes pendant les années de déficit.

Les espérances qu'on avait fondées sur l'efficacité du mécanisme financier dû à sir R. Walpole furent, en somme, complètement déçues : en temps de paix, ainsi que le fait remarquer R. Hamilton, le fonds ne servait que très peu à diminuer la Dette et, par les illusions qu'il donnait, il contribuait à l'accroître beaucoup en temps de guerre. Aussi, la Dette fondée de la Grande-Bretagne s'élevait, en 1786, au chiffre, très fort pour l'époque, de L. 238.231.248 (1), alors qu'en 1716, elle était seulement de L. 47.894.950 : elle avait donc plus que quintuplé.

Théories du Dr Price. — Les dangers de cet état de choses frappèrent vivement un homme dont le nom était destiné à devenir célèbre, le Dr Richard Price, ministre anglican très versé dans l'étude de la philosophie et des mathématiques. A propos

---

(1) D'après la notation anglaise, L. 238.231.248 signifie : 238 millions 231.248 livres sterling.

des tontines, il fut amené à parler, dans son *Traité sur les payements réversibles,* du remboursement des emprunts de l'Etat; il exposa peu après ses idées à ce sujet d'une façon plus complète dans un ouvrage qui fit sensation en Angleterre : *Appel au public au sujet de la dette nationale.* Le Dr Price faisait voir que, par suite du rapide accroissement de la Dette, il était nécessaire d'instituer un système d'amortissement plus rigoureux et plus rapide que celui de sir R. Walpole ; et il démontrait algébriquement que cela était bien facile.

Ce qui devait le rendre bien facile c'était, si on savait l'utiliser, la puissance merveilleuse de l'intérêt composé (1), puissance capable de dépasser tout ce que peut rêver l'imagination, *to mock all the powers of imagination.* Que l'on sème un petit grain de blé et que l'on en affecte toutes les récoltes successives à des semences ultérieures, ces récoltes donneront bientôt de quoi nourrir tout un royaume. De même, la somme la plus modique, si on la place à intérêt composé, aura vite atteint un chiffre énorme : c'est ainsi qu'un simple sou (2), placé à intérêt composé depuis l'ère chrétienne, se serait élevé, en 1772, à une somme de valeur plus considérable que celle de 500 millions de globes terrestres en or massif, *all of solid gold.*

(1) Le fondement de cette idée se trouve dans un ouvrage peu connu au temps où écrivait Price : *Nathanael Gould, Essay on the public Debts of the Kingdom* (1726).

(2) Hamilton, p. 208. — Voir aussi dans P. Leroy-Beaulieu, t. II, p. 419, *op. cit.,* les curieux effets que, grâce à l'intérêt composé, on peut faire produire à un testament.

Etant donné ces effets de l'intérêt composé, le
Dr Price remarquait que si l'Etat affectait tous les ans
une somme fixe à l'extinction de sa dette, celle-ci ne
se produirait qu'à une époque très éloignée : ainsi une
somme de 1 million annuellement consacrée au remboursement par fractions d'une somme de 100 millions, ne libèrerait le débiteur qu'au bout de cent ans.
Mais si, à cette somme de 1 million, viennent se joindre
tous les ans les intérêts produits par les portions de
capital déjà remboursées, l'on arrive à un résultat bien
plus rapide. C'est que l'on fait agir alors à intérêts
composés la dotation de l'amortissement, et cette dotation arrive à fournir un capital égal au capital emprunté,
100 millions dans l'espèce, au bout de trente-six ans et
deux cent soixante-un jours si l'intérêt est de 5 p. %,
au bout de quarante-un ans et douze jours si l'intérêt est
de 4 p. %, en un mot, au bout d'un temps d'autant
plus court que l'intérêt du placement est plus élevé.

Mais comment faire agir à intérêts composés la
dotation annuelle de l'amortissement ? Le Dr Price
imaginait un mécanisme bien simple : une Caisse admi-
nistrée par des fonctionnaires spéciaux recevrait cette
dotation et l'emploierait à l'achat de titres de la Dette
publique ; cette Caisse deviendrait propriétaire de ces
titres qui constitueraient pour elle un placement dont
elle percevrait les intérêts ; elle consacrerait à l'achat
de nouveaux titres les sommes provenant des coupons
qu'elle toucherait. Les titres s'accumuleraient rapidement, grâce à la puissance de l'intérêt composé ainsi
utilisée, et reconstitueraient vite, au profit de la Caisse,
le capital des emprunts successivement émis.

On peut donc définir le système d'amortissement du Dr Price de la façon suivante : Un système d'épargne qui a pour objet de reconstituer un capital ou de rembourser un emprunt au moyen d'une dotation fixe annuelle, augmentée des intérêts composés afférents aux fractions du capital ou de l'emprunt précédemment reconstituées ou remboursées.

Mais, pour que ce système d'amortissement fondé sur la puissance des chiffres soit efficace, il faut qu'il soit rigoureux et inflexible comme eux. A aucun prix, les sommes destinées à l'amortissement ne doivent être détournées de leur affectation primitive. Le Dr Price montrait l'erreur financière commise par sir R. Walpole, en portant lui-même la première atteinte à l'inviolabilité de l'institution qu'il avait fondée.

D'après lui l'Etat, quelque embarrassée que puisse être sa situation, doit toujours payer à la caisse d'amortissement la dotation qui lui a été promise et les intérêts des titres rachetés qui lui sont dus. Si le gouvernement ne dispose pas pour cela de ressources budgétaires suffisantes, qu'il ne craigne pas de recourir à l'emprunt ; elle est fort raisonnable la politique qui consiste à avoir la prétention de diminuer la dette par l'amortissement alors qu'on semble l'accroître par l'emprunt (1). En effet, quand l'Etat fait appel au crédit, il se condamne

(1) *For by employing the sinking fund in bearing current expenses, rather than borrowing new money or new funds, the state, in order to avoid giving simple interest for money, is made to alienate money than must otherwise have been improved at compound interest, and which, in time have necessarily increased to any sum* (Dr Price's, *Reversionary Payments*, 4th Ed., I, 208).

bien, c'est vrai, à payer des intérêts ; mais quel est le caractère des sommes payées à titre d'intérêts? Elles ne se capitalisent pas, puisqu'elles sont demandées tous les ans aux particuliers qui, sans cela, les auraient dépensées autrement, ce sont des sommes empruntées à *intérêts simples*. Lorsqu'au contraire l'Etat touche aux fonds de l'amortissement, il détourne de leur affectation primitive des sommes qui étaient en train de s'accumuler tous les ans avec la rapidité de *l'intérêt composé*, et se seraient élevées, au bout de peu de temps, à un chiffre considérable. Il subit ainsi une perte égale à la différence entre l'accumulation à intérêts composés, et l'accroissement à intérêts simples de la somme qu'il enlève à l'amortissement. Aussi, est-ce à tort que Sir R. Walpole a été appelé le père de cette institution ; il n'en est pas plus le vrai père que celui qui, aux termes du jugement de Salomon, laissait démembrer son enfant. Le fonds d'amortissement doit être sacré, en temps de paix comme en temps de guerre. Et peu importe l'intérêt des emprunts que l'on contractera pour le conserver intact, peu importe qu'il soit égal ou supérieur à l'intérêt afférent aux emprunts que l'on amortit. Pour un particulier, ce serait fou d'opérer ainsi ; mais une pareille ligne de conduite, lorsqu'il s'agit de l'Etat, est inspirée par la plus clairvoyante politique, *the soundest policy :* ce faisant, *l'Etat emprunte d'une main à intérêts simples, alors que de l'autre il accumule à intérêts composés :* donc il bénéficie de la différence.

Telle est la théorie du Dr Price sur l'amortissement. Les idées qu'elle renferme était exprimées en un

langage très persuasif ; grâce à la haute réputation de
celui qui les émettait elles eurent vite conquis l'opinion
publique de l'Angleterre, et le nouveau système fut
considéré, presque dès sa naissance, « comme le rem-
part du pays (1) contre le flot toujours croissant de la
Dette publique, comme le rouage magique, au moyen
duquel des sommes minuscules seraient transformées
en inépuisables trésors. » La célébrité qui s'attacha
au nom du Dr Price traversa même les mers ; le gouvernement américain lui proposa d'aller organiser
aux Etats-Unis, l'aménagement de la dette de la
nouvelle république ; le docteur déclina cette offre
flatteuse et se contenta, paraît-il, d'envoyer le recueil
de ses ouvrages et les divers mémoires qu'il avait pré-
sentés au gouvernement anglais.

Wiliam Pitt met en pratique les théories du Dr Price.
— En effet, les colonies d'Amérique échappaient à la
mère patrie pour former un état indépendant, à peu
près au moment où les idées de Price, répandues
dans le public, y produisaient un enthousiasme général. L'Angleterre ployait alors sous la charge écrasante
d'une dette qui, après la guerre, s'élevait à environ
6 milliards (L. 238,231,248), les intérêts prélevant à
peu près les trois quarts des recettes budgétaires, 227
millions de francs, alors que les revenus nets du Trésor
ne s'élevaient qu'à 317 millions ; il fallait porter

(1) Mac-Culloch, *op. cit.*, p. 455 : « *The sinking fund was uni-
versally considered as the great bulwark of the country, as a mean
by which a vast treasure was to be accumulated out of nothing.* »

remède à un pareil état de choses. Aussi William Pitt
en arrivant au pouvoir voulut-il mettre en pratique les
théories du célèbre docteur, soit qu'il partageât l'enthousiasme général, soit qu'il y vit un excellent moyen
politique pour raffermir le crédit public chancelant (1).

Un des premiers actes de son administration fut de
soumettre aux Chambres un plan de réorganisation de
l'amortissement. Le jeune premier ministre s'appuyait
sur ce que le revenu annuel de l'Etat excédait la
dépense de L. 900.000 et, par conséquent, sur ce qu'il
était facile de consacrer tous les ans 1 million de
livres à l'extinction de la dette sans augmenter beaucoup les charges du pays.

C'était, en effet, la somme qu'il proposait de prélever
annuellement sur le budget pour être employée à
l'amortissement. A cette dotation invariablement fixée
une fois pour toutes accéderaient tous les ans :
1º les intérêts afférents aux titres rachetés qui devaient
être conservés ; 2º les arrérages des annuités viagères
ou terminables qui viendraient à expirer. Les ressources de l'amortissement s'accroîtraient donc d'une
façon progressive, et Pitt calculait qu'au bout de
vingt-huit ans elles auraient atteint le chiffre de
L. 4.000.000 (100 millions de francs); il estimait que
ce chiffre devait servir de limite à la progression
du revenu annuel destiné au rachat de la Dette ; quand
ce chiffre serait atteint, le Parlement aurait le droit de
disposer, comme il l'entendrait, de l'excédent des
ressources du fonds d'amortissement.

(1) Voir W. L. Sargant, *Apology for Sinking Funds*, p. 39 et suiv.

W. Pitt entendait lier les mains au Gouvernement, et voulait mettre hors de sa portée les sommes destinées au rachat de la Dette. Aussi, toujours d'après les idées du Dr Price, il proposait la création d'une Commission spéciale, qui serait chargée de la gestion du fonds d'amortissement sous le contrôle de l'autorité législative seule. Cette Commission devait être formée de hauts fonctionnaires appelés *Commissaires pour la réduction de la Dette nationale* et comprendre le président de la Chambre, le Chancelier de l'Echiquier, le Maître des Rôles, le Comptable Général de la Cour de la Chancellerie, les Gouverneur et Vice-Gouverneur de la Banque d'Angleterre (1). Le Chancelier de l'Echiquier devait verser la dotation réglementaire à la Banque d'Angleterre, pour le compte de la Commission, en quatre payements trimestriels de L. 250.000.

Tel était le plan de W. Pitt. Soumis aux Chambres le 29 mars 1786, il fut voté par elles avec enthousiasme « car il séduisait tout le monde, hommes d'Etat, mathématiciens, citoyens préoccupés du bien du pays, en faisant entrevoir la perspective d'alléger le poids de la Dette nationale avec un effort relativement modéré (2) ». Il porte dans l'histoire d'Angleterre le titre d'Act 26 Geo III., c. 31. Les dispositions qu'il renferme ont constitué la base de l'amortissement Anglais jusqu'en 1829, mais en subissant à diverses reprises des

(1) Cette commission existe encore de nos jours, telle qu'elle a été instituée par Pitt, sauf que le Comptable général a été remplacé par le Payeur maître général, et que le Lord Chef de la justice en fait partie depuis 1880.

(2) L. W. Sargant, *op. cit.*, p. 51.

modifications qui en ont altéré quelque peu le caractère primitif.

L'amortissement Anglais de 1786 à 1792. — L'année suivante W. Pitt modifia d'une façon heureuse l'aménagement de la Dette anglaise, en réunissant en un seul fonds, dit fonds consolidé (1), les fonds spéciaux que nous avons vu affecter antérieurement à chaque catégorie d'emprunts ; mais le système d'amortissement introduit par l'Act de 1786 fut scrupuleusement appliqué, sans changement, pendant six ans. Les commissaires de la dette purent racheter ainsi pour 10 millions 1[2 de liv. sterl. Grâce au développement de l'industrie anglaise qui commençait à prendre un vigoureux essor, la prospérité du pays et le revenu national augmentèrent rapidement. L'opinion publique imputa cela, pour une large part, au bon fonctionnement de l'amortissement, et le crédit public s'en ressentit : le 3 0/0 monta de 55, point où il était au début de l'année 1786, à 89, cours coté quelques jours avant la déclaration de guerre à la France. Le rachat des titres se faisait régulièrement et utilement, grâce à des excédents de recettes, et lorsque nous ferons la critique du procédé imaginé par le Dr Price, nous verrons que le seul reproche à adresser à l'amortissement pendant cette période, c'est de ne pas avoir annulé, au fur et à mesure, les titres rachetés.

Mesures de l'année 1792. — Cependant, la situation

(1) Les titres qui reposaient sur ce fonds furent depuis appelés consolidés.

financière devenait de jour en jour plus favorable, lorsque W. Pitt, premier ministre d'un roi éloigné des affaires par l'état de sa santé, décida que l'Angleterre ne pouvait se tenir à l'écart des complications politiques qui allaient ébranler le sol du vieux continent. Il se prépara donc à la guerre et songea à se procurer les moyens nécessaires pour la soutenir. Il ne voulait pas revenir sur les dégrèvements assez importants que le rétablissement de la prospérité publique lui avait permis d'accorder, et qui avaient rendu son nom très populaire : il faudrait donc faire face aux dépenses qui allaient s'imposer à l'aide des seules ressources du crédit. Mais l'habile ministre voulut auparavant préparer l'opinion publique, en lui montrant à quel point le gouvernement poussait le souci de payer les dettes de l'État.

Dans son exposé financier de 1792, Pitt, félicitant les Chambres de ce que le précédent exercice se clôturait par un excédent réel de recettes sur les dépenses d'environ L. 400.000, demandait qu'il fut consacré la moitié de ce surplus à des dégrèvements et que l'autre moitié, soit L. 200.000, vint augmenter d'autant la dotation affectée par l'Act de 1786 à l'amortissement. Cette proposition fut adoptée. Les années suivantes, par suite de la guerre, les excédents disparurent, mais des votes successifs du Parlement, jusqu'en 1802, n'en continuèrent pas moins à accorder la même augmentation.

Le même Act (act 32 Geo III., c. 55) contenait une disposition plus importante : il constituait un fonds d'amortissement spécial pour les emprunts futurs, et

ce nouveau fonds devait jouir, suivant les principes du
Dr Price, d'une dotation annuelle égale au centième
de ces emprunts. Lorsqu'il serait créé des annuités
terminables ou viagères, la dotation serait augmentée
du centième du capital représenté par ces annuités au
bout de quarante-cinq ans. Bien entendu, les intérêts
des titres rachetés devaient accroître tous les ans les
ressources du nouvel amortissement.

Bien que gérés par la même Commission, les deux
fonds, le nouveau et l'ancien devaient opérer d'une
façon tout à fait distincte, l'un portant ses efforts sur
la Dette antérieure à 1786, l'autre exclusivement consacré aux emprunts postérieurs à 1792. On pensait
que, de cette façon, chaque emprunt serait remboursé au plus tard en quarante-cinq ans à dater du
moment où il aurait été émis, en tenant compte de
toutes les circonstances défavorables qui pouvaient se
présenter, et l'on calculait que, si le 3 % se tenait au
cours de 60, l'amortissement pourrait être achevé au
bout de vingt-neuf ans.

La guerre éclata le 1er février 1793, et avec elle s'ouvrit la série continue d'emprunts qui devait porter la
dette anglaise du chiffre de 5.740.361.125 francs à la
somme colossale de 19.905.004.725 francs. La dotation de l'amortissement fut régulièrement augmentée,
dans les premiers temps, du centième du capital nominal de tout nouvel emprunt. Cependant, les charges de
la nation devenaient de plus en plus lourdes, et l'embarras des finances croissait toujours. Aussi, en 1798,
un premier emprunt de 16 millions de livres fut-il
contracté sans que l'on observât à son égard les pres-

criptions de l'Act de 1792. Et dès lors on eut bien souvent (1) recours au crédit, sans ménager à l'amortissement un supplément de revenu égal au centième du capital nominal des nouveaux emprunts contractés. Aux emprunts ainsi émis en violation de la loi furent affectés en garantie les produits d'un nouvel impôt, que l'on créa à cet effet, consistant en droits additionnels aux *Assessed taxes* (2). Ce nouvel impôt fut l'*Aid and Contribution tax* qui, réorganisé l'année suivante, devint l'*Income tax* (1799). L'Angleterre après avoir emprunté beaucoup en suivant les doctrines du Dr Price comprenait qu'il était tout de même prudent de demander à l'impôt une partie des ressources extraordinaires qui lui étaient nécessaires.

Réorganisation de l'amortissement en 1802. — La paix d'Amiens, survenue le 25 mars 1802, permit à l'Angleterre de faire une courte halte dans la voie dangereuse où elle était engagée depuis 1793 : en effet, en cinq ans, elle avait plus que doublé sa dette fondée, portée de 5.740.361.125 fr. à 12.493.826.575 fr., malgré les rachats effectués par les Commissaires de l'amortissement pour une somme de 1.681.397.880. Aussi, le gouvernement résolut-il de mettre à profit le rétablissement de la paix, pour travailler à réduire les charges écrasantes qui pesaient sur la nation. Dans ce but, le premier ministre Addington (plus tard

(1) L'énumération des divers emprunts contractés à dater de 1793 se trouve dans Hamilton, *op. cit.*, p. 262.

(2) Taxes comprenant, outre des impôts somptuaires, un droit sur l'habitation.

7

Lord Sidmouth), remplaçant Pitt temporairement déchu du pouvoir, présenta immédiatement un bill tendant à réorganiser l'amortissement et à le rendre plus rigoureux et plus efficace que par le passé. Son projet, voté par les Chambres, devint l'Act 42 Géo. III, c 71.

Les deux fonds existant alors, celui de 1786 et celui de 1792, furent réunis en une masse unique destinée à opérer indistinctement sur toutes les dettes contractées en rentes. La disposition qui fixait une limite (4 millions de livres) à l'extension du premier de ces fonds fut rapportée, et l'on établit, comme en 1792, que le revenu de l'amortissement serait obligatoirement augmenté du centième du capital nominal de tout nouvel emprunt ; de plus, l'Act rendait permanent le supplément de 200 mille livres que, depuis 1792, un vote du Parlement accordait tous les ans à l'amortissement. Le gouvernement se berçait de l'espoir que la dette, telle qu'elle était alors, serait complètement éteinte en quarante-cinq ans au plus tard, par ce nouveau fonds opérant avec l'accumulation indéfinie des intérêts des titres rachetés.

Etabli sur ces larges bases, l'amortissement fonctionna jusqu'en 1813 sans modification, sauf cependant une combinaison nouvelle, mais qui ne laissa pas de trace, proposée en 1807 par Lord Henry Petty pendant son court passage à la Chancellerie de l'Echiquier.

Nouveau plan dû, en 1813, à M. Vansittart. — La paix d'Amiens ne fut pas de longue durée, et l'Angleterre, servant de banquier aux gouvernements coalisés contre Napoléon, continua tous les ans à augmenter le chiffre de sa dette, pendant qu'elle faisait d'un autre côté des efforts considérables mais vains pour la réduire. Ces efforts, imposés par le plan de 1802 qui réalisait complètement les idées du Dr Price, pesaient lourde-ment sur le pays et, en 1813, le chancelier de l'Echi-quier, M. Vansittart (plus tard Lord Bexley), vit que la nécessité s'imposait de ramener l'amortissement au régime moins rigoureux créé par les Acts de 1786 et 1792. Le bill qu'il fit voter, en 1813, au Parlement (Act 53 Géo. III., c 35) était destiné à alléger les char-ges de la nation en restreignant, comme en 1786, au delà d'une certaine limite, l'accroissement du revenu de l'amortissement, tout en donnant aux créanciers de l'Etat, comme en 1802, l'assurance qu'ils seraient remboursés dans un délai de quarante-cinq ans, au plus, à dater de l'émission de tout nouvel emprunt (1).

Dans ce but, le nouvel Act prenait les dispositions suivantes : dès que les titres rachetés par la Commis-sion d'amortissement seraient arrivés à former un stock égal au stock de la dette existant en 1786, ces titres seraient déclarés annulés, *shall be declared dis-charged ;* les sommes ainsi rendues disponibles seraient affectées au service des emprunts de l'avenir, s'il y avait lieu, emprunts pour lesquels il ne serait donc plus nécessaire de créer de nouvelles taxes. Doréna-vant, au lieu d'allouer à chaque nouvel emprunt une dotation spéciale de 1 %, toutes les ressources de l'amortissement seraient réputées agir à la fois sur

(1) Voir Hamilton, *op. cit.,* p. 106.

l'emprunt le plus ancien en date, à partir de 1792, puis successivement sur chacun des autres dans l'ordre de leur émission. Lorsqu'un emprunt pourrait être ainsi déclaré éteint, le Parlement disposerait, suivant les circonstances, des ressources budgétaires devenues libres, en les affectant, soit à des dégrèvements d'impôt, soit au service des nouveaux emprunts. Quant aux emprunts contractés de 1798 à 1802 jusqu'à concurrence de L. 86.796.375 (2.169.914.375 francs) ils seraient désormais traités comme les autres, c'est-à-dire que l'on affecterait à leur amortissement une somme annuelle égale au centième de leur valeur, dotation à prendre sur les ressources que laisserait libres l'annulation de titres permise par le nouvel Act.

L'amortissement de 1813 à 1829. — En exécution du bill de M. Vansittart, il fut annulé au commencement de l'année 1814 un stock de titres égal à ceux en circulation au 5 janvier 1786 ; les sommes ainsi rendues disponibles furent employées comme l'indiquait l'Act. Les premières années de ce nouveau régime furent marquées, comme celles qui l'avaient précédé, par de nouveaux recours très fréquents au crédit. Le 5 janvier 1817, on fondit sous le titre de « Dette nationale de la Grande Bretagne et de l'Irlande » les dettes de l'Angleterre et celles contractées par l'administration de l'Irlande, ainsi que deux emprunts émis dans le Royaume-Uni pour venir en aide à l'empereur d'Allemagne et au roi de Portugal. La dette s'éleva alors à L. 796,101,770, c'est-à-dire environ 20 milliards de francs, ce qui imposait au budget une

charge de L. 43,648,140, plus d'un milliard ; la dotation
de l'amortissement s'élevait de son côté à L. 13,019,165,
soit près de 350 millions. La dette flottante, qu'il
fallut consolider dans les cinq ou six années qui suivirent atteignait de son côté le chiffre de L. 50,047,088.

Le pays, fatigué de tant de charges, était en droit de se
demander si l'amortissement réduirait le fardeau de la
dette qui pesait sur lui. Le Parlement, obligé de céder
devant l'opinion publique, dut peu à peu supprimer ou
alléger les impôts les plus vexatoires. Les recettes fléchirent et las de recourir à l'emprunt, poussé d'ailleurs
par des théoriciens qui combattaient dans de brillants
écrits les idées d'où procédait le système d'amortissement en cours, le gouvernement dut bientôt déroger
à l'Act de 1813, et prendre sur les fonds destinés à la
soi disant réduction de la dette les sommes nécessaires
à couvrir les déficits dans les recettes. Finalement, le
Chancelier de l'Echiquier, en 1823, fit décider que la
dotation annuelle de l'amortissement serait invariablement fixée à 5 millions de livres, chiffre auquel il
faudrait porter l'excédent des recettes sur les dépenses.
(Act 4 Geo. IV, c 19). Mais cette décision parlementaire ne reçut jamais d'exécution qu'en apparence, et
au moyen de purs expédients de trésorerie. Le projet
de budget présenté par M. Goulburn, en 1828, réduisit
à 3 millions la dotation de l'amortissement. Pendant ce
temps, une Commission du Parlement était saisie de la
question des réformes à apporter au fonds d'amortissement, et il fut rigoureusement démontré que le système basé sur les idées du Dr Price, non seulement
était impuissant à réduire la dette, mais avait encore

contribué à augmenter les charges du pays; en conséquence, il fut aboli peu après en 1829 (Act 10, Geo. IV, c 27). Nous reviendrons ultérieurement sur ce point, car nous nous bornons pour le moment à un simple exposé des faits.

Résumé des opérations du fonds d'amortissement basé sur les idées du Dr Price. — Nous avons vu que pendant la période du 5 août 1786 au 5 janvier 1793, le gouvernement de W. Pitt n'eut pas recours au crédit ; le fonds d'amortissement créé en 1786 fonctionna exclusivement avec des excédents de recettes. Pendant ce laps de temps, il fut employé L. 8.147.631 (203 millions de francs) au rachat de L. 10.241.000 (256 millions de francs) de rente 3 %, dont la charge d'intérêt s'élevait à L. 307,263 par an (7.681.000 francs). La dette fut allégée d'autant.

De 1793 à 1829, il n'y eut qu'une seule année (1817) pendant laquelle on ne recourut pas à l'emprunt pour pourvoir aux besoins de l'amortissement, en même temps qu'à ceux de la guerre. On emprunta donc d'une main pour amortir de l'autre. Mais les emprunts nouveaux furent émis à un taux réel moyen un peu supérieur à 5 %, alors que le prix de rachat des titres, enlevés à la circulation par l'amortissement, faisait ressortir, pour ces titres, un taux d'intérêt de 4 1/2 %. Les résultats définitifs des opérations pendant toute la période furent les suivants : on emprunta L. 330.050.455 à un peu plus de 5 % pour rembourser une dette également de L. 330.050.455 en capital, mais ne portant que 4 1/2 % d'intérêt. La différence exacte entre l'intérêt payé par l'Etat sur les titres émis, et l'intérêt perçu par lui sur les titres rachetés, fut exactement de 10 shell. 6 pence par 100 livres sterling de capital, soit 0,52 %. Sur le capital en question, la différence représente L. 1.627.765 par an (41.400.000 francs) « *somme qui exprime l'augmentation des arrérages annuels de la dette publique, et la perte réelle qu'a causé le système d'amortissement.* Voilà la conclusion à laquelle on arrive sans tenir compte des frais d'administration de la Caisse, et de la dépréciation des titres de la dette publique qui a pu être la conséquence de cette habitude d'emprunter des sommes infiniment plus grandes que celles qui étaient nécessaires pour les dépenses nationales (1). »

Nous apprécierons les résultats donnés en Angleterre par le système d'amortissement dû au Dr Price, alors que nous les aurons comparés à ceux obtenus en d'autres pays. Nous laissons pour le moment les chiffres parler par eux-mêmes. A la veille de la guerre avec la France, la dette anglaise s'élevait à

	CAPITAL	INTÉRÊTS
Dette fondée............	5.740.361.125	225.452.875
Dette flottante.........	251.224.400	10.351.600

En 1829, les chiffres avaient bien grossi, ils atteignaient :

	CAPITAL	INTÉRÊTS
Dette fondée............	19.281.298.300	632.971.675
Dette flottante.........	638.690.000	19.543.950

(1) Ce sont les termes du rapport présenté à la Chambre des Communes, en 1828, par le Comité chargé d'étudier la réforme de l'amortissement. — Ce rapport est cité en partie dans M. Leroy-Beaulieu, *op. cit.*, p. 428, et dans le *Dictionnaire des Finances*, au mot *Caisse d'amortissement*.

CHAPITRE II

CRÉATION DE L'AMORTISSEMENT EN FRANCE. LES LOIS DU 28 AVRIL 1816 ET DU 25 MARS 1817

Sommaire : Origines de l'amortissement en France : l'Ancien régime. — Origines de l'amortissement en France (suite) : le Consulat et l'Empire. — Le projet du comte Corvetto en 1816. — L'amortissement d'après la loi du 28 avril 1816. — Nouveau projet du comte Corvetto en 1817. — Discussion devant les Chambres. — Loi du 25 mars 1817. — Résultats donnés par la Caisse d'amortissement sous le régime des lois de 1816 et 1817.

Origines de l'amortisement en France : l'ancien régime (1). — L'idée d'alléger la dette publique par des remboursements partiels et successifs se trouve déjà contenue en germe dans le testament de Richelieu; mais c'est seulement au commencement du dix-huitième siècle qu'elle entra dans la pratique de l'administration

---

(1) Consulter sur ce point : A. Vührer, *Histoire de la Dette publique en France*, t. II; — Maurice Roy, *De l'Amortissement des Dettes de l'État, son origine et son histoire jusqu'en 1790;* — A. Joubert, *L'Amortissement de la Dette publique.*

française. A cette époque, les expériences financières tentées dans notre pays par le célèbre Ecossais J. Law, venaient de se terminer par la conversion des billets et récépissés de la banque, en rentes sur l'Hôtel-de-Ville au denier 40, et sur les recettes générales au denier 50 (10 et 15 juin 1720). Le montant de la dette, après la chûte du système, pouvait être évalué à 1,700 millions, l'intérêt annuel à payer, après toutes les opérations de réduction ou de remaniement, s'élevant à un peu moins de 48 millions. Il s'agissait, chose nécessaire, de fortifier le crédit de ces titres, tant anciens que nouveaux, et le gouvernement songea à réaliser l'idée de Richelieu en créant un système d'amortissement de la dette au moyen d'un fonds extraordinaire comme celui dont l'Angleterre avait déjà donné l'exemple.

Dans ce but, la Déclaration du 15 mai 1722 instituait une Caisse spéciale, dite *Caisse des remboursements;* afin de former la dotation de la Caisse, elle rétablissait pour six ans les droits attribués aux offices sur les portes, quais, halles et marchés de la ville de Paris, les droits manuels sur les sels, les droits perçus dans les cours, chancelleries, présidiaux, bailliages, etc., et supprimés par les édits d'août 1716, janvier et novembre 1717, etc. Un édit subséquent vint encore, en août 1722, augmenter l'importance de la dotation par le rétablissement ou la création d'un grand nombre d'offices. Les titulaires étaient obligés de fournir la finance en rentes sur l'Hôtel-de-Ville, rentes provinciales ou autres engagements du Trésor; les rentes en question étaient acquises à la Caisse.

Mais celle-ci ne paraissait pas encore suffisamment bien dotée; aussi la Déclaration du 5 juin 1725 constitua-t-elle, pour une durée de douze ans, une imposition annuelle du 50ᵉ des biens et revenus du royaume, dont le produit devait être uniquement affecté à la Caisse et employé par elle au remboursement des rentes perpétuelles sur l'Hôtel-de-Ville et sur les tailles. Les remboursements étaient acquis, par voie d'adjudication, aux porteurs de titres qui offraient la plus forte remise sur la valeur nominale de l'effet, et en cas d'égalité de remise, suivant la date des offres.

La caisse des remboursements ne fonctionna pas d'une façon assez suivie pour procurer un soulagement notable de la dette; en effet, l'imposition du 50ᵉ, sur les récriminations qu'elle soulevait de toute part, fut supprimée au bout de deux ans (7 juillet 1727); d'un autre côté, les droits rétablis en 1722 ne l'avaient été que pour une période de six ans, en sorte que la dotation de la caisse se trouva bientôt réduite à néant, et le remboursement de la dette resta lettre morte jusqu'en 1737. A cette époque, le contrôleur général des finances, Philibert Orry, essaya de lui appliquer un autre procédé, celui de la loterie (1737); les billets étaient payables en espèces ou en titres de rente, et les lots se composaient d'argent ou de rentes viagères. La dette perpétuelle, comme cela eut lieu plus tard en Angleterre, devait donc s'amortir par sa conversion en dette viagère.

Richelieu, (1) dans son testament, disait précisément

_____

(1) Voir M. Roy, *op. cit.,* p. 17.

à propos du remboursement de la dette, que *l'impatience naturelle à notre nation ne donne pas lieu d'espérer que nous puissions persévérer pendant quinze et vingt années en une même résolution*. L'histoire financière du dix-huitième siècle prouve, par de nombreux exemples. la justesse de la pensée émise par l'illustre cardinal.

En effet, sous l'administration de M. de Machault, l'on revint encore, suivant la mode anglaise, à une *Caisse générale des Amortissements* distincte et séparée du Trésor royal, ainsi que toutes les autres Caisses. (Edit de mai 1749). Les ressources que cette Caisse devait employer à l'extinction de la dette lui étaient fournies par : 1° Un impôt annuel du vingtième (1) des revenus des biens de toutes personnes sans aucune distinction ; 2° Les deux sols pour livre du dixième, perçus en augmentation de cet impôt depuis l'Edit de décembre 1746. Aux termes de l'acte qui constituait la nouvelle Caisse, les deniers dont on lui donnait le maniement « ne pouvaient être affectés à aucun autre usage qu'au remboursement des charges et dettes, tant anciennes que nouvelles, pour quelque raison et sous quelque prétexte que ce soit ». Malgré cette prescription, le payement des arrérages d'un grand nombre de rentes fut imposé à la Caisse. Mais, à part cela, elle fonctionna régulièrement jusqu'au 21 octobre 1759, date où un arrêt du Conseil d'Etat, vu les exigences

(1) L'impôt du 20ᵉ remplaçait l'impôt du 10ᵉ, précédemment établi par la Déclaration royale du 29 août 1741, qui continuait seulement à être perçu sur les charges, emplois et commissions d'épée ou de robe des maisons royales, des villes, des officiers de police ou de finance.

financières causées par la guerre de sept ans, suspendit provisoirement les opérations (1). Elles furent reprises peu après la signature du traité de paix (10 février 1763) : un Arrêt du Conseil du 19 juin prescrivit la r prise des achats à partir du 1er juillet.

Mais, au lendemain d'une guerre qui avait causé des dépenses considérables, il importait de donner un nouvel essor au remboursement des dettes de l'Etat, afin d'inspirer confiance aux rentiers et de raffermir le crédit public. Dans ce but, la déclaration royale du 21 novembre 1763, rendu sous l'administration du contrôleur général Bertin, attribuait à la Caisse des Amortissements un fonds extraordinaire de 20 millions de livres, qui devaient être versées par le Trésor pour être employées inviolablement à l'extinction des dettes de l'Etat.

L'année suivante, François de l'Averdy étant contrôleur général, un nouvel édit (décembre 1764) réorganise l'amortissement pour le rendre encore plus efficace : il était constitué deux Caisses séparées, la *Caisse des Amortissements*, destinée au rachat des titres de créance ; la *Caisse des arrérages*, affectée au paiement des intérêts dus aux créanciers. Celle-ci était doté, de façon à pouvoir verser à la première les fonds nécessaires aux remboursements annuels ; quand ces fonds seraient jugés insuffisants, il y serait suppléé par des prélèvements, sur le produit des fermes et recettes générales des finances. Mais les sages dispo-

(1) Il avait déjà été remboursé à cette date un assez grand nombre d'emprunts. En voir le détail dans M. Roy, *op. cit.*, p. 37.

sitions de cet édit eurent peu de durée. « La prodigalité toujours plus insatiable d'une cour où la Du Barry régnait après la Pompadour, fit oublier assez vite les bonnes résolutions qu'avaient dictées la réorganisation de la Caisse des Amortissements, dont les fonds, du reste, étaient bien insuffisants en face d'une dette totale de 2.360 millions (1) ». Un Edit de décembre 1768, enregistré après la tenue d'un lit de justice, suspendit en grande partie les remboursements.

Un nouvel édit qui suivit bientôt (édit du 7 janvier 1770), ordonna que tous remboursements cesseraient pendant 8 ans, et que les fonds ainsi rendus disponibles seraient portés au Trésor royal pour y servir successivement au remplacement des sommes qui se trouvaient consommées par anticipation sur les revenus à échoir. Cela se passait sous l'administration, tristement célèbre, de l'abbé Terray.

Louis XVI, par sa déclaration du 30 juillet 1775, rendue sous l'inspiration de Turgot, reconnut que les fonds de l'amortissement avaient été détournés de leur destination primitive. Cette déclaration supprimait la Caisse des amortissements en ne laissant plus subsister que celle des arrérages. Mais elle confirmait la perception du dixième d'amortissement (2) et en ordonnait le versement aux mains du trésorier de cette dernière Caisse pour être affecté au remboursement des dettes dont son gouvernement royal croirait devoir ordonner l'ex-

(1) A. Joubert, *op. cit.*, p. 67.

(2) Dixième des arrérages de tous les effets au porteur, rentes viagères, rentes perpétuelles, gages, etc... V. M. Roy, *loc. cit.*, p. 50.)

tinction. Malgré cette affectation assez vague, le dixième
en question servit à éteindre, même après la chûte de
Turgot, une partie des engagements de l'Etat.

Mais cette ressource était bien faible en face d'un
crédit fortement ébranlé et d'emprunts incessants. Aussi
en août 1784 M. de Calonne contrôleur général des
finances, fit rendre un édit créant une nouvelle *Caisse
d'amortissement;* cette caisse était fondée sur les principes, encore inappliqués en France, que le Dr Price
venait de mettre en vogue de l'autre côté du détroit. Sa
dotation comprenait un revenu de 3 millions de livres,
à fournir annuellement par le Trésor royal, auquel
s'ajouterait le produit de l'extinction des rentes viagères,
évalué à 1.200 mille livres par an, dotation modique,
disait l'édit, mais qui s'accroîtrait des intérêts afférents
aux titres rachetés. A cet effet, la Caisse était chargée
de toucher la somme nécessaire pour acquitter les
arrérages dus par l'État; elle conservait pour elle la
portion de cette somme correspondant aux intérêts des
titres rachetés après avoir remis aux payeurs des rentes
sur l'Hôtel-de-Ville le montant de ceux qu'ils avaient
à payer. Les fonds assignés à la Caisse étaient considérés comme la *propriété imperturbable* des créanciers
de l'Etat, même en temps de guerre, et quelles que pussent être les circonstances politiques et financières. Les
remboursements devaient se faire sur le pied du denier 20 de la rente, ou sur le pied de la valeur publique
des contrats quand les propriétaires le désireraient et
pour le plus grand avantage de la libération. C'était
l'introduction du rachat au cours du marché. Un arrêt
du conseil du 26 décembre suivant décida, que les cré-

anciers qui voudraient être remboursés de cette façon, en feraient la demande au directeur de la Caisse et que le cours du moment serait constaté au moyen d'un certificat dressé chaque jour par le syndicat des agents de change.

D'après des tableaux joints à l'Edit, la dette publique devait, au bout de 25 ans, se trouver allégé de 1.264.500.000 livres en capital et de 91 millions d'intérêts annuels environ. Mais, l'auteur de l'Edit ne pouvait prévoir l'avenir; son œuvre fut suspendue en 1788, et disparut emportée par la tourmente révolutionnaire avant que l'expérience n'eut permis d'en saisir les défectuosités.

Origines de l'amortissement (suite) : le Consulat et l'Empire. — Au rétablissement de la tranquillité, le gouvernement, sous l'impulsion vigoureuse du Premier Consul, se préoccupa de ramener dans les finances l'ordre et la régularité dont elles étaient depuis longtemps privées. Il s'agissait surtout de réorganiser le Crédit public, si durement atteint par la banqueroute des deux tiers (Vendémiaire an VI), et la Loi du 6 frimaire an VIII créa un nouvel organisme financier pour en faire le principal instrument de ce crédit.

Voici comment : les plus grosses recettes budgétaires, 300 millions sur 500, provenaient des contributions directes et, pour les mettre à la disposition du Trésor, les receveurs généraux souscrivaient des obligations mensuelles représentant les sommes qu'ils devaient encaisser. Mais comme l'Etat ne pouvait attendre le plus souvent la date du payement de ces effets, il les négociait à des escompteurs. Comme d'un autre côté, par suite de la rentrée difficile des impôts, il arrivait fort souvent que les receveurs généraux n'avaient pas à l'échéance les fonds sur le recouvrement desquels ils avaient compté, les obligations souscrites par eux se plaçaient fort mal et subissaient une dure dépréciation à l'escompte. Notre loi était destinée à relever le cours de ce papier, en créant une Caisse chargée de rembourser à l'échéance celles des obligations qui seraient protestées. Dans ce but, la Caisse touchait le cautionnement imposé aux receveurs, cautionnement en espèces métalliques, égal au vingtième du montant de la contribution foncière de leurs départements respectifs, en remplacement des valeurs immobilières affectées jusqu'alors à la garantie de leur gestion.

La Caisse était donc une *Caisse de garantie*, mais elle était aussi (1) une *Caisse d'amortissement* et chargée à ce titre d'étendre ses opérations à la réduction de la dette publique. A cet effet, les arrérages des rentes viagères et des pensions ecclésiastiques devaient lui être versées au fur et à mesure de leur extinction. Bien que la dette qui lui avait été léguée par le Directoire fût relativement faible (2), le Premier Consul jugea bientôt nécessaire d'augmenter les ressources consacrées à l'amortissement; et une loi du 30 Ventôse

(1) La caisse devait également faire fonction de caisse de dépôt pour les fonds litigieux qu'elle ferait valoir jusqu'aux jugements qui mettraient en possession les vrais propriétaires.

(2) M. Vührer l'évalue à 46.302.000 fr. de rentes (*op. cit.* t. I, p. 425.

an IX lui attribua encore le produit de la vente de 70 millions de biens nationaux, une somme équivalente au capital des rentes qui seraient émises pour assurer le service de l'an VIII, et enfin un revenu annuel égal au revenu d'un capital de 180 millions, qui allait être consacré à l'Instruction publique et aux militaires invalides. Ces ressources, d'une réalisation plus ou moins certaine, furent bientôt remplacées par une dotation fixe de 10 millions par an, prélevée sur le produit des postes et qui devait être maintenue jusqu'à ce que le montant de la dette eut été réduit à 50 millions (loi du 20 floréal an X).

Les premiers résultats furent bons et, grâce à la nouvelle institution habilement dirigée par M. Mollien, le crédit public s'améliora très vite. Dans le cours des trois premières années de ses opérations, la Caisse consacra un capital de plus de 38 millions à l'acquisition de 3.060.000 francs de rentes. Mais bientôt le gouvernement la fit sortir de ses attributions, et la transforma en instrument destiné à diriger le cours des fonds publics, malgré toutes circonstances, dans le sens de la hausse, ou à former le pivot de combinaisons financières servant à combler les vides du Trésor sans avoir ouvertement recours à l'emprunt.

Cependant, par suite de la liquidation du passé et la réunion successive à la France de nombreux départements taillés dans les pays limitrophes, la dette s'élevait vers 1811 à plus de 88 millions de rentes. Aussi, Napoléon voulut-il rappeler le principe posé dans la loi de l'an X, et une loi du 15 juillet 1811 décida que la dette devrait être ramenée à un maximum de

80 millions, et cela dans l'espace de vingt années au plus. Dans ce but, la Caisse serait dotée : 1° du montant des extinctions sur les rentes viagères; 2° d'un revenu de 1.600.000 francs correspondant aux arrérages des rentes possédées par elle ; 3° du produit des arrérages des rentes qu'elle acquerrait successivement. Mais les revers politiques se préparaient à fondre sur le pays, et ils forcèrent le gouvernement à appliquer aux besoins généraux les ressources primitivement destinées à l'amortissement.

Somme toute, du 3 messidor an IX, jusqu'à l'abdication de Fontainebleau, la caisse d'amortissement racheta pour 7.159.000 francs de rentes environ. Mais ce chiffre comprend les acquisitions faites au titre des deux autres services de la Caisse, le dépôt et la garantie, et qui n'avaient pas de rapport avec l'amortissement. « De ces mouvements divers et contradictoires, il est résulté en définitive que, dans le cours de son existence sous le Consulat et l'Empire, la Caisse d'amortissement, au lieu de servir à la réduction du chiffre de la Dette publique, en a au contraire amené l'accroissement (1) ».

Projet du Comte Corvetto. — Lorsqu'il eut succédé à l'Empire, le gouvernement de la Restauration se trouva en présence d'une situation financière qui demandait des résolutions énergiques : d'un côté, un arriéré considérable (759 millions) laissé par le pouvoir déchu, de l'autre des contributions ou indemnités de guerre à payer

(1) A. Vührer, *op. cit.*, t. II, p. 49.

pour une somme de 1.287 millions aux pays étrangers, et
au-dessus de tout cela, les doctrines ultra-royalistes prétendant que le gouvernement légitime ne devait ni reconnaître ni payer les dettes d'un gouvernement usurpateur.
Par bonheur pour la France, les premiers ministres des
finances du nouveau régime furent des hommes supérieurs. Le baron Louis, en entreprenant la liquidation
de l'arriéré (loi du 23 septembre 1814), ouvrit la série
des mesures qui devaient relever le crédit public, et son
successeur, le comte Corvetto, voulut rassurer encore
davantage les créanciers de l'Etat en instituant une
Caisse d'amortissement vraiment digne de ce nom, à
l'imitation de celle qui fonctionnait en Angleterre
depuis 1786. « L'expérience, dit-il dans l'exposé des
motifs de son projet de loi (1), nous a révélé les prodiges
opérés par l'amortissement quand une rigoureuse et
imperturbable fidélité le défend contre toute entreprise
arbitraire. Un amortissement que rien ne détourne de sa
marche et dont le fonds s'accroît sans cesse par des capi-
talisations continuelles, est un ressort dont le développement n'a pas de limite, et dont l'influence sur la modé-
ration du taux de l'intérêt et sur la loyauté des transactions doit donner un essor considérable à la circulation
des capitaux et à la multiplication des échanges. »

Le projet du comte Corvetto, qui faisait partie du
projet de budget pour l'exercice 1816, fut déposé à la
Chambre des Députés le 23 décembre 1815. La commission chargée de l'examiner fut unanime à approuver les idées du ministre ; le rapporteur, M. de Cor-

____

(1) Cité dans Vührer, *op. cit.*, t. II, p. 102.

bière, proposa seulement deux modifications relatives
à la quotité et à la nature de la dotation. Le ministre
avait demandé de lui affecter : d'abord une somme de
14 millions prise annuellement sur le produit des
postes ; ensuite les bénéfices procurés par le maniement des fonds provenant des consignations et dépôts
judiciaires ou volontaires, fonds que la nouvelle Caisse
devait être chargée d'administrer. Le rapporteur
jugeait insuffisante la somme de 14 millions provenant
des postes, et demandait en conséquence qu'elle fut
portée à 20 millions, le Trésor devant parfaire la différence sur ses ressources générales, si le produit des
postes était insuffisant. En revanche, il réclamait la
suppression des articles par lesquels la Caisse d'amortissement était chargée de recevoir les dépôts et consignations, montrant que la Caisse, forcée à employer
des fonds dont elle devrait payer l'intérêt, serait exposée à être prise au dépourvu par un remboursement
inopiné qui l'obligerait peut-être de revendre à perte
ou de manquer à ses engagements. Le gouvernement
tint compte des observations de la commission et modifia son projet en conséquence.

Discussion du projet devant les Chambres. — Elle
s'ouvrit à la Chambre des Députés le 30 mars 1816, et
les orateurs qui se succédèrent furent unanimes à
approuver les mesures proposées. Il faut mettre à profit l'expérience qui a révélé en Angleterre les prodiges dont est capable l'amortissement fondé sur l'intérêt composé, telle fut l'idée maîtresse qui domina la
discussion et qui était d'ailleurs réalisée par le projet.

En effet, les divers orateurs qui se succédèrent à la tribune essayèrent de démontrer qu'il n'y avait pas d'inconséquence à amortir alors qu'on allait être obligé de recourir fortement à l'emprunt pour liquider la situation ; que la dotation de l'amortissement devait être comme en Angleterre, égale à peu près au centième du capital nominal de la dette ; que le projet consacrait l'inviolabilité de cette dotation et qu'il la mettait en tout temps au-dessus des atteintes possibles des ministres.

A l'appui du premier des trois points que nous venons d'énumérer, l'orateur qui ouvrit la discussion, M. Richard (1), député de la Loire, s'exprimait en ces termes : « L'expérience d'une nation voisine montre que l'amortissement soutient le crédit, bien que le montant des nouveaux emprunts excède considérablement celui de la dette amortie. On peut théoriquement rendre raison de ce fait bizarre : en effet, le fonds d'amortissement n'a pas à lutter contre toute la masse de la dette de l'Etat, dont la majorité reste dans les mains des rentiers, mais seulement contre la portion flottante livrée aux spéculations de la hausse et de la baisse. Pour amener la hausse, il suffit que la Caisse verse journellement sur la bourse la somme suffisante pour retirer l'excédent des rentes proposées par les vendeurs sur les rentes demandées par les acheteurs. L'action ne doit pas être considérée comme celle d'un poids qui lutte contre un autre placé dans la même balance, mais comme une force qui, agissant au bout

(1) Le discours de M. Richard se trouve aux *Archives parlementaires*, t. XVI, p. 745.

d'un long bras de levier, soulève une force centuple d'elle-même. »

A propos du chiffre de la dotation, le même orateur montrait que « ce chiffre étant fixé à 20 millions, soit 20 p. 0/0 du capital de la dette arbitré à deux milliards, après toutes les consolidations consommées, la fixation est réglée d'après le chiffre de l'Angleterre qui, à chaque nouvel emprunt, en prévient la dépréciation par un fonds d'amortissement égal au centième du capital emprunté ». Il revenait pourtant sur le projet primitif du gouvernement et demandait que, si l'on n'attribuait pas à la Caisse d'amortissement la gestion des fonds des dépôts et consignations, les bénéfices provenant de cette gestion lui fussent du moins réservées.

Le commissaire du roi, M. Portal, montra que les ressources de l'amortissement devaient être immuables; et elles ne présenteraient pas ce caractère si elles comprenaient des revenus provenant d'opérations financières, opérations qui offrent toujours des risques. Il valait donc mieux s'en tenir au projet du gouvernement, amendé par la commission, qui séparait complètement (1) la Caisse d'amortissement de celle des dépôts et consignations.

On insista beaucoup, au courant de la discussion, sur le caractère d'inviolabilité qu'il fallait attacher à

(1) L'ordonnance du 22 mai 1816 devait décider que les deux établissements seraient administrés par le même haut personnel de direction et contrôlés par la même commission de surveillance. Mais, hors ce point commun, tout est distinct entre eux.

la nouvelle institution. Songeait-on aux exemples du passé ou prévoyait-on l'avenir? Un des orateurs inscrits, M. Benoît (1), s'exprimait ainsi à ce sujet : « On a pensé que la Caisse ayant un fonds déterminé, il se pourrait trouver des circonstances extraordinaires, une insurrection, une guerre, une famine, qui exigeraient des fonds à l'instant même, ces fonds seraient disponibles à la Caisse et l'on pourrait s'en servir. Je réponds que c'est précisément pour ces cas extraordinaires qu'il faut mettre les ministres en garde contre eux-mêmes, contre leurs propres besoins. Il faut que, même le service courant devenant difficile, les ministres sachent bien que le fonds d'amortissement est inviolable. C'est à cette garantie que tient le crédit de l'institution dont vous vous occupez. »

En somme, la nouvelle institution présentée comme une des mesures qui devaient (2) « assurer au Trône sa splendeur et sa force », fut votée avec enthousiasme par la Chambre des députés dans la séance du 27 mars. Sur le rapport du comte Garnier, le 27 avril suivant, la Chambre des pairs conclut sans objections à l'adoption immédiate du projet (3).

Le projet du comte Corvetto, sanctionné par l'autorité législative, forme le Titre X de la loi de finances du 28 avril 1816. Cette loi a été, pendant près de trois quarts de siècle, la base organique de l'amortissement

(1) *Archives parlementaires*, t. XVI, p. 751.
(2) Exposé des motifs.
(3) Voir Calmon, *Histoire parlementaire des finances de la Restauration*, t. I, pp. 148 et suiv.

en France, sauf certaines modifications de fait qui
n'en détruisirent pas le principe. Nous allons exposer
les mesures qu'elle renferme.

L'Amortissement d'après la loi du 28 avril 1816. —
La nouvelle Caisse remplaçait la Caisse antérieurement
existante qui devait être liquidée, et passer à la charge
du Trésor les sommes dont elle était débitrice. Elle
était destinée à fonctionner sous les ordres d'un directeur général, auquel pouvait être adjoint un sous-
directeur, les fonds étant maniés par un caissier responsable, astreint à fournir un cautionnement élevé.
Ces trois hauts fonctionnaires étaient nommés par le roi,
et le directeur ne pouvait être révoqué que sur la
demande motivée d'une Commission de surveillance,
directement adressée au roi. Le personnel administratif de la Caisse était donc dans une indépendance
absolue vis-à-vis du ministère.

A la dotation de la Caisse était affectée une branche spéciale des revenus de l'Etat, les revenus des
postes; cette affectation était *exclusive et immuable*
(art. 104). Le gouvernement entendait se mettre ainsi
à l'abri de ses propres entraînements ou de ses propres défaillances. L'administration des portes devait
verser ses revenus à l'amortissement, de mois en
mois et par douzièmes. Si les produits mensuels de
cette administration ne s'élevaient pas au douzième de
14 millions, la différence serait payée par le Trésor, dans les quinze premiers jours du mois suivant.
En outre, le Trésor devait verser tous les mois à
la même date une somme de 500,000 francs à la

Caisse. C'était, en somme, attribuer à cette dernière une dotation minime de 20 millions, dotation garantie pour la plus large part avec les revenus des postes.

La Caisse d'amortissement devait employer ces versements mensuels, à mesure qu'ils lui seraient faits, en achats de rentes au cours de la bourse. On avait pensé que, ce serait associer le directeur général à l'agiotage, que de lui permettre, comme sous l'Empire, d'accumuler les fonds disponibles pour forcer les achats, quand la tendance serait à la baisse, et, inversement, les diminuer quand la tendance serait à la hausse. Or, ainsi qu'il avait été dit d'une façon assez emphatique au courant de la discussion, « le gouvernement qui se fait commerçant ou spéculateur aux dépens de ces sujets n'est pas un gouvernement paternel; pour se procurer un léger bénéfice, il risque de ruiner des milliers de citoyens qui ont placé leurs richesses au fonds publics ».

Les rentes acquises par l'établissement devaient être immobilisées en son nom et porter intérêt à son profit. Les arrérages ainsi perçus auraient la même destination que la dotation annuelle, et permettraient, comme en Angleterre, d'étendre progressivement la puissance de l'amortissement. Les titres une fois immobilisés ne pouvaient plus être vendus et mis en circulation, *dans aucun cas et sous aucun prétexte, à peine de faux et autres peines de droit contre tous vendeurs et acheteurs* (1). C'est le système anglais dans toute sa rigueur;

(1) Aux termes des articles 25 et 26 de l'ordonnance du 22 mai 1816,

mais, la loi prévoyait que les rentes appartenant à la Caisse pourraient être annulées aux époques et pour la quotité qui seraient déterminées par l'autorité législative.

Et, en effet, l'article 115 mettait cet établissement « de la manière la plus spéciale, sous la surveillance et la garantie de l'autorité législative ». Voici de quelle façon : les opérations de la Caisse étaient soumises au contrôle d'une Commission de surveillance composée d'un Pair de France président, de deux membres de la Chambre des députés, d'un président de la Cour des comptes, du gouverneur de la Banque de France et du président de la Chambre de Commerce de Paris (1). Cette Commission ainsi formée devait être saisie tous les trois mois du compte rendu, par le directeur, de la situation de la Caisse; et tous les ans, son président avait à présenter un rapport aux deux Chambres, avec tableaux à l'appui, sur les résultats obtenus dans le courant de l'année.

En résumé, dotation annuelle minima de 20 millions, capitalisation à intérêts composés, indépendance par rapport au ministre et contrôle supérieur du pouvoir législatif, tels sont les traits caractéristiques du système inauguré par la loi du 28 avril 1816. Ce système commença immédiatement à entrer en

les transferts des inscriptions appartenant à la caisse étaient valables à l'égard des acquéreurs de bonne foi; mais le gouvernement avait recours contre les agents du Trésor et de la Caisse et contre tous les fauteurs ou complices du délit.

(1) Un décret du 25 octobre 1848 a ajouté aux membres de cette commission deux conseillers d'Etat et le directeur du mouvement des fonds.

jeu et, au 15 novembre 1816, la Caisse était déjà propriétaire de 1,393,819 francs de rentes qui lui avaient coûté 16,227,751 francs (1).

Projet du Comte Corvetto tendant à renforcer l'amortissement (1817) (2). — L'année suivante, encouragé par ces résultats et par l'amélioration du crédit public que l'on attribuait aux premiers achats de la Caisse, préparant d'ailleurs un emprunt considérable (3) et voulant accroître encore la confiance des créanciers de l'Etat, le comte Corvetto jugea utile de renforcer la dotation de l'amortissement et proposa de la porter à 40 millions. D'un autre côté, dans son rapport au nom de la Commission de surveillance, le comte de Villemansy président, avait trouvé que la dotation de la Caisse n'était pas suffisamment garantie par le produit des postes qui s'était trouvé atteindre, à peine, le chiffre de 10 millions. « Aucune loi, avait-il dit, n'a mis cette dette sacrée qu'est l'amortissement dans un ordre privilégié. Il eut été à souhaiter que la loi du 28 avril 1816 assurât une dotation sur une branche quelconque d'impôts; que ce revenu fût assez liquide pour que la

(1) Rapport du comte de Villemansy, président de la commission de surveillance, déposé le 23 novembre 1816. Voir *Archives parlementaires*, t. XVII, p. 542.

(2) Voir Calmon, *op. cit.*, t. I, p. 185.

(3) Les prévisions des dépenses budgétaires, pour l'année 1817, étaient arrêtées à 1.061.260.000 fr. et les prévisions des recettes à 757.600.000 fr. : d'où une insuffisance de 300 millions que le ministre se préparait à combler au moyen d'un emprunt proportionné.

malveillance ne puisse jamais répandre des doutes sur l'exactitude du payement, que le genre de perception fût assez simple pour que les fonds arrivent à la Caisse sans obstacles et sans l'intermédiaire du Trésor ».

Aussi, dans son projet de budget pour l'exercice 1817, le ministre des finances, tenant compte à la fois de ces observations et de son propre sentiment, demanda que la dotation de l'amortissement fut doublée, et qu'elle fut prélevée, non plus seulement sur les revenus des postes, mais encore sur les produits de l'enregistrement, des domaines et du timbre, c'est-à-dire sur les meilleurs revenus de l'Etat. La Commission de la Chambre étendit encore la demande du ministre et proposa, en plus, l'affectation à la Caisse de tous les bois domaniaux, sauf la quantité nécessaire pour fournir un revenu net de 4 millions, dont le roi disposerait en faveur des établissements ecclésiastiques ; toutefois, la Caisse ne pourrait aliéner les bois à elle affectés qu'en vertu d'une loi ; et pour le moment elle serait autorisée à en mettre en vente une superficie de 150.000 hectares.

Discussion devant les Chambres. — Ces nouvelles propositions ne furent pas votées par les Chambres avec la même facilité que les mesures adoptées l'année précédente. Le ministre des finances trouva un adversaire redoutable en M. de Villèle, qui démontra le danger de doubler la dotation de l'amortissement, au moment où l'on se préparait à contracter un emprunt de 300 millions : « Sans doute (1), disait ce député

(1) Voir le discours de M. de Villèle, *Archives parlementaires,* t. XIX, p. 245.

destiné à devenir homme d'Etat célèbre, sans doute que le cours de nos effets publics soit soutenu par les efforts constants d'une Caisse d'amortissement, votre intérêt propre et la justice envers les porteurs de vos rentes vous commandent cette mesure. Vous y avez pourvu, pour vos derniers, créanciers en dotant d'une somme de 20 millions la Caisse qui doit opérer sur cette partie de votre dette. Continuez à faire l'application de cette somme, et tout ce qu'on dit des avantages de l'amortissement se réalisera pour vous. Mais lorsque, outrant cette salutaire mesure, confondant les nouvelles rentes avec les anciennes, vous nous proposez tout à coup de doubler la dotation de la Caisse, de l'augmenter encore du produit de la vente de 150.000 hectares de bois, quand vous nous dites que le résultat inévitable de ces mesures sera de faciliter le placement de nos emprunts à un taux favorable, et de diminuer le terrible effet de la sortie de notre numéraire en attirant chez nous les capitaux étrangers, je suis obligé de vous arrêter, d'opposer les faits aux hypothèses, la clairvoyance du contribuable au calcul du financier. Si le cours de nos effets publics à la bourse doit avoir sur nos emprunts l'influence décisive que vous nous annoncez, pourquoi donc, quand leur taux y est à 60, sommes-nous obligés de les vendre à 50 ? »

M. de Villèle, s'inspirant des théories du baron Louis, montrait l'inconséquence de vouloir emprunter au taux nominal de 5 %, alors que l'emprunt étant émis à 50 francs, c'est à un taux réel de 10 % que l'on trouve du crédit ; cela aboutit, pour dissimuler le véritable taux de l'emprunt, à charger la dette d'un capital

nominal double. Il voulait en conséquence que l'on
empruntât franchement au taux de 9 ou 10 0/0 et au
pair ; et, afin de n'imposer aucune nouvelle charge à
la Caisse dont la dotation n'aurait pas besoin d'être
doublée, il demandait que l'emprunt fut remboursable par dixième, d'année en année à dater de 1821.
A cette époque la situation financière se serait sans
doute améliorée, et le Trésor pourrait subir le supplément de dépenses imposé par ce remboursement.
L'orateur démontrait que l'adoption de son système
allègerait de 20 millions les budgets si embarrassés du
moment, et ferait éviter « la combinaison déplorable de
vendre des rentes à 50 pour en racheter à 60, ce qui est
en réalité augmenter la dette et non l'amortir comme
on a pu le croire. Cet amortissement prétendu ne peut
être utile qu'aux spéculateurs », telle était la conclusion
de M. de Villèle.

Les partisans du projet n'opposaient aux chiffres de
M. de Villèle que les théories du Dr Price, montrant
par exemple (1) l'amortissement « véritable machine à
double effet, dont le levier puissant soulève le levier de
l'opinion publique et tous deux agissant simultanément
donnent au crédit public la force, le mouvement et la
vie. » Et le rapporteur de la Commission, M. Beugnot,
se bornat à répondre assez dédaigneusement : « Il
s'agit de savoir en ce moment s'il est nécessaire de
doubler la dotation de 20 millions ; on a trouvé
excessif ce doublement et l'on a établi des comparai-

(1) Discours du baron Dufougerais, *Archives parlementaires,*
t. XIX, p. 260.

sons entre les dettes de la France et de l'Angleterre
en faisant remarquer la proportion différente dans les
moyens d'amortissement. L'objection n'a pas de force,
car notre crédit est à peine fondé. »

La mesure qui consistait à donner à la Caisse la
propriété des bois de l'Etat fut combattue encore plus
vivement que la précédente. Elle trouva son plus éloquent adversaire en M. de Bonald (1) qui la jugeait
« contraire à la Charte, contraire à la politique, contraire
à la morale et par dessus tout inutile et fausse. » Cette
mesure, d'après l'illustre penseur, était anticonstitu-
tionnelle, parce que la Charte déclarant l'irrévocabilité
des ventes déjà effectuées de l'ancien domaine de la
couronne consacre l'inaliénabilité de ce qui reste,
« inaliénabilité qui a toujours été le plus ferme appui
de la monarchie. » Elle n'était pas moins contraire à la
politique qui demande impérieusement la conservation
« d'une propriété dont la perte est aussi irréparable
que l'utilité en est démontrée, d'une propriété dont la
vente est un déshonneur pour une nation, qui ne peut
jamais être réduite à la honte de faire cession de
biens à ses créanciers. » Elle violait aussi la morale
« en ébranlant le principe sacré du droit de propriété »;
car les forêts dites de l'Etat provenaient, ou de l'ancien
domaine royal, ou de l'ancien domaine des congré-
gations religieuses ; pour les forêts de la première
catégorie, bien que passées au domaine de l'Etat, elles
n'en restaient pas moins « le gage, l'hypothèque de

(1) Voir discours de M. de Bonald, *Archives parlementaires,*
t. XIX, p. 261.

la pension en argent ou liste civile qui a remplacé l'ancien domaine royal » ; pour celles de la seconde catégorie, c'était un devoir « de les rendre à leur disposition primitive qui est de servir à des œuvres charitables. » En plus de toutes ces raisons qui devaient la faire repousser, la mesure proposée était, d'après M. de Bonald, inutile et fausse, car la Caisse d'amortissement, sans cette augmentation de dotation, opérerait aussi sûrement, bien qu'avec plus de lenteur, jusqu'au terme qui devait infailliblement arriver où la dette serait éteinte et les bois conservés. Quel est en effet le père de famille qui, libre de payer quand il voudrait et comme il voudrait des dettes à constitution de rente, préférerait, pour se libérer quelques années plus tôt, vendre à vil prix le patrimoine de ses enfants? Et l'éloquent orateur terminait par cette phrase brillante : « Si ces chênes que vous voulez abattre, semblables à ceux de Dodone, rendaient des oracles, ils vous prédiraient malheur. »

Les amis du Gouvernement ne manquaient pas d'arguments en réponse. Ils faisaient d'abord valoir que, si les bois de l'Etat devenaient la propriété de la Caisse, ce serait seulement sous déduction de la quantité nécessaire pour former une dotation en faveur des établissements ecclésiastiques ; d'ailleurs, la Caisse ne recevait pour le moment que l'autorisation d'en vendre une très faible partie, soit 150,000 hectares, c'est-à-dire à peu près la superficie des parcelles isolées et enchevêtrées dans les propriétés particulières. Cela posé, ils exposaient de la façon suivante l'utilité de la mesure : « Plus on insiste sur l'argument, d'ailleurs

si peu solide, que toute dotation en numéraire de la
Caisse, au moment d'un emprunt, ne servant qu'à
racheter la portion de rentes nécessaires pour emprunter le fonds de la dotation même, le jeu de la
Caisse d'amortissement se change en une pure fiction ;
plus on doit·applaudir à un genre de dotation qui, se
composant de valeurs immobilières non empruntées,
ne peut au moins être susceptible de ce reproche d'illusion fantasmagorique, et donne à la Caisse qu'il affecte
une puissance et une activité véritables... D'ailleurs
les ventes n'auront lieu que quand elles seront indi-
quées par le besoin. Il s'agit bien moins de les presser
que de fournir un point d'appui à l'imagination du
prêteur. Plus la dotation en bois sera libérale, plus en
accroissant la confiance elle dispensera de ventes effectives. L'élévation de la rente qui résultera de quelques
ventes réelles sera une augmentation des capitaux du
pays : ce sera alors la propriété tout entière dont la
valeur vénale s'accroîtra par le développement du
crédit public et privé. »

Mesures contenues dans la loi du 25 mars 1817. —
Finalement les propositions du gouvernement furent
votées à une grande majorité, et elles forment les titres
X et XI de la loi de finances du 25 mars 1817. Voici
les principales dispositions qu'ils renferment.

Les produits nets de l'enregistrement, des domaines
et du timbre, et ceux des administrations des postes et

(1) Discours de M. Camille Jordan, *Archives parlementaires*,
t. XIX, p. 264.

de la loterie étaient affectés au paiement des intérêts
de la dette perpétuelle, et au service de la Caisse
d'amortissement, la portion de cette dernière dans
les dits produits étant fixée à 40 millions. En plus, la
Caisse recevait la propriété des bois de l'Etat, sous
réserve de la quantité nécessaire pour former un revenu
de 4 millions de rente, laissée à la disposition du roi
en faveur des établissements ecclésiastiques ; mais
ces bois ne pouvaient être aliénés qu'en vertu d'une
loi, la Caisse était seulement autorisé à en mettre
en vente, à partir de 1818, jusqu'à concurrence de
150.000 hectares, en se conformant aux formalités
établies pour la vente des propriétés publiques. D'ailleurs la conservation et la régie des immeubles forestiers, ainsi que la vente des coupes ann..... s, restaient
confiées aux administrations qui en étaient déjà char-
gées.

Le ministre des finances était autorisé à traiter avec
la Banque de France ou la Caisse des dépôts et consignations pour le paiement des intérêts de la dette et
le service de l'amortissement. Cette mesure était imitée
d'ailleurs du Consulat qui, lui-même, l'avait empruntée
à l'Angleterre ; mais elle ne produisit pas les résultats
avantageux que l'on espérait, et l'on jugea bien vite trop
dispendieux de payer à la Banque une commission
d'environ 3 millions.

**Résultats donnés par l'amortissement sous le régime
des lois de 1816 et de 1817.** — Organisée comme nous
venons de le voir, la Caisse d'amortissement fonctionna
très régulièrement jusqu'en 1825, et les Chambres, à

la lecture du compte rendu de la Commission de surveillance, ne pouvaient que s'applaudir de l'heureux effet
exercé sur le crédit public par la nouvelle institution.

Voici quels furent pendant la période de 1816-
1825 (1), nous ne dirons pas les résultats, car nous
réservons pour une partie ultérieure de notre étude
l'appréciation du système en question, mais du moins
les rachats de rentes effectués par la Caisse d'amortissement :

	Rentes 5 % rachetées	Coût des rachats	Cours moyen
1816	1.782ᶠ765	20.439.724ᶠ42ᶜ	57ᶠ33
1817	3.322.114	43.084.946.66	64.85
1818	3.675.642	51.832.333.85	70.51
1819	4.854.776	67.094.882.00	69.10
1820	4.871.085	73.583.386.69	75.53
1821	4.541.262	77.603.426.45	85.44
1822	4.496.321	80.836.284.53	89.89
1823	4.368.056	75.839.022.22	86.81
1824	3.864.222	77.928.109.49	100.83
1ᵉʳ Mai 1825	1.293.864	26.671.963.24	103.07

Les ressources mises à la disposition de la Caisse
avaient été de :

1° Montant des dotations annuelles fournies par le Trésor.................... 366.420.552ᶠ

2° Produit net des ventes de bois autorisées par la loi de 1817 .... 82.851.138

3° Montant des arrérages des rentes successivement rachetées................ 145.642.388

        TOTAL............ 594.914.078ᶠ

(1) Nous empruntons les chiffres à l'ouvrage de M. Vührer,
loc. cit., p. 149.

CHAPITRE III

L'Amortissement sous la loi du 1er Mai 1825

**La situation financière en 1824-1825, les plans de
M. de Villèle (1).** — Ainsi qu'il est facile de s'en rendre
compte par le tableau que nous avons donné à la fin
du précédent chapitre, grâce à l'exactitude du gouvernement à remplir ses engagements, et grâce au prompt
rétablissement de la prospérité publique, les cours de
notre type unique de rente s'élevaient constamment
d'une année à l'autre. Au commencement de 1824, la
situation financière était assez favorable pour permettre

(1) Voir Calmon, *Histoire parlementaire des finances de la Restauration*, t. II, p. 123.

de songer à une mesure depuis longtemps caressée par l'entourage du roi : l'attribution aux émigrés, condamnés et déportés atteints par les lois révolutionnaires, d'une indemnité d'un milliard pour leurs biens confisqués et vendus au profit de l'Etat. Mais, afin d'éviter l'impopularité qu'aurait soulevée pareille mesure, si elle avait entraîné une augmentation des dépenses le ministre des finances président du conseil, M. de Villèle, voulait la dissimuler sous une économie correspondante, en amenant les rentiers à consentir l'échange de leurs titres actuels contre de nouveaux titres portant un intérêt moins élevé. Ce plan était nettement indiqué dans le discours de la Couronne, prononcé à l'ouverture de la session des Chambres, le 23 mars 1824 : « des mesures sont prises, disait le roi, pour rembourser le capital des rentes créées par l'Etat dans des temps moins prospères, ou pour obtenir leur conversion en des titres dont l'intérêt soit plus d'accord avec celui des autres transactions. Cette opération, qui doit avoir une heureuse influence sur l'Agriculture et le Commerce, permettra, quand elle sera consommée, de réduire les impôts et de fermer les dernières plaies de la Révolution ».

En conséquence, dès le 5 avril suivant, M. de Villèle déposait à la Chambre des députés un projet de loi sur la conversion des rentes 5 % en rentes 3 %, émises à 75 fr., ce qui eut fait ressortir pour l'Etat un taux réel d'intérêt de 4 %. Mais l'opération était prématurée : sans doute le 5 % avait atteint le pair vers la fin de février, et le 5 mars suivant il cotait déjà 104.80. Mais cette hausse, vraiment surprenante, était due principalement aux agissements d'un syndicat de banquiers (1) avec qui s'était abouché le ministre, ainsi qu'il fut obligé de le reconnaître lui-même ; elle ne correspondait pas en réalité à la progression du crédit de l'Etat, qui, bien que rapide, n'atteignait pas encore 5 % : en effet, le dernier emprunt (2) négocié faisait ressortir un taux d'intérêt de 5,58 % et il n'était pas encore complètement classé. Aussi le projet de conversion, adopté à regret par la Chambre des députés, fut rejeté par les Pairs, moins soucieux de se plier aux volontés du gouvernement.

M. de Villèle était donc battu, mais il ne devait pas tarder longtemps à essayer de nouveau la mise à exécution de ses plans. La situation financière se maintenait toujours favorable et, à la fin de 1824, le 5 0/0 conservait des cours supérieurs à 103. L'État accomplissait donc une opération onéreuse pour ses finances en continuant à amortir dans les conditions des lois organiques de 1816 et 1817; le droit de rembourser ses titres de rente au pair lui avait été reconnu dans les discussions auxquelles venait de se livrer le Parlement, il avait donc l'obligation de ne pas les racheter au-dessus du pair par la voie de la Caisse d'amortissement. M. de Villèle trouva dans la nécessité de réorganiser cette

______

(1) M. Laffitte en faisait partie, et écrivit à cette occasion sa fameuse brochure : *Réflexions sur la réduction de la Rente et sur l'état du Crédit* (1824).

(2) Emprunt contracté pour soutenir la guerre en Espagne, adjugé, le 10 juillet 1823, à la maison Rotschild frères au prix de 89 fr. 55.

Caisse une excellente occasion de revenir à son plan de l'année précédente.

Aussi, dès le commencement de la session de 1825, il déposait deux projets de loi ayant pour but, l'un d'attribuer aux émigrés une indemnité d'un milliard qui leur serait versée en rentes 3 % émises au pair, l'autre d'autoriser le gouvernement à suspendre l'amortissement quand le cours des rentes serait supérieur au pair, et à convertir d'une manière facultative le 5 % en 4 1/2 % au pair ou en 3 % à 75.

Il est facile d'apercevoir la liaison entre ces diverses mesures : l'économie réalisée par la conversion servirait à payer les intérêts du milliard des émigrés et aussi, il fallait s'attirer les sympathies de l'opinion publique, à réduire les centimes additionnels affectant les contributions directes. Quant à l'amortissement, ses achats sur le 5 % seraient suspendus et, ses efforts se portant presqu'exclusivement sur le nouveau 3 %, amèneraient sûrement une élévation rapide des cours. Les rentiers venant à la conversion seraient indemnisés de la perte du cinquième subie sur l'intérêt annuel, par l'augmentation progressive de leur capital, augmentation sur laquelle ils ne pourraient compter en restant dans l'ancien fonds, à qui l'avenir ne réservait que des perspectives menaçantes. Quant à la faculté de demander la conversion en 4 1/2 au pair, c'était, dans l'esprit du ministre, une simple satisfaction donnée à ceux qui prétendaient que le taux du crédit de l'État n'était pas de 4 %; il pensait que ce fonds, auquel on faisait entrevoir une nouvelle réduction d'intérêt dans dix ans, bien que rapportant actuellement, un 1/2 de plus pour cent que le 3 % à 75, ne saurait, à cause de son peu d'élasticité, lui être préféré.

En somme, M. de Villèle ajoutait en 1825 un nouvel article à son plan financier de 1824 : la réorganisation de l'amortissement allait lui servir à soutenir la valeur du nouveau fonds, qu'il voulait attribuer en indemnité aux émigrés ou victimes de la tourmente révolutionnaire, et à assurer en même temps le succès de la conversion qu'il présentait d'une manière plus habile que l'année précédente.

« Tel est, disait-il, dans son exposé des motifs, le plan financier au moyen duquel nous avons pensé que vous pourriez accomplir la grande mesure qui doit à à jamais honorer cette session, en consolidant simultanément, au lieu de l'atténuer, le puissant levier de force et de crédit que nous offre en son état actuel, la Caisse d'amortissement; en rachetant à mesure que vous les émettrez, la moitié des rentes créées pour l'indemnité; en assurant à ces valeurs, dans les mains de ceux qui auraient la confiance et la faculté de les conserver, une hausse assez probable pour atténuer la perte qu'elles éprouveraient, si elles fussent restées dans un état éloigné du prix normal pour lequel elles leur seront données; en rendant de l'activité et du crédit, par la faculté de les convertir, à des valeurs qui, arrivées à leur apogée, n'offriraient plus pour leurs propriétaires que des chances de pertes, et pour l'État un obstacle invincible au développement du crédit; enfin, en conciliant tous ces avantages, celui d'offrir aux contribuables l'espoir fondé d'une diminution dans la partie de leurs charges la plus lourde à supporter. »

Discussion à la Chambre des Députés. — Les débats sur la loi relative à l'amortissement et à la conversion s'ouvrirent immédiatement après l'adoption de la loi sur l'indemnité. Ils occupèrent dix séances consécutives, du 17 au 26 mars. La Commission de la Chambre chargée d'examiner le projet donna, par l'intermédiaire de son rapporteur, M. Huerne de Pommeuse, des conclusions favorables. Mais cela n'empêcha pas la discussion d'être fort vive. Les journaux de l'opposition avaient comparé à Law et à l'abbé Terray, M. de Villèle proposant d'arrêter les opérations de l'amortissement sur le 5 p. % qui avait dépassé le pair, pour les faire porter sur le nouveau fonds qui venait d'être créé. A la tribune de la Chambre, on lui reprocha également de manquer à la parole donnée aux créanciers de l'Etat, lorsqu'on leur avait emprunté leurs capitaux : les orateurs de l'opposition montraient que la garantie de l'amortissement avait été une des conditions des contrats successifs intervenus entre l'Etat et ses prêteurs. Ils en concluaient qu'enlever cette garantie à l'ancienne dette, pour la transporter à la dette récente, c'était porter atteinte aux droits acquis.

Le rapporteur de la Commission répondit que si le gouvernement avait, au moment où il recourait à l'emprunt, contracté l'obligation de soutenir le cours des rentes, par l'action de la Caisse d'amortissement, cette obligation était accomplie quand la rente s'élevait au-dessus du pair, et qu'alors on était en droit de cesser les rachats. Le gouvernement songerait à les reprendre si la rente retombait au-dessous du pair; et alors, ainsi que l'avait fait remarquer M. de Villèle, les créanciers de l'Etat ne pouvaient se plaindre, d'autant plus que la loi proposée renonçait pour cinq ans à la faculté, accordée par les lois organiques de l'amortissement, d'annuler, avec la permission des Chambres, les rentes qui étaient devenues la propriété de la Caisse.

Les adversaires du projet objectaient encore que si l'Etat subissait, une certaine perte en rachetant au cours du marché les rentes qui avaient dépassé le pair, ces rachats pouvaient être tout de même relativement plus avantageux, dans certaines circonstances, que ceux portant sur la nouvelle rente constituée au-dessous du pair : « Je suppose, disait le vicomte de Saint-Chamans (1), qu'à une époque quelconque, les rentes 5 p. % toujours comprimées par la menace d'un remboursement immédiat, restent à 101, et que les rentes 3 p. %, poussées par la prospérité de l'Etat, arrivent à 99 ; dans cette position, on défend à l'amortissement de racheter au profit de l'Etat 5 millions de rentes pour 101 millions, et on l'oblige à payer 99 millions pour racheter 3 millions de rentes. Avec 2 millions de plus, une fois donné, son pourrait le libérer de 2 millions de rentes perpétuelles ; mais la loi interdit d'éteindre un capital de 2 millions avec une rente de 2 millions. En vain, dirait-on qu'en rachetant les 3 p. %, on ne libère pas l'Etat d'un aussi fort intérêt,

(1) *Archives parlementaires*, t. XLIV, p. 125.

mais qu'on le délivre d'un plus fort capital : n'y aurait-il pas inconséquence à considérer le capital comme fictif, quand on crée le 3 p. % à 75, et à le faire valoir comme réel quand on le rachète? » Le ministre répondit que si la Caisse d'amortissement pouvait, dans certaines circonstances, trouver moins de profit à opérer sur le 3 p. % au-dessous du pair que sur le 5 p. % qui l'aurait dépassé, le contribuable, lui, trouverait toujours du profit, en ce que l'action de la Caisse pousserait à la conversion et, par suite, à la réduction des charges pesant sur le pays ; « or, disait M. de Villèle, l'amortissement appartient aux contribuables (1) et c'est dans leur intérêt qu'il doit être employé ».

Sans doute, la conversion au-dessous du pair grossirait considérablement le capital nominal de la dette, mais, avec la dotation de la Caisse agissant à intérêts composés, on aurait facilement raison de cette augmentation de capital.

En admettant, comme le fit la Chambre, que l'on ne commettait pas d'atteinte à la justice, en détournant du 5 p. %, quand il serait au-dessus du pair, les fonds de l'amortissement; en arrêtant que la Caisse porterait désormais ses efforts, uniquement sur les effets publics au-dessous du pair, il restait encore une question à résoudre : dans quelle proportion les ressources de l'amortissement seraient-elles appliquées à chacun des fonds au-dessous du pair? Le projet gardait le silence sur ce point et, par conséquent, le laissait à l'arbitraire du gouvernement. L'opposition jugea

(1) *Archives parlementaires*, t. XLIV, p. 143.

dangereuse une telle liberté d'action, qui pouvait faire
encourir au ministre de graves responsabilités. Aussi
M. Humann, soutenu par le vicomte de Saint-Chamans
et M. Casimir-Périer, proposa un amendement aux
termes duquel les efforts de l'amortissement se seraient
toujours portés sur ceux des effets publics au-dessous
du pair, qui seraient constitués à l'intérêt le plus
élevé. A l'appui, il faisait valoir les arguments suivants :
la valeur vénale des effets constitués à un intérêt
élevé, étant toujours proportionnellement inférieure au
prix des effets constitués à un moindre intérêt, le
cours de tels effets est toujours le plus favorable aux
rachats. D'ailleurs, concentrer sur ces effets tous les
efforts de l'amortissement, c'est le meilleur moyen de les
élever au pair, d'où possibilité des conversions ultérieures. Enfin, une grosse partie des ressources de la
Caisse provenant des arrérages afférents aux titres
rachetés, il est relativement avantageux pour elle
d'acquérir des effets à haut intérêt (1).

M. de Villèle répondit en prétextant qu'appliquer
une règle positive à l'action de l'amortissement, règle
à laquelle l'administration serait dans tous les cas
obligée de se soumettre, ce serait s'exposer à faire,
dans bien des circonstances, le contraire de ce qui est
dans l'intérêt de l'Etat. Il montra qu'il pouvait y avoir
des bizarreries et des irrégularités dans la tenue des
cours, et qu'il serait peu sage d'enlever à l'administration l'éventualité de mettre à profit les circonstances

(1) Voir le discours de M. Humann, aux *Archives parlementaires*, t. XLIV, p. 233.

favorables. Au contraire, « dans le système de la loi, le directeur de la Caisse d'amortissement, juge naturel et éclairé de l'emploi de ses fonds, pourra toujours le diriger vers les rentes dont le rachat offrira le plus d'avantages au Trésor, libre qu'il sera de les partager entre celles de ces rentes qui seraient dans une situation qui le laisserait dans le doute sur la préférence à accorder ».

Lors de la discussion de la loi sur l'indemnité des émigrés, plusieurs orateurs avaient demandé, qu'au lieu de laisser le fonds d'amortissement dans sa situation actuelle, 77 millions et demi environ de revenu, il lui fut réclamé les 30 millions de rente dont on avait besoin : le fonds eut alors été réduit à 47 millions et demi. Le gouvernement put objecter avec à-propos qu'il n'était pas prudent d'ébranler ainsi la sécurité des rentiers, au moment où on allait leur demander de consentir à une réduction de leurs intérêts. Aussi la proposition fut repoussée ; mais le ministre des finances avait décidé de comprendre, dans les voies et moyens de l'acquittement des nouvelles rentes, les 3 millions que l'amortissement était présumé devoir acquérir annuellement, pendant les 5 années que devait durer l'émission. En conséquence, le projet de réforme de l'amortissement décidait que, les rentes rachetées par la Caisse dans la période du 22 juin 1825 au 22 juin 1830, seraient annulées au profit de l'Etat et ne porteraient plus intérêt.

Il y avait là, ainsi qu'on le fit remarquer, « une déviation du principe fondamental dela Caisse d'amortissement, institution qui tire sa principale force matérielle et morale de la puissance presque magique de l'intérêt composé » ; mais dans l'opinion générale, cette déviation n'était que temporairement commandée par les circonstances, ce qu'indiquait d'ailleurs un article du projet, et le gouvernement promit formellement qu'à tout nouvel emprunt serait affectée, suivant la mode anglaise, une dotation du centième du capital nominal emprunté. Finalement le projet fut voté par la Chambre à une majorité de 237 voix contre 119 ; l'année précédente, le ministère avait eu contre lui 145 voix.

Discussion à la Chambre des Pairs. — Cette Chambre fit au projet qui lui était présenté, un accueil un peu moins hostile qu'à celui de l'année précédente : elle savait que M. de Villèle était l'organe des volontés du roi. Cependant MM. Roy, Pasquier et de Châteaubriand présentèrent des observations assez vives. Un des plus grands inconvénients de la combinaison, disait le premier de ces orateurs, est d'empêcher pour toujours l'extinction de la dette, en privant l'Etat du droit qui appartient à tout débiteur de se libérer par la restitution de la somme qu'il a primitivement reçue, car comment supposer que l'Etat puisse jamais se déterminer à offrir à ses créanciers 133 fr. par chaque 100 fr. qu'il a reçu d'eux (1).

Un illustre mathématicien, le marquis de Laplace (2), vint à l'appui du gouvernement pour rassurer les personnes qui « paraissaient craindre que cet accroisse-

______

(1) C'était la proportion dans laquelle on augmentait le capital nominal de la Dette, en convertissant le 5 0/0 en 3 0/0 à 75 fr.

(2) Voir discours du marquis de Laplace, *Archives parlementaires*, t. XLV, p. 144.

ment du capital de la dette publique ne l'emportât sur l'avantage de la diminution de la rente ». Afin de dissiper cette crainte, et de répondre ainsi au plus fort argument soulevé contre la loi, il donna lecture d'une note où il établissait, à l'aide de chiffres, « qu'il y a toujours avantage pour l'Etat dans la réduction des rentes, malgré l'accroissement du capital, s'il fait intervenir la puissance de l'intérêt composé ». La conclusion de ses chiffres, inspirée par les idées du Dr Price, était, qu'en ajoutant à la dotation annuelle de la Caisse d'amortissement, une très légère fraction de l'accroissement du capital nominal de la dette, on aurait, en bien peu d'années, paré aux inconvénients de cet accroissement. Cette théorie devait être plus tard, mise en pratique par les Chanceliers de l'Échiquier anglais, M. Gladstone en 1853 et M. Childers en 1884.

Les objections de principe ainsi écartées, certains membres de la Chambre opposèrent des objections de détail. Le comte Roy, le vicomte de Châteaubriand, le duc de Broglie, trouvèrent que le projet laissait au gouvernement une trop grande latitude ; et le comte Mollien proposa un amendement, portant que les fonds de l'amortissement seraient répartis entre les différents types de la dette, suivant l'importance relative de chacun d'eux. Cet amendement avait d'autant plus de poids que son auteur était président de la Commission de surveillance de la Caisse.

A l'appui de sa proposition, l'éminent financier montrait les effets qu'aurait la liberté laissée au directeur de l'amortissement, au moment des opérations et lors de la reddition des comptes. Au moment les achats : d'après le projet, à l'ouverture des séances de la Bourse, le directeur devait faire afficher sur quel fonds porterait son choix et dans quelle mesure ; son affiche l'obligerait donc à subir les cours qu'on voudrait lui imposer au début de la séance. Lors de la reddition des comptes : le directeur éprouverait certainement alors une grande difficulté à justifier sa préférence, contre laquelle les événements pourraient fréquemment se prononcer, si loyaux qu'en eussent été les motifs. Tous ces inconvénients seraient évités, si la loi divisait une fois pour toutes l'amortissement entre les fonds publics 5, 4 1/2 et 3, proportionnellement à la part qu'ils représenteraient dans la dette. Pour les 3 et les 4 1/2, pas de difficultés, pour les 5 non plus, quand ils seraient au-dessous du pair ; mais lorsqu'ils seraient au-dessus du pair, si l'on ne pouvait les racheter au pair, ce serait du moins possible de les rembourser au pair. En effet, le comte Mollien prévoyait que ces fonds allaient être délaissés et que ne pouvant devenir objet de spéculation, ils paraîtraient peu sur la place, sauf les fractions dont les décès, partages, jugements rendent la vente nécessaire ; ils ne rencontreraient probablement que peu d'acheteurs ; par conséquent, exposés à se présenter pendant plusieurs jours sans trouver preneurs, ils seraient amenés à accepter d'être remboursés au pair si on le leur offrait (1).

La suite des événements devait démentir ces prévisions, et M. de Villèle repoussa l'amendement, en

(1) Voir le discours du comte Mollien (*Archives parlementaires*, t. XLV, p. 210).

protestant que le gouvernement entendait faire de l'amortissement l'emploi le meilleur et le plus loyal possible. « Mais faut-il, disait le ministre, exprimer dans la loi et déterminer à l'avance le mode suivant lequel devront avoir lieu les rachats au-dessous du cours ? Telle est la question : le ministre n'a trouvé aucun moyen satisfaisant de déposer dans la loi une règle invariable, et alors il propose de confier la direction des rachats à un instrument dégagé de toute dépendance de l'administration, au directeur de la Caisse : il n'est soumis qu'à la surveillance de la Commission et le ministre n'a pas d'action sur lui ». D'ailleurs, il y aurait une garantie, les rachats ne se faisant qu'avec publicité et concurrence, et on suivrait l'exemple de l'Angleterre en ne prétendant pas « soumettre à un système constamment uniforme des combinaisons qui doivent changer chaque jour pour l'intérêt même de l'Etat ».

En fin de compte, l'amendement Mollien fut rejeté, et la Chambre des pairs adopta le projet ministériel par 134 voix contre 92. La loi porte la date du 1er mai 1825.

Loi du 1er mai 1825. — Elle comprend cinq articles, dont trois sont relatifs à l'amortissement, et les deux autres à la conversion. Nous avons suffisamment commenté les premiers, en suivant le Parlement dans les discussions qui précédèrent leur adoption ; il suffit maintenant de les transcrire pour avoir une idée d'ensemble des modifications apportées à l'amortissement.

Article premier. — Les rentes acquises par la Caisse d'amortissement, depuis son établissement jusqu'au

22 juin 1825, ne pourront être annulées ni distraites de leur affectation au rachat de la Dette publique avant le 22 juin 1830.

Article 2. — Les rentes qui seront acquises par la Caisse d'amortissement, du 22 juin 1825 jusqu'au 22 juin 1830, seront rayées du grand livre de la Dette publique au fur et à mesure de leur rachat, et annulées au profit de l'Etat, ainsi que les coupons qui y seront attachés au moment où elles seront acquises.

Article 3. — A dater de la publication de la présente loi, les sommes affectées à l'amortissement ne pourront plus être employées au rachat des fonds publics, dont le cours serait supérieur au pair. Les rachats que fera la Caisse d'amortissemeut n'auront lieu qu'avec concurrence et publicité.

L'amortissement sous le régime de la loi de 1825 ; son fonctionnement jusqu'au 31 juillet 1830. — En exécution de ce dernier article de la loi, la notification suivante était affichée, dès le 6 mai, dans la grande salle de la bourse lors de l'ouverture de la séance :

CAISSE D'AMORTISSEMENT

M. de Laville-Leroux, agent de change de la Caisse d'amortissement, emploiera aujourd'hui, 6 mai, la somme de 150,000 francs en rachats de rentes, soit à 4 1/2 pour % soit à 3 pour % à défaut de rentes 5 pour % ou au dessous du pair.

Le maître des requêtes, directeur
Signé : PASQUIER

Ce que le comte Mollien avait prévu arriva. La spéculation, guidée par l'importancé des achats ainsi annoncés savait dans quelle direction elle devait s'engager. « Il lui suffisait, en tout cas, d'acheter avant l'agent de change, de provoquer la hausse ensuite, et de revendre le plus cher possible, fût-ce même à l'agent de change de la Caisse. On peut croire que la spéculation opéra de la sorte, en examinant les cours journaliers des rentes toujours plus élevés à la fin de la Bourse qu'au commencement » (1).

Jusqu'à la fin du gouvernement de la Restauration, les efforts de l'amortissement devaient se porter d'une façon, presque exclusive sur le 3 % si cher à M. de Villèle, bien que le 5 % fût redescendu au-dessous du pair. Malgré l'appui donné par le syndicat des banquiers auquel nous avons fait allusion, les cours de début du nouveau fonds ne furent pas brillants : le 5 août, jour de la clôture de la conversion, il était à 75.60 ; dès le 9 du même mois, il tombait à 73 et le 16 à 71 ; au mois de novembre, il était descendu à 60. Le 5 % avait été atteint lui aussi par les effets de la conversion, et son cours moyen, pendant la première année qui suivit, fut seulement de 97,76, le cours moyen du 3 % pendant la même période fut de 66.86.

Les porteurs de 5 %, alarmés par la baisse de ce fonds, protestèrent contre les agissements de la direction de la Caisse qui les abandonnait, et, le 13 mai 1826 fut déposée à la Chambre des députés une pétition de négociants et banquiers de Paris, demandant que la loi de 1825 fut modifiée suivant l'esprit de l'amen-

____

(1) A. Joubert, *op. cit.*, p. 178.

dement déposé autrefois par M. Mollien : ils réclamaient la répartition des fonds de l'amortissement entre les rentes 5, 4 1/2 et 3, dans la proportion du capital nominal représenté par chacune d'elles, sauf à reporter sur celles des rentes qui seraient au pair ou au-dessous, la portion de l'amortissement affectée à celles qui auraient dépassé le pair.

Dans le même but que les pétitionnaires et à peu près à la même époque, M. Casimir Périer (1) avait demandé à la Chambre qu'il fut formé une Commission à l'effet d'examiner « si les rachats faits par la Caisse et qui ont eu lieu uniquement en 3 % ne constituent pas une infraction matérielle à la loi de 1816, et s'ils n'ont pas porté atteinte au crédit de l'Etat, ainsi qu'aux intérêts des porteurs de 5 % qui ont été dépouillés par là de la garantie protectrice de l'amortissement que consacrait cette loi. »

M. de Villèle répondit simplement que la Caisse avait toujours agi au mieux des intérêts de l'Etat et, qu'en fin de compte, les porteurs de 5 n'avaient pas à se plaindre car ils évitaient ainsi la menace de remboursement. La Chambre lui donna facilement raison. Des récriminations dans le genre de celles que nous venons d'entendre furent reproduites presque tous les ans au cours des discussions budgétaires, mais elles demeurèrent sans résultat pendant la durée du gouvernement de la Restauration.

Ce gouvernement termina la série de ses opérations financières d'une façon très remarquable : la loi du

____

(1) *Archives parlementaires*, t. XLV, p. 745.

28 juin 1828 avait autorisé un emprunt de 80 millions
4 %, dans le but de subvenir aux frais de la guerre
de Morée : l'emprunt fut adjugé à la maison Rotschild
frères au taux de 102 fr. 07 c. 1/2 ; c'est le seul de nos
emprunts qui ait été émis au-dessus du taux de remboursement. La loi créatrice de l'emprunt ordonnait
l'affectation à son amortissement d'une dotation spéciale de 800.000 fr. ; cette dotation devait s'accroître,
tous les, ans des arrérages des titres rachetés, jusqu'à
ce qu'elle les eut absorbé tous. Ce sont les idées du
Docteur Price, appliquées dans toute leur rigueur en
France (1), au moment où l'Angleterre les abandonnait.
La spécialisation du nouveau fonds fut combattue à la
Chambre des pairs par M. de Villèle, qui déclarait « ne
pouvoir comprendre un système de crédit aussi barbare
et moins utile à l'Etat et aux rentiers. » Mais M. de
Villèle n'était plus à la tête du gouvernement et ne
fut pas écouté.

Voici, d'après M. Vührer (2), les résultats obtenus
par le régime d'amortissement dont nous venons d'exposer les détails, dans la période qui s'étend du
1er mai 1825 au 31 juillet 1830.

Les recettes versées à l'amortissement ont été les
suivantes :

1° Montant des dotations annuelles
fournies par le Trésor 197.381.697f 10c
2° Arrérages des rentes 5 % rachetées
antérieurement au 22 juin 1825........ 206.467.058,50

(1) *Archives parlementaires*, t. LIV, p. 673.
(2) A. Vührer, *op. cit.*, t. II, p. 168.

3° Arrérages des rentes 3 %$_0$ rachetées
antérieurement au 22 juin 1825........   2.303.485,00
4° Produit de la vente de bois (1) de
l'État, déduction faite des frais........   614.200,82

Les rachats opérés ont été :

En 5 %$_0$:

	Rentes rachetées	Cout des rachats	Cours moyen
1830....	6.465^f	128.723^f 50^c	99^f 55^c

En 4 1/2 % :

1828....	5.527	121.818,54	99,18
1830....	1.541	34.188,82	99,84

En 4 %$_0$:

1830....	24.213	601.527,55	99,37

En 3 % :

1825....	2.135.622	50.902.623,73	71,51
1826....	3.508.701	77.769.481,70	66,64
1827....	3.303.540	77.538.617,35	70,41
1828....	3.242.483	77.382.901,71	71,60
1829....	2.907.829	77.509.912,30	79,97
1830....	1.627.146	44.475.193,64	82,00

Bilan financier du Gouvernement de la Restauration.
— Si nous réunissons les chiffres que nous venons de

(1) La vente des bois cessa presque complètement à partir de
1825. Interpellé à cet égard par M. Casimir-Périer, M. de Villèle
déclara que les prix de ces aliénations, qui s'étaient bien soutenus
jusqu'à la fin de 1823, ayant baissé à partir de 1824, il avait cru
prudent, en raison de cette dépréciation et de la hausse des cours
de la rente, de suspendre les ventes d'immeubles forestiers.

donner à ceux de la période précédente, les résultats généraux sont les suivants :

	Rentes rachet'es	Cout des rachats
Première période......	37.070.107ᶠ	594.914.078ᶠ
Deuxième période.....	16.763.067	406.404.988
Total..........	53.833.174ᶠ	1.001.319.066ᶠ

Comme contre partie à ces chiffres, il faut rappeler que, la dette inscrite léguée par l'Empire au gouvernement qui le remplaça, s'élevant au chiffre de 63,307,637 francs de rentes.

Ce gouvernement l'accrut de 158,505,582 francs de rentes, pour un capital de 3,078,591,018 francs. Cet accroissement est dû, pour la plus grande, partie à des causes dont la Royauté n'est pas responsable : liquidation de l'arriéré, contributions et indemnités de guerre, déficits des premiers budgets provenant de la nécessité de réorganiser le pays, indemnité attribuée aux victimes de la tourmente révolutionnaire. Les rentes émises pour faire face à des dépenses purement personnelles (1) du gouvernement de la Restauration, se sont élevées au chiffre relativement peu important de 8,634,304 francs; si on les déduit du montant des rentes rachetées par la Caisse, on trouve une différence de 45.006,184 francs. C'est là une diminution effective et considérable du chiffre de la Dette publique, et l'on peut en faire honneur, à juste titre, au gou-

(1) Rentes créées pour l'acquittement des dettes contractées à l'étranger par les princes de la famille royale, pour soutenir les guerres d'Espagne et de Morée. En voir le détail dans Vührer, t. II, p. 164.

vernement qui a consolidé d'une façon définitive le système financier de la France. Ce gouvernement a donc atteint des résultats certains en la matière qui fait le sujet de notre étude. Mais lorsque, ayant terminé le simple exposé des faits, nous passerons aux appréciations de la critique, nous verrons qu'il faut mêler des blâmes aux éloges, et n'accepter que sous bénéfice d'inventaire le rare exemple de prévoyance et d'énergie qui a été donné à la France.

L'amortissement d'après la loi du 1ᵉʳ mai 1825 (suite) : ses opérations au début de la Monarchie de Juillet. — Dans son rapport adressé au roi le 15 mars 1830, le ministre des finances comte de Chabrol rappelait que les rentes rachetées par la Caisse d'amortissement n'allaient plus être accumulées à partir du 22 juin suivant. Il montrait qu'il serait alors nécessaire de répartir les ressources de la Caisse entre les différents fonds publics au prorata de leur capital respectif. Il suggérait enfin qu'il serait convenable à l'avenir de former une réserve applicable aux travaux publics extraordinaires, avec celles de ces ressources les fonds que l'interdiction du rachat au-dessus du pair rendrait disponibles.

Ces mesures n'eurent pas lieu d'être proposées aux Chambres. En effet, ainsi que l'exprime fort bien le marquis d'Audiffret, (1) « après la grande commotion politique de 1830, une nouvelle période soumise aux

____

(1) Marquis d'Audiffret, *Système financier de la France*, t. III, p. 304.

épreuves les plus difficiles s'ouvrit à la destinée de notre crédit, et imposa la nécessité, pendant le cours des trois années suivantes, de conserver à l'amortissement l'intégrité de ses ressources et de sa force progressive pour faire face aux besoins d'une dette croissante, dont toutes les valeurs, descendues au-dessous du pair, étaient devenues immédiatement rachetables. » Aussi, la Caisse fonctionna-t-elle pendant les premières années du nouveau régime, comme elle l'avait fait sous le précédent. L'amortissement accru du centième du montant nominal des nouveaux emprunts qu'il fallut contracter, ainsi que des arrérages des titres rachetés depuis le 22 juin 1825, parvint en juin 1833 à la somme de 95,283,716 francs, soit 44,616,463 francs pour la dotation annuelle et 50 millions 657,253 francs pour les rentes acquises (1). Du 1er août 1830 au 1er juillet 1833, il put racheter :

	Rentes rachetées	Cout des rachats	Cours moyen
3 %......	4.686.691ᶠ	108.046.099ᶠ 48ᶜ	69ᶠ 16ᶜ
4 %......	338.823	7.136.349, 51	84, 25
4 1/2 %...	92.928	1.894.948, 70	91, 76
5 %......	7.430.208	138.999.198, 00	94, 90
Totaux...	12.548.650ᶠ	256.076.595ᶠ 69ᶜ	

(1) Vührer, *op. cit.*, t. II, p. 224.

CHAPITRE IV

L'AMORTISSEMENT SOUS LA LOI DU 10 JUIN 1833.

Sommaire : Les projets de M. Laffite (décembre 1830). — Amendement Baillot. — Projet de réorganisation de l'amortissement présenté par M. Humann. — Discussion au Parlement. — Loi du 10 juin 1833. — Les travaux publics, le déficit, les premières annulations des rentes de l'amortissement. — Répartition des ressources de l'amortissement entre les divers types de rentes. — La loi du 17 août 1835. — Les réserves de l'amortissement employées aux dépenses de l'Etat. — Les rachats effectués par le Gouvernement de juillet. — L'amortissement et la révolution de 1848. — L'amortissement devient une fiction. — Tentative de retour à un amortissement effectif en 1859 et 1860. — L'amortissement et le traité de commerce de 1860.

Les projets de M. Laffitte (décembre 1830). — Après les événements de juillet (1), dès que le nouveau gouvernement sentit s'affermir sous ses premiers pas le terrain mouvant de la politique, son président du conseil et ministre des finances, M. Laffitte, songea à

(1) Voir Calmon, *Histoire parlementaire des finances de la Monarchie de juillet*, t. II, p. 1.

consolider le crédit public fortement ébranlé par les secousses de la révolution, et pour cela, il voulut réorganiser l'amortissement. A cet effet il présenta, dès le mois de décembre, un très important projet de loi. En voici les principales lignes (1).

D'abord, répartition légale entre les rentes 5, 4 1/2 et 3 0/0, proportionnellement au capital constitué de chaque espèce, de la dotation d'environ 80 millions qui, d'après la loi de 1825, appartenait à l'ensemble de ces fonds. A dater de la répartition, la somme échue à chacun de ces fonds devait lui appartenir en propre, jusqu'à ce qu'une décision législative vint annuler une partie des rentes rachetées et changer les proportions de la dotation. Le ministre pensait en effet, que pour ces trois fonds, dont la masse s'élevait à plus de 200 millions de rentes, il était possible de faire une exception au principe de l'amortissement à intérêt composé, qui ne permet pas de toucher aux titres rachetés avant l'extinction même de la dette. « Cette manière d'opérer, disait-il, se conçoit pour l'avenir avec des dettes séparées et d'un petit capital ; les extinctions seraient alors partielles, successives et ne feraient pas secousse. Mais notre ancienne dette, même divisée en deux parts les 5 % et les 3 %, est tellement considérable qu'on ne peut l'éteindre en une fois et attendre 23 ans pour opérer des dégrèvements ; la perturbation produite dans le budget serait trop forte ».

Le second point du plan de M. Laffitte était qu'à

(1) Voir *Archives parlementaires*, t. LXIV, p. 637.

l'avenir, les différents emprunts que l'on pourrait contracter devraient avoir une individualité propre. Il serait affecté à chacun d'eux une dotation spéciale proportionnée au capital nominal à rembourser. Cette dotation s'accroîtrait à intérêt composé, jusqu'à ce que l'emprunt correspondant fût entièrement éteint. C'est ce qui avait déjà été décidé pour l'emprunt 4 % de 1828. Le ministre montrait que cette mesure aurait pour effet d'assurer l'inviolabilité de l'amortissement, parce que toucher à une dotation ainsi spécialisée équivaudrait à déprécier volontairement le fonds correspondant, ce que l'on ne pourrait faire sans être accusé de spoliation à l'égard des possesseurs de ces titres. Il fallait prévoir le cas probable où, par suite des rachats successifs, l'un de ces fonds particuliers atteindrait le pair ; alors, par suite du droit qu'a l'État de rembourser au pair, les opérations cesseraient. Ce jour-là, il faudrait « ou se servir de l'amortissement pour rembourser au pair d'après des tirages au sort, ou bien préférer le moyen plus naturel de rembourser la totalité de la dette au moyen d'un emprunt contracté à plus bas intérêt ».

Une autre partie intéressante du programme de M. Laffitte était que toutes les économies réalisées par des réductions d'intérêt seraient destinées à accroître les ressources de l'amortissement, et cela pour deux motifs : d'abord « parce que le premier emploi qu'il faut faire de ses profits doit consister à payer ses dettes, c'est tout naturel », ensuite, parce que « la puissance de l'intérêt composé dépend à la fois, et de la force de l'amortissement et de la force de l'intérêt ; la libération serait donc retardée, si en présence de la réduction d'intérêt, on n'accordait pas de dédommagement à l'amortissement ».

Enfin, dernière disposition du projet, la portion de l'amortissement affectée à une rente dont le cours se trouverait au-dessus du pair, serait employée à racheter des rentes d'une autre espèce, et de préférence celles donnant l'intérêt le plus élevé. Mais cet emploi aurait lieu sans entraîner dépossession du fonds au-dessus du pair, car les rentes d'un autre type ainsi rachetées seraient attribuées à ce fonds, pour coopérer a son amortissement, quand il serait retombé au-dessous du pair, soit par lescirconstances, soit par suite de conversions. De cette façon, toutes les ressources de l'amortissement pourraient toujours être employées activement, sans jamais être détournées de leur destination primitive.

Le programme d'amortissement de M. Laffitte était donc, ainsi que l'on peut en juger par ces quatre traits principaux, fort intéressant, et apportait d'heureuses innovations. La Commission de la Chambre des députés chargée de l'examiner eut M. Humann (1) pour rapporteur. Celui-ci en approuva une partie, celle concernant la répartition des fonds entre les rentes 3, 4 1/2 et 5 % au prorata de leur capital nominal ; il approuva également l'emploi proposé pour la part d'amortissement attribuée à un fonds qui aurait dépassé le pair. Mais, sur les autres points, il critiqua les idées du ministre. Il montra qu'il était imprudent de se lier les mains à l'avance et d'affecter à l'amor-

(1) Voir *Archives parlementaires*, t. LVV, p. 608.

tissement, par une loi, le produit des futures conversions; il prétendit que cet engagement anticipé de l'avenir était inutile et ne pourrait avoir aucun effet sur l'opinion ni sur le crédit « qui ne se laisse guère influencer par des mesures hypothétiques et ne devant se réaliser qu'à lointaine échéance. » Quant à la spécialisation de l'amortissement par emprunt, proposée pour l'avenir, M. Humann la repoussait comme dangereuse : d'après lui, elle enlèverait toute mesure certaine au crédit public et, par suite, favoriserait l'agiotage, car des effets constitués au même intérêt seraient cotés à la Bourse à des taux différents, selon que le terme du rachat final serait plus ou moins rapproché; ensuite, la nécessité de rechercher tous les jours des rentes de telle ou telle origine, pour les soumettre au rachat de leur amortissement spécial, serait une source d'embarras, de lenteur et même d'arrêt.

Le ministre des finances se rendit aux raisons de la Commission et modifia son projet en conséquence. Ce projet voté une première fois avec empressement par la Chambre des députés, lui fut renvoyé avec des modifications par la Chambre des pairs. Sur ces entrefaites, le Cabinet tomba et la retraite de M. Laffitte fut cause de l'abandon de son plan qui ne fut pas repris par le nouveau ministre, le baron Louis. Mais nous allons en voir bientôt certaines dispositions passer dans une loi qui devait complètement réorganiser la matière.

Amendement Baillot. — Nous avons déjà dit que la Révolution de Juillet avait eu des conséquences financières considérables : les exercices 1831 et 1832 laissèrent des découverts très forts et, pour y faire face, le nouveau Gouvernement dut se faire autoriser (1) à émettre 15,779,016 francs de rentes. Aussi, lors de la discussion de la loi de finances pour l'exercice 1833, un député, M. Baillot, eut l'idée de proposer un amendement portant que : toutes les rentes rachetées par la Caisse d'amortissement, et celles qui pourraient l'être dans l'avenir, seraient les unes immédiatement, les autres successivement annulées, et que les fonds d'amortissement appartenant à une espèce de rentes dont le prix vénal aurait dépassé le pair, seraient employés à l'extinction de la dette flottante, en commençant par les déficits les plus anciens.

Un curieux revirement d'idées s'était produit dans l'esprit de M. Laffitte depuis sa chute du pouvoir ; l'ancien ministre, montant à la tribune, déclara que pour être fidèle aux nouveaux principes dont il était pénétré, « il aurait dû réclamer l'abolition de l'amortissement »; mais il se contentait pour le moment de soutenir la proposition Baillot. A l'appui de sa thèse, il présentait la théorie que nous avons combattue au commencement de notre étude (2).

Le ministre des finances, M. Humann, s'opposa à la prise en considération de l'amendement : « La société, dit-il, n'est pas comme l'individu un être périssable et passager, elle a les siècles en partage et la peine de son imprévoyance se perpétue avec elle. Le premier objet de l'amortissement, c'est la libération de l'Etat ;

(1) Loi du 26 mars (emprunt dit *national*) et ordonnance du 29 mars 1841 ; Loi du 21 avril 1832.

(2) Théorie de M. Laffitte, p. 43.

il faut sinon éteindre la dette, du moins la diminuer assez dans les circonstances ordinaires, pour que les générations successives conservent leur liberté d'action dans les circonstances difficiles qu'elles auront à traverser à leur tour. En empruntant toujours et détruisant en même temps les ressources qui doivent le libérer, un Etat accumule des charges qui dépassent bientôt ses facultés contributives. Alors arrivent rapidement l'affaiblissement politique, la déconsidération, la misère dans le présent, l'épuisement dans l'avenir, enfin des catastrophes. » En terminant, M. Humann s'engageait à présenter bientôt un projet de loi destiné à combler les lacunes auxquelles avait voulu parer le projet Laffitte de décembre 1830.

Projet de réorganisation de l'amortissement par M. Humann. — Pendant que se produisaient devant les Chambres les discussions dont nous venons de donner une idée, la Caisse d'amortissement poursuivait ses rachats, la confiance renaissait, et les cours s'élevaient d'une façon continue ; en mai 1833, ils étaient le 5 à 104, le 4 1/2 à 101, le 4 à 94,75 et le 3 à 78,05. L'action de la Caisse devait donc, aux termes de la loi de 1825, cesser sur les deux premiers fonds.

C'est à ce moment que le ministre des finances, M. Humann, se souvint de la promesse faite en février 1833 à la Chambre des députés ; le 6 mai, il déposait un projet de loi relatif à la réorganisation de l'amortissement. Il exposait, comment, par suite de la tenue des cours, les efforts de l'amortissement étaient obligés de se concentrer d'une façon trop énergique

sur le 3 %, qui se trouvait ainsi accidentellement doté
d'un amortissement à peu près égal au dixième de son
capital nominal. « Cette inégalité doit disparaître,
disait le ministre (1), car elle exerce sur les cours une
influence qui, par son exagération même, n'est propre
qu'à produire des déceptions. Nous proposons une
distribution plus juste, et nous demandons qu'à partir
du 1er juillet prochain, les fonds de l'amortissement
soient répartis au marc le franc, et proportionnellement
au capital nominal de chaque type de dette, entre les
rentes 5, 4 1/2 et 3 ».

Avec cette répartition imposée d'avance par la loi,
une quote-part de la dotation de l'amortissement se
trouverait inutilisée quand une ou plusieurs catégories
d'effets publics auraient dépassé le pair ; cette quote-
part serait versée au Trésor pour augmenter les ressources de la dette flottante et, en échange, la Caisse
d'amortissement recevrait des bons portant intérêt à
3 %. La somme représentée par ces bons formerait
une sorte de réserve qui, s'il se produisait un abaissement dans les cours, serait restituée à la Caisse
« successivement et jour par jour, et sans qu'il en
puisse résulter ni gêne pour le Trésor, ni abus, ni
commotion dans la marche des services journaliers ».
Si au contraire la tenue constante des cours au-dessus
du pair autorisait une conversion, cette réserve servirait,
soit à faire face aux remboursements qui pourraient
être exigés, soit à fournir la dotation qu'il faudrait

(1) *Archives parlementaires*, t. LXXXIV, p. 386.

reporter sur les rentes constituées à un intérêt
inférieur.

Le ministre, en terminant son exposé des motifs,
répondait d'avance à ceux qui, se basant sur ce que
les ressources de l'amortissement ne pouvaient plus
se porter sur le 5 % élevé au-dessus du pair, auraient
voulu, soit que tous les efforts de la Caisse furent
concentrés sur les fonds au-dessous du pair, c'est-
à-dire presque exclusivement sur le 3 %, soit que
l'on annulât en proportion une certaine quantité des
rentes appartenant à la Caisse. « A ceux qui demandent de conserver aux 3 % la jouissance des fonds
qui leur sont actuellement attribués, nous disons : la
justice se refuse à admettre que la force de l'amortissement soit reportée sur un fonds spécial, qui
recevrait à lui seul la dotation formant la propriété de
toute la dette; nous traitons ce fonds avec justice en
lui assurant régulièrement sa part dans la masse des
fonds applicables aux rachats. Quant à ceux qui récla-
ment l'annulation des rentes rachetées, nous disons
que c'est sacrifier à la fois le présent et l'avenir, priver
le crédit de l'instrument qui lui est nécessaire et
renoncer à la conversion possible du 5 % ».

Le jour même où le projet ministériel était déposé
sur le bureau de la Chambre, M. Laffitte (1) y portait
lui aussi un amendement, qui attribuait au budget
extraordinaire les arrérages des rentes précédemment
rachetées, ainsi que le montant du fonds d'amortissement appartenant à une nature de rente cotée

(1) Voir *Archives parlementaires*, t. LXXXIII, p. 453.

au-dessus du pair. Il voulait arriver ainsi à procurer à l'État des ressources qui pussent lui permettre de développer le système des travaux publics sans avoir recours à l'emprunt et, ces travaux publics terminés, de réaliser des dégrèvements.

Rapport de M. A. Gouin. — La Chambre des députés renvoya à une même Commission le projet de M. Humann et la proposition de M. Laffitte. Cette Commission, qui eut pour rapporteur M. A. Gouin, refusa d'entrer dans les vues de l'ancien ministre. « Affecter indéfiniment les arrérages des rentes rachetées, disait le rapport, à nos budgets extraordinaires, c'est en quelque sorte prononcer l'annulation de ces rentes, car les dépenses extraordinaires ne manqueront jamais, lorsqu'il y aura un fonds spécial chargé d'y pourvoir, et nous resterons alors d'autant plus long-temps sous le poids de notre dette. Si nous voulons rendre l'administration économe, ne lui facilitons pas, à l'avance, les moyens de dépense ; ce serait un encouragement dont elle n'a pas besoin ».

Le Commission se ralliait au contraire au projet du Gouvernement, tout en y insérant quelques dispositions additionnelles, dans le but de suppléer à certaines lacunes qu'elle croyait y avoir remarqué. Elle approuvait la répartition des ressources de l'amortissement faite entre les rentes 5, 4 1/2, 4 et 3 %, proportionnellement à leur capital nominal, comme « juste et conforme aux droits de chacune d'elles ». Le mode indiqué pour la formation de la réserve lui paraissait bien entendu : « Le fonds d'amortissement, disait-elle, continue à s'accroître et le Trésor ne supporte que les intérêts qu'il payerait d'un autre côté, s'il négociait ces bons à des capitalistes ». Dans le cas où le cours des rentes descendrait au pair ou au-dessous du pair, le remboursement de la réserve se ferait partiellement et jour par jour ; en effet, disait la Commission, « le remboursement partiel est indispensable pour conserver à l'amortissement son mouvement fixe et régulier; l'emploi intégral et immédiat de la réserve eût conduit à des résultats funestes, en ôtant au crédit public cette expression vraie et libre qu'il est si important de lui conserver ».

A toutes ces dispositions qu'elle approuvait pleinement, la Commission en ajoutait quelques autres d'importance variable : à l'avenir tout emprunt serait, au moment de sa création, doté d'un fonds d'amortissement qui devrait être au moins égal au centième de sa valeur nominale; il ne pourrait être désormais disposé des rentes rachetées par la Caisse qu'en vertu d'une loi *spéciale;* quant à la réserve de l'amortissement, elle serait exclusivement employée au rachat ou au remboursement de la dette consolidée. Mais par un dernier article autrement grave, la Commission entrait dans une voie où le système d'amortissement subit de si profondes altérations qu'il finit par être entièrement détourné de son but. D'après cet article, lorsqu'il serait émis un emprunt, la réserve devait être convertie, jusqu'à due concurrence du capital et des intérêts, en une portion des rentes mises en adjudication. La Commission avait trouvé logique et avantageux d'employer, en déduction de tout nouvel emprunt, les valeurs accumulées au profit de la Caisse d'amortissement.

Discussion à la Chambre des Députés. — Le gouvernement accepta les modifications proposées par la commission et, ainsi amendé, le projet fut soumis à la discussion. Il y avait déjà quatre ans que le Parlement anglais avait, comme on se le rappelle, déclaré illusoire l'amortissement fondé sur le principe théorique de l'intérêt composé, et décidé qu'à l'avenir les sommes destinées à la réduction de la dette devraient être prises uniquemont sur les excédents de recettes. Aussi le projet du ministre, basé sur le vieux système de l'accumulation des intérêts et de la dotation prédéterminée du centième, fut-il vivement battu en brèche par les partisans des nouvelles idées anglaises.

Ils montrèrent que la Caisse d'amortissement n'avait pas aidé à l'extinction de la dette, puisque les gouvernements précédents avaient été obligés d'emprunter d'une main ce qu'ils amortissaient de l'autre, et que les nouvelles rentes étaient émises à un taux inférieur au cours des rentes rachetées : il importait peu, dans ces conditions, de retirer du marché des millions de rentes, puisque cela revenait à substituer à la dette amortie une dette contractée dans des conéictions plus onéreuses.

On leur objectait que les pertes éprouvées par l'Etat, du chef du fonctionnement de la Caisse, étaient amplement compensées par les avantages que lui avait procuré ce fonctionnement en fondant son crédit et facilitant ses emprunts pour l'avenir. « Nous répondons, disait M. Jollivet, que l'on s'exagère l'influence sur le crédit de l'amortissement, même réel. Ce qui fonde le crédit et influe sur le taux des emprunts, c'est la paix ou la guerre, l'abondance ou la rareté des capitaux, l'état tranquille ou agité du pays, la fidélité ou la mauvaise foi du gouvernement, c'est enfin la possibilité ou l'impuissance de remplir les engagements nouveaux. Et la preuve, c'est que tel pays qui n'a plus d'amortissement et est écrasé sous le poids d'une dette énorme, l'Angleterre, a le cours de ses effets publics plus élevé que la France qui doit six ou sept fois moins et écrit dans son budget un amortissement colossal (1) ». Le même orateur montrait la nécessité de ménager tous les ans, dans la loi de finances, des excédents de recettes importants qui seraient appliqués au rachat de la dette; mais si ces excédents, malgré les efforts des Chambres, ne pouvaient être obtenus, et si l'Etat se trouvait dans la situation fâcheuse de n'amortir qu'en empruntant, c'était pour lui un devoir de ne pas amortir.

Un autre adversaire du projet, M. Vidal, après avoir émis à peu près les mêmes idées que M. Jollivet, terminait son discours par ces paroles expressives : « Si vous voulez payer vos dettes, renoncez aux emprunts, modifiez la perception des impôts, entrez dans des voies larges d'économies, réorganisez votre Caisse d'amortissement, établissement hermaphrodite qui ne peut remplir ni l'une ni l'autre des fonctions auxquelles vous le destinez tour à tour. Portez la hache sur

(1) Voir *Archives parlementaires*, t. LXXXIII, p. 186.

cet arbre prétendu enchanté, et qui n'a produit que des fruits amers et dont les profondes et vieilles racines dévorent le sol sur lequel il a été planté ».

D'autres·députés, M. Silverte, M. Bastide d'Isar, réclamèrent pour l'amortissement des modifications autrement profondes que celles apportées par le projet ministériel. M. Laffite, défendant son amendement, montra, lui aussi, que l'amortissement n'était pas un instrument destiné à fortifier le crédit, mais à éteindre progressivement la dette de l'État, ce à quoi l'on ne pouvait arriver qu'avec des excédents de recettes; et il rappelait ce qui était arrivé depuis 1817, époque où l'on avait établi rigoureusement, par le calcul que tous les emprunts seraient amortis en trente-six ans; or, au bout de seize années les dépenses nécessitées pour, le service de la dette avaient doublé.

Le ministre eut fort à faire pour défendre non seulement son projet, mais encore l'institution de l'amortissement. Il prétendit d'abord que, si l'Angleterre avait renoncé au principe rigoureux de l'amortissement à intérêt composé, c'est qu'elle était dans l'impossibilité de le maintenir, sa dette de 20 milliards prélevant déjà une somme de 700 millions à titre d'intérêts, et un remboursement annuel du centième exigeant une dépense supplémentaire de 200 millions. La situation de ce pays n'était donc pas enviable, et vouloir l'imiter serait se préparer de graves difficultés pour l'avenir.

M. Humann repoussait énergiquement le reproche fait à l'amortissement actuel de n'avoir jamais été qu'une fiction, aboutissant en fin de compte à augmenter la dette, et à favoriser seulement l'agiotage. Mais, au lieu de démontrer la fausseté de cette allégation, il tournait habilement la question : « Il y a là, disait-il (1), une confusion d'idées bien étranges. Est-ce la faute de l'amortissement si l'on a usé et abusé du crédit? Lui imputerez-vous les désastres de l'Empire, les Cent jours, les deux invasions, la guerre d'Espagne, le milliard des émigrés ? L'amortissement n'eut pas existé que l'on n'eut pas emprunté moins ; mais les emprunts adjugés à des cours ruineux auraient grossi la dette publique de peut-être un milliard de plus ; il n'est pas vrai d'ailleurs que l'action du rachat ait été inefficace. » Et le ministre montrait que, sans l'œuvre de l'amortissement, la dette consolidée s'élèverait à 5.255 millions au lieu de se trouver réduite à 3.700 millions. Sans doute, le fonctionnement de la Caisse pendant les périodes d'emprunt avait coûté à l'État ce que représentait la différence entre le cours des rachats et le taux d'émission des rentes. Mais il y avait à cela un heureux dédommagement, c'était l'élévation du cours des fonds publics, et la diminution corrélative du taux de l'intérêt permettant à l'industrie de trouver des capitaux à bon marché et par suite « de produire à bas prix, d'exporter et de soutenir la concurrence sur les marchés étrangers ».

Après avoir repoussé le reproche adressé à l'amortissement de favoriser l'agiotage, ce qu'il faisait en montrant que l'institution incriminée « neutralise le jeu au lieu de le provoquer, en modérant par son action

(1) *Archives parlementaires*, t. LXXXIV, p. 170.

régulière et lentement progressive les mouvements désordonnés de hausse et de baisse », le ministre abordait le point vraiment délicat de la discussion : l'amortissement n'est réel et effectif que si les fonds appliqués à lui fournir des ressources proviennent d'excédents de recettes. M. Humann s'inclinait devant la réalité d'un principe qui n'infirmait d'ailleurs en rien, croyait-il, la valeur économique et financière du projet soumis aux Chambres : « Qu'en peut-on conclure, disait-il, si ce n'est qu'il faut élever le revenu au niveau des besoins, en y comprenant les charges de la dette, que l'on doit considérer l'amortissement comme la condition fondamentale du contrat de rente et le comprendre à ce titre parmi les dépenses obligatoires de l'État ? » Et il montrait le danger d'insérer un pareil principe dans une loi, par suite de l'impossibilité pratique de faire maintenir régulièrement, par les Chambres, le niveau des recettes au-dessus de celui des dépenses.

Les députés se laissèrent-ils convaincre par le ministre, ou furent-ils entraînés par leur loyalisme monarchique ? En fait, l'opposition soulevée contre le projet du gouvernement n'eut pas de succès, et les divers amendements combattus par M. Humann furent repoussés. M. le comte de Mosbourg seul réussit à faire adopter une modification peu importante, par laquelle la répartition de l'ensemble des fonds de l'amortissement devait être opérée proportionnellement, non pas au capital de chacun des types de rentes, tel qu'il résultait des inscriptions au grand livre, mais déduction faite de la portion des rentes déjà rachetées et sur le net restant à racheter..Finalement, le projet ministériel fut voté par 179 voix contre 82. A la Chambre des Pairs, sur le rapport favorable du comte Roy, il donna lieu seulement à quelques observations sommaires; M. Humann y répondit en peu de mots et son projet fut adopté à la quasi-unanimité (une seule voix défavorable).

La loi qui consacre ce projet porte la date du 10 juin 1833.

Loi du 10 juin 1833. — Voici les principales dispositions de cette loi; elles sont commentées d'avance par les observations auxquelles nous venons de voir qu'elles donnèrent lieu, au cours de la discussion législative.

La dotation de la Caisse d'amortissement et toutes les rentes rachetées dont il ne serait pas disposé au cours de la session présente devaient, à dater du 1er juillet suivant, être réparties au marc le franc et proportionnellement au capital nominal entre les diverses espèces de rentes (5, 4 1/2, 4 et 3 %) restant à racheter.

Pour l'avenir, il serait affecté à tout nouvel emprunt une dotation d'amortissement, égale à la centième partie du capital nominal des rentes émises.

Désormais, il ne pourrait être disposé d'aucune portion des rentes rachetées par la Caisse, qu'en vertu d'une loi spéciale.

Les différents fonds d'amortissement continueraient d'être employés au rachat des rentes dont le cours ne serait pas supérieur au pair (le pair se composant du capital nominal, augmenté des arrérages échus du semestre courant). Le fonds d'amortissement appartenant à des rentes dont le cours aurait dépassé le pair, serait versé à la Caisse d'amortissement en bons du Trésor, portant intérêt à 3 p. % par an, pour y être tenus en réserve. Dans le cas où le cours des rentes redescendrait au pair, les bons du Trésor seraient remboursés, pour être employés au rachat des rentes auxquelles la réserve appartiendrait, tant que le prix de ces rentes ne s'élèverait pas de nouveau au-dessus du pair; le remboursement aurait lieu successivement, et jour par jour, en commençant par le bon le plus ancien souscrit.

Il ne pourrait être disposé de la réserve que pour le rachat ou le remboursement de la dette consolidée, et cela en vertu d'une loi spéciale. Toutefois, dans le cas d'une négociation de rentes sur l'Etat, les bons du Trésor tenus en réserve seraient convertis en une portion des rentes mises en adjudication, lesquelles seraient réunies au fonds d'amortissement affecté à l'espèce de rentes à laquelle appartiendrait la réserve.

Les travaux publics, le déficit : premières annulations de rentes appartenant à la Caisse d'amortissement. — « La loi précédente, dit M. Vührer (1), clôt la période que nous pourrions appeler ascendante de l'institution financière dont nous nous occupons ». Nous allons voir, en effet, les partisans déclarés de l'amortissement, tels que M. Humann et ses succes-

(1) *Op. cit.*, t. II, p. 215.

seurs au ministère, entraînés par les nécessités financières, détourner cette institution de ses voies naturelles et ne plus considérer les ressources de la Caisse d'amortissement que comme un supplément de recettes du budget.

Une quinzaine de jours après le vote de la nouvelle loi, un membre du gouvernement, M. Thiers, ayant conçu un vaste plan de travaux publics dont l'exécution nécessitait une dépense de 100 millions, émit l'opinion que pareille somme pourrait être obtenue au moyen d'une vente de rentes appartenant à la Caisse d'amortissement. La commission chargée de l'examen de cette proposition estima que cette mesure serait contraire à la loi de 1816 interdisant la vente des rentes rachetées par la Caisse, et crut préférable d'autoriser le ministre à annuler 5 millions de rentes, et à négocier dans la forme des emprunts ordinaires la somme nécessaire à l'administration des travaux publics; cette opération fut faite en vertu de la loi du 27 juin 1833.

Une autre annulation de 27 millions de rentes eut lieu presque en même temps pour un motif différent. Le ministre des finances, M. Humann, en présentant aux Chambres la loi de finances pour l'exercice 1834, avait accusé un déficit de 40 millions, et proposé, pour faire face à une partie de ce découvert, d'annuler 20 millions de rentes appartenant à l'amortissement. Le rapporteur de la Commission, M. Lefebvre, alla plus loin que le ministre et demanda une annulation de 27 millions; M. Humann se rallia à ce chiffre, qui fut accepté par le Parlement. (Loi du 28 juin 1833.)

Répartition des ressources de l'amortissement entre les différents types de rentes. — Les deux lois précédentes autorisaient donc l'annulation de 32 millions de rentes; cétte opération réduisit à 18.361.730 francs le montant des rentes restant à la Caisse. D'un autre côté, la dotation annuelle de celle-ci s'élevait à 44.616.463 francs. Aux termes de la loi du 10 juin, il fallait répartir ces deux sommes entre les différents types composant la Dette publique. Ce fut l'œuvre de l'ordonnance du 20 juin 1833. Elle se résume dans le tableau suivant :

Nature des fonds	Dotation	Rentes rachetées	Total
5 %	32.035.779	13.184.199	45.217.978
4 1/2 %	246.254	101.345	347.599
4 %	821.430	338.060	1.159.499
3 %	11.512.991	4.738.126	16.251.117

Loi du 17 août 1835. — La loi du 10 juin 1833 transformait la Caisse d'amortissement en prêteur de l'Etat, au même titre qu'un créancier ordinaire qui apporte son argent aux guichets du Trésor, et reçoit, en échange, des engagements à terme susceptibles d'être convertis en inscriptions de rentes. Nous allons assister à la première de ces conversions.

Par une série de lois successives ayant pour but de parer à des insuffisances budgétaires, le gouvernement avait reçu l'autorisation de négocier pour 255 millions de rentes; mais, grâce à l'amélioration progressive du crédit public, l'administration des finances avait trouvé plus commode et moins coûteux d'avoir recours à la dette flottante, et de négocier pour pareille somme d'engagements à terme sous la forme de bons du Trésor. Sentant qu'il est imprudent de laisser s'accumuler indéfiniment les charges de la dette flottante, le ministre, M. Humann, eut l'idée de remplacer ces 255 millions de bons du Trésor par des rentes qui seraient remises à la Caisse d'amortissement en échange de sa réserve.

Et, en effet, la loi de 1833 permettait lors de tout nouvel emprunt d'adjuger à la Caisse d'amortissement, en échange de sa réserve, une partie des rentes émises. Seulement, comme les bons représentant cette réserve ne s'élevaient encore qu'à 91 millions, il fallait anticiper l'avenir et faire engager la Caisse d'amortissement, en échange des 255 millions de rentes qui lui seraient adjugées, à remettre au Trésor toutes ses réserves, jusqu'à ce qu'elles eussent atteint la somme de 255 millions, ce qui devait arriver, suivant les prévisions du ministre en avril 1838.

La loi du 17 août 1835 donna au ministre l'autorisation qu'il demandait. La conversion en rentes des bons de la réserve devait être opérée par semestre, au cours moyen du jour et jusqu'à concurrence de 255 millions ; elle pouvait avoir lieu au choix du ministre, soit en rente 4 %, soit en 3 %.

Ainsi, grâce à l'usage que l'on faisait de la loi de 1833, non seulement l'amortissement était complètement détourné de son but, qui est de réduire progressivement le chiffre de la dette, mais encore il servait à en accroître le montant par la création des nouvelles rentes inscrites tous les ans à l'actif de la Caisse. Cela n'empêcha pas le rapporteur du budget du ministère des finances de déclarer que « rien n'était plus conforme au but de l'institution, ni plus favorable aux intérêts du Trésor ».

Les réserves de l'amortissement employées aux dépenses de l'Etat. — La loi que nous venons d'étudier créait un précédent regrettable et qui devait être suivi. Lorsque les réserves de l'amortissement, engagées jusqu'en avril 1838, furent sur le point de redevenir libres, on songea à les affecter de nouveau aux dépenses de l'Etat ; elles avaient servi une première fois à combler les découverts budgétaires, on allait les employer, cette fois, à fournir les voies et moyens pour les entreprises de grands travaux publics.

Ce fut l'œuvre de la loi du 17 mai 1837, dont l'initiative revient au ministre des finances d'alors M. Duchâtel. Cette loi créait, en dehors du budget ordinaire de l'Etat, un fonds extraordinaire affecté au but que nous venons d'indiquer. Ce fonds devait être alimenté par des émissions de rentes qui seraient, ou négociées suivant les formes ordinaires, ou « données à la Caisse d'amortissement en échange des bons du Trésor, dont cette Caisse se trouverait propriétaire aux termes de la loi du 10 juin 1833. »

Lorsque le ministre déposa son projet, les partisans de l'amortissement protestèrent vivement, et le dénoncèrent comme faussant le mécanisme créé par la loi de 1816, et consacré par la loi de 1833 elle-même qui interdisait d'annuler les rentes rachetées, autrement que par une loi spéciale. Ils disaient que si l'on jugeait ce mécanisme inutile, il valait mieux le dire franchement et liquider la Caisse, quitte à consacrer seulement à la diminution de la dette, les excédents de recettes tels qu'ils résulteraient du règlement définitif des budgets. Mais les partisans du projet, s'appuyant sur le précédent de 1835, montrèrent qu'ils s'agissait d'appliquer encore une fois l'esprit de la loi de 1833 ; ils prétendirent que le meilleur emploi possible de la réserve de l'amortissement consistait à la faire concourir à empêcher de nouveaux emprunts, et finalement la loi fut votée à une grande majorité.

Désormais, la voie se trouvait tracée, et il n'était que trop facile au gouvernement d'y persévérer. Après les événements de 1840, la loi des finances du 25 juin 1841 permit encore de combler les découverts produits par la préparation à la guerre, au moyen de la consolidation des fonds de l'amortissement. L'année suivante, la loi du 11 juin 1842 emprunta encore à l'amortissement les voies et moyens nécessaires au développement de notre réseau naissant de Chemins de fer. En un mot la Caisse d'amortissement devenait une Caisse de secours, une Caisse noire à l'usage des budgets dans l'embarras. Les sommes qu'elle leur a ainsi fourni, tant pour solder les travaux extraordinaires que pour couvrir les déficits budgétaires s'élèvent (1) à 910.763.025 fr. 49.

Les rachats effectués par le Gouvernement de Juillet. — Nous avons déjà donné les résultats obtenus antérieurement au 1er juillet 1833, date où fut mise en

______

(1) En voir le détail dans l'ouvrage du marquis d'Audiffret : *Système financier de la France,* t. III, p. 319.

application la loi de réorganisation de l'amortissement.
Voici quelles furent les opérations effectuées à dater
du 1er juillet 1833 jusqu'au 1er janvier 1848 :

	Rentes rachetées	Coût des achats	Cours moyen
5 %	34.198	685.449f 03c	100f 51c
4 1/2 %	38.370	852.859, 41	100, 02
4 %	378.333	9.287.874, 60	97, 30
3 %	12.865.146	344.137.910, 99	80, 25

Il fut donc racheté en tout pour 13.316.047 francs
de rentes, soit seulement 450.000 francs de plus
que dans la période du 22 juin 1830 au 1er juillet 1833.
L'amortissement, après sa réorganisation, opéra donc
beaucoup plus lentement qu'auparavant. Nous avons
vu à l'aide de quelle comptabilité le gouvernement
avait essayé de dissimuler ce résultat.

L'amortissement et la Révolution de 1848. — Les
événements de 1848 amenèrent une baisse considérable des fonds publics; ils tombèrent tous au-dessous
du pair : en mars, le 5 % s'était effondré à 57 1/2, le
4 1/2 à 52, le 4 à 50, le 3 à 33. Le directeur de la Caisse
d'amortissement crut alors devoir rappeler au ministre
des finances, M. Garnier-Pagès, les prescriptions de la
loi du 10 juin 1833, et par deux lettres du 1er et du
7 mars il lui réclama, en exécution de cette loi, un
versement journalier de 644.814 francs. Le ministre,
tout en reconnaissant le bien fondé de cette demande,
fit décider en conseil de cabinet qu'il n'y avait pas lieu
d'y donner satisfaction complète : la portion de la
dotation de la Caisse afférente aux 3 et 4 % serait

seule fournie en numéraire, de façon à pouvoir réellement servir au rachat de ces titres ; quant à la portion
qui revenait de droit aux 4 1/2 et aux 5 %, elle continuerait à être versée sous forme de bons du Trésor.
Dans un rapport sur la situation financière, adressé au
gouvernement et inséré au Moniteur du 9 mars 1848,
M. Garnier-Pagès expliquait cette décision de la façon
suivante : « L'amortissement doit être maintenu, c'est
un engagement de l'État envers ses créanciers ; il faut
que cet engagement soit rempli. Mais le gouvernement
déchu avait disposé, par avance, des réserves de l'amortissement ; quand la rente est tombée au-dessous du
pair, nous nous sommes trouvés dans l'alternative, ou
de faire mouvoir l'amortissement et de suspendre les
travaux (1), ou de les continuer en donnant comme par
le passé des bons du Trésor, au lieu de numéraire, à la
Caisse d'amortissement. Ce dernier fait avait le double
avantage d'assurer le pain de ceux qui n'en ont pas, et
de laisser les espèces, plus de 500.000 francs par jour,
dans les caisses du Trésor. Il était donc commandé
impérativement par les circonstances, je l'ai pris. J'ai
décidé que la Caisse d'amortissement continuerait à
recevoir les bons du Trésor, au lieu d'espèces, en ce
qui touche les rentes 5 et 4 1/2 % ».

Malgré ces explications, la Commission de surveillance protesta contre la mesure, en montrant l'atteinte
grave qui était portée aux lois constitutives de l'amortissement, et avec quelle inégalité étaient traités les
porteurs de titres qui avaient tous droit au même trai-

(1) Il s'agit des Ateliers nationaux.

tement. Elle fut dissoute par un décret du 25 mars ; ce décret faisait passer la surveillance de la Caisse dans les attributions personnelles du ministre des finances.

Celui-ci devenait donc maître absolu de la situation, d'autant plus que, deux jours après, le directeur général donnait sa démission. Ce jour-là même, 27 mars, une décision ministérielle prononçait l'interdiction de tout achat de rentes à la Bourse, et prescrivait d'appliquer exclusivement les fonds de l'amortissement à retirer du portefeuille de la Caisse des dépôts et consignations les rentes 3 et 4 % appartenant aux Caisses d'épargne. Cette mesure, aussi extraordinaire qu'illégale, fut sévèrement appréciée par la Cour des Comptes : « Cette vente arbitraire et à vil prix des rentes représentant les économies de la classe ouvrière, disait-elle dans son rapport (1), détruisait toutes les conditions de publicité et de concurrence prescrites par les lois pour le rachat des effets publics, et sacrifiait à la fois l'inviolabilité de la Caisse des dépôts et les droits des tiers intéressés, sans aucun motif d'utilité publique ». Ces opérations n'eurent lieu que jusqu'au 14 juillet 1848, date de la promulgation d'un décret ordonnant la consolidation des fonds dus par l'Etat aux Caisses d'épargne, et enjoignant à la Caisse d'amortissement « de cesser dès lors toute opération de rachat et de se borner à recevoir, à titre de réserve, tous les fonds de

(1) Ce rapport se trouve dans l'ouvrage du marquis d'Audiffret : *Système financier de la France*, t. III, p. 314.

l'amortissement qui ne lui seraient plus remis à l'avenir qu'en bons du Trésor ».

Les rachats de rentes effectués dans les six premiers mois de 1848, et arrêtés au 14 juillet, présente le résultat suivant :

	Rentes rachetées	Coût des rachats	Cours moyen
4 %	74.204ᶠ	1.110.147ᶠ 10ᶜ	59ᶠ 84ᶜ
3 %	1.178.625	20.084.184, 05	51, 12

Le rapport présenté à l'Assemblée nationale, le 10 août 1849, par la Commission de surveillance reconstituée en vertu d'un décret du 25 octobre 1848, a exposé tous les faits que nous venons de décrire, en faisant ressortir que le privilège d'un amortissement exclusivement réservé aux rentes 3 et 4 % avait « interverti les rapports naturels qui existaient entre les prix des divers effets publics, et détruit la corrélation du cours de ces deux rentes avec celui de toutes les autres valeurs de crédit.

L'amortissement devient une fiction. — Les opérations de rachat furent, ainsi que nous l'avons dit, suspendues le 14 juillet 1848; mais bien que les ressources destinées à l'extinction de la dette fussent, en réalité, détournées de leur emploi légal pour être appliquées au payement des dépenses générales du budget, la Caisse n'en continuait pas moins à recevoir en apparence la dotation prévue par la loi du 10 juin 1833 et les arrérages des rentes qu'elle avait en portefeuille ; les versements lui étaient faits sous la forme de bons du Trésor. Quand le stock de ces bons devenait trop important, on les convertissait en rentes, et de temps à autre ces rentes étaient annulées.

En somme, ainsi que l'exprime fort bien le marquis d'Audiffret (1), « depuis le 14 juillet 1848, les fonds de l'amortissement n'ont plus été mentionnés que pour ordre et en somme égale dans les recettes et dépenses du budget de l'Etat; ils n'ont donné lieu qu'à des mouvements de valeurs inactives entre le Trésor et la Caisse. La création et la conversion successives de ces valeurs d'ordre représentent fictivement la progression croissante d'un capital nominalement affecté au rachat de la dette ».

Tentative de retour à un amortissement effectif. — Les choses allèrent de ce train pendant plusieurs années. Cependant, lorsque la situation financière fut définitivement améliorée, certains scrupules parvinrent à se faire jour, soit dans les Assemblées législatives, soit même parmi les membres du gouvernement; le Ministre des finances, M. Magne, s'en fit l'écho lorsqu'en préparant le budget de 1859 il constata que l'on pouvait espérer un excédent de recettes de 47 millions. « Cette situation favorable, disait-il, doit faire penser au gouvernement que le moment est venu, sans témérité, sans s'exposer à des mécomptes, de rétablir l'amortissement. Nous nous féliciterons avec vous qu'il soit possible de faire disparaître de notre système financier la dernière trace de la crise financière de 1848. Les ressources de la Caisse d'amortissement, devant s'élever à 123.686.262 francs en

(1) Marquis d'Audiffret, *op. cit.*, p. 316.

1859, nous vous proposons de ne porter en recettes, comme produit de la réserve de l'amortissement que 83.686.262 francs et de laisser ainsi 40 millions affectés au service de la dette consolidée. »

La proposition du ministre fut adoptée sans observations et fit l'objet de la loi du 4 juin 1858. Les rachats devaient commencer le 1er janvier suivant. Voici à quoi ils aboutirent pour l'année 1859 :

Nature des rentes	Rentes rachetées	Coût des rachats	Cours moyen
4 $\frac{1}{2}$ %	950.400^f	20.055.966^f	94^{f}96^c
4 %	17.669	373.121	84,46
3 %	870.293	19.570.877	67,46

L'année suivante, la situation était encore assez favorable pour permettre à M. Magne de demander qu'une nouvelle somme de 20 millions fut ajoutée aux 40 millions sérieusement attribués à l'amortissement dans le précédent budget ; il prévoyait que l'on pourrait ainsi rendre peu à peu à la Caisse sa dotation normale en numéraire. Les rachats se poursuivirent d'une façon fort régulière pendant les quatre premiers mois de l'année 1860. Voici le tableau qui les résume :

Nature des rentes	Rentes rachetées	Coût des rachats	Cours moyen
4 $\frac{1}{2}$ %	297.521	6.387.651^{f}50^c	94^{f}61^c
4 %	5.496	118.258.30	86,17
3 %	325.924	7.473.583.20	68,78

L'amortissement et le Traité de commerce de 1860. — La Caisse fonctionnait donc d'une façon fort satisfaisante, mais cela ne devait pas durer : elle fut sacrifiée encore une fois par suite des nécessités budgétaires. La réforme libérale des tarifs douaniers accomplie en 1860, allait imposer au Trésor un déficit, pour l'année, de 70 à 80 millions; le gouvernement décida de le combler en faisant appel à l'amortissement. Déjà, dans sa fameuse lettre du 3 janvier où il essayait de préparer l'opinion publique aux nouvelles conventions avec l'Angleterre, l'Empereur s'exprimait ainsi : « Pour compenser la perte qu'éprouvera momentanément le Trésor par la réduction des droits sur les matières premières et les denrées de grande consommation, notre budget offre la ressource de l'amortissement qu'il suffit de suspendre jusqu'à ce que le revenu public, accru par l'augmentation du commerce, permette de faire fonctionner de nouveau l'amortissement ».

En conséquence, un article de la loi du 5 mai 1860 rendue en exécution du traité avec l'Angleterre, décida que les sommes portées au budget de l'année, pour être appliquées au rachat de la dette, cesseraient désormais d'avoir cet emploi. L'exposé des motifs, très sobre de détails, ne faisait guère que reproduire le passage de la lettre que nous venons de citer. MM. le comte de Flavigny et Plichon s'opposèrent seuls à la mesure proposée; la suspension de l'amortissement fut votée à une grande majorité, et les opérations fictives de la Caisse reprirent de plus belle. En effet, un décret du 7 octobre 1862 décida que les bons du Trésor seraient consolidés en rentes tous les trimestres (1).

(1) On peut voir le détail des consolidations effectives de 1860 à 1866, dans l'ouvrage de M. Letort : *L'Amortissement en France*, p. 19.

CHAPITRE V

SOMMAIRE : Le gouvernement propose de réorganiser l'amortissement. — Rapport de M. Gonin. — Discussion au Corps législatif ;
discours de MM. Chesnelong, Häentjens, Garnier-Pagès, Marie,
Forcade de la Roquette, Ollivier, Buffet. — Fonctionnement de
la nouvelle Caisse. — Suspension définitive de l'amortissement.

Le Gouvernement veut réorganiser l'amortissement.
— Cette nouvelle grève (1) de l'amortissement devait
durer six ans. En effet, de 1860 à 1866, les diminutions d'impôt, les réformes douanières et les entreprises lointaines ne permirent pas de trouver des
ressources réelles à appliquer à la réduction de la
Dette. Mais, en 1866, les guerres semblaient terminées,
les nouveaux tarifs commençaient à donner leurs
résultats, et l'Europe entière s'apprêtait à venir admirer,
au cours de l'Exposition universelle, le développement
et le progrès de la richesse matérielle de la France.

(1) Le mot est de M. Vührer.

Le Gouvernement trouva le moment favorable pour donner satisfaction aux doléances annuelles de la Commission de surveillance de la Caisse d'amortissement et, en janvier 1866, il présenta un projet de réorganisation (1).

L'exposé des motifs, après avoir montré l'utilité de l'institution, rappelait les différentes combinaisons adoptées en France depuis la fin du siècle dernier. Il examinait ensuite la situation financière du moment, qui permettait d'affecter des ressources réelles à l'extinction de la Dette, ma's bien éloignées, toutefois, d'atteindre la somme de 122.173.876 francs, à laquelle s'était élevée, sur le papier, la dotation de la Caisse d'amortissement. En somme, après avoir suivi fidèlement le système d'amortissement pratiqué autrefois en Angleterre, nous nous trouvions en face des mêmes difficultés que ce pays en 1828 ; le moment semblait venu d'adopter, comme avait fait le Parlement anglais à cette époque, des dispositions nouvelles. Mais, tandis que le Gouvernement de l'Angleterre, tranchant dans le vif, avait complètement rompu avec les vieux procédés, le projet du Gouvernement français conservait les principes de la loi de 1816, et voulait seulement donner à la Caisse d'amortissement une vie nouvelle, en la transformant en une institution dotée de ressources propres et spécialement chargée, en même temps, d'entretenir certains services publics, ce qui

(1) Consulter sur ce point : A. Vührer, *Histoire de la Dette publique*, t. II, p. 335 ; — Ch. Letort, *l'Amortissement en France ;* — A. Joubert, *l'Amortissement de la dette publique.*

mettrait sa dotation à l'abri d'atteintes ultérieures. Les lois antérieures étaient abrogées, et voici les dispositions proposées pour l'avenir.

La propriété des bois de l'Etat et la nue-propriété des chemins de fer concédés aux grandes Compagnies étaient attribuées à la Caisse, dont les revenus annuels devaient comprendre les articles suivants :

1º Le produit net des coupes ordinaires et des produits accessoires des forêts ; le prix des coupes extraordinaires et des aliénations autorisées par le Parlement.

2º Le produit de l'impôt du dixième sur le prix des places et le transport des marchandises en chemin de fer.

3º Les sommes à provenir du partage des bénéfices entre l'Etat et les Compagnies de chemins de fer stipulé par les conventions passées avec ces Compagnies.

4º Les bénéfices réalisés chaque année par la Caisse des dépôts et consignations.

5º Les arrérages des rentes qui seraient rachetées par la Caisse et immatriculées en son nom, en vertu de la loi proposée; ces rentes ne pourraient être distraites de leur affectation au rachat de la Dette, et ne seraient annulées qu'en vertu d'une loi spéciale.

6º Enfin, les excédents des recettes du budget de l'Etat seraient, quand il y aurait lieu, affectés à l'amortissement.

Les charges imposées à la Caisse étaient les suivantes :

1º Le service des annuités créées pour le rachat des

canaux et ports, ou pour l'exécution de divers
travaux pub...

2° Le payement des intérêts annuels et de l'amortissement des obligations trentenaires du Trésor, dont
les propriétaires n'avaient pas accepté la combinaison
offerte par M. Fould.

3° L'avance des sommes à payer par l'Etat aux
Compagnies de chemin de fer à titre de garantie
d'intérêt; la Caisse bénéficierait d'ailleurs du remboursement ultérieur de ces avances et des intérêts 4 % y
afférents.

Si les ressources de la Caisse ne lui permettaient pas
de consacrer un minimum annuel de 20 millions à
l'extinction de la Dette, il y serait pourvu, jusqu'à
concurrence de cette somme, par un prélèvement sur
le budget de l'Etat. Afin de faire équilibre aux achats
de la Caisse des retraites pour la vieillesse, qui portaient
statutairement sur les 4 1/2 et 4 %, les opérations de
la Caisse d'amortissement ne devaient concerner que
les rentes 3 %.

Suivant les prévisions du Gouvernement, le montant
des sommes à affecter au rachat de la Dette devait
s'élever, pour l'année 1867, à 25.222.111 francs. D'ailleurs, les sommes ainsi disponibles croîtraient tous les
ans d'une façon progressive, par un double motif :
diminution graduelle des charges (1), plus-value probable des recettes.

(1) Des tableaux joints au projet indiquaient la décroissance
annuelle probables des charges. Ils sont cités dans l'ouvrage de
M. Joubert, p. 273.

Afin de « réunir dans un même cadre toutes les opérations financières qui concourent à la réduction de la Dette publique », le projet faisait encore figurer au budget de la Caisse d'amortissement les sommes versées à la Caisse de retraites pour la vieillesse et transformées par celle-ci en rentes viagères Il ne devait d'ailleurs résulter de cette disposition ni charge, ni profit pour l'amortissement.

Rapport de M. Gouin. — Dans le rapport qu'il déposa au nom de la Commission chargée d'examiner le projet, M. Gouin reconnut que la réorganisation de l'amortissement s'imposait : la loi du 10 juin 1833 embarrassait la comptabilité publique d'écritures très compliquées, sans pouvoir empêcher le détournement, pour les dépenses courantes, des sommes originairement destinées à l'extinction de la dette. Or, en présence de l'accroissement considérable du passif de l'Etat porté, depuis 1848, de 179 millions de rentes au chiffre énorme de 343 millions, il fallait « revenir à ce principe conservateur des gouvernements qui veut que les dettes contractées dans les mauvais moments soient, sinon remboursées intégralement, au moins atténuées dans les temps de calme et de prospérité. » Il importait donc d'amortir sérieusement, c'est-à-dire en créant des excédents de recettes sur les dépenses. Le mécanisme imaginé par le gouvernement répondait fort bien à ce besoin : l'amortissement serait inscrit comme dépense obligatoire au budget de chaque année, « sans attendre la clôture d'un exercice qui tromperait quelquefois l'attente, et ne laisserait pas toujours le disponible sur lequel l'on avait compté. »

Sans doute, le projet ministériel bouleversait les lois
constitutives de l'amortissement, et le rapporteur
avait alors à examiner la question de savoir si, ce faisant, le gouvernement restait fidèle aux engagements
pris, à diverses reprises, envers les porteurs de rentes.
Il décidait que c'étaient là des engagements moraux,
pris unilatéralement par l'Etat vis-à-vis de lui-même,
et non envers des créanciers qui n'avaient pas à intervenir ; l'Etat avait ainsi reconnu le devoir qui lui
incombe de travailler à l'extinction progressive de ses
charges, mais à ce devoir ne correspondait aucun droit
strict des rentiers, à qui il n'était dû que le service
régulier des intérêts.

Aussi, le rapporteur approuvait-il dans leur ensemble les propositions du ministre ; il les modifiait seulement sur deux points : 1° Tout en laissant à la Caisse
la propriété des bois de l'Etat, il enlevait le caractère
de revenu annuel au produit des coupes extraordinaires et des aliénations de forêts, et les transformait en
ressources extraordinaires ; 2° Les rachats de rentes
devaient atteindre le chiffre minimum de 20 millions
par an ; si les ressources de la Caisse ne suffisaient pas,
il y serait suppléé par un prélèvement sur le budget
de l'Etat.

Le gouvernement admit sans difficulté, les change-
ments introduits par la commission et le projet ainsi
modifié fut soumis au corps législatif.

**Discussion au Corps législatif ; discours de MM. Ches-
nelong, Haentjens, Garnier-Pagès, Marie, Forcade de
La Roquette, Ollivier, Buffet. —** La discussion s'ou-

vrit le 5 juin et fut fort brillante (1). « La Chambre
avait fait du chemin depuis la Restauration. On avait
étudié la question, et si l'on paraissait très divisé sur la
matière, au moins connaissait-on le terrain sur lequel
on combattait. D'autre part, un certain nombre de
députés avaient été élevés à l'école des grandes affaires dont le second Empire fut le prélude, et apportaient,
dans les discussions, une compétence tout à fait spéciale. »

M. Callet de Saint Paul eut le premier la parole ;
prenant à ses sources l'histoire de l'amortissement en
France, et la suivant jusqu'aux jours actuels, il s'écria :
« Jamais l'on n'a amorti qu'à l'aide des emprunts ! » Il
regretta fort que l'on ne put appliquer réellement,
à l'extinction de la dette, les 123 millions montant nominal de la dotation de l'amortissement. Finalement, il se rallia, faute de pouvoir faire mieux, au
projet du gouvernement.

M. Chesnelong (1), prit la parole après M. de Saint
Paul. Le représentant des Basses-Pyrénées prononça
un important discours, véritable traité sur la matière.

Il démontrait d'abord la nécessité de l'amortissement et faisait voir que ne pas amortir, c'était « courir
le risque de soustraire à l'avenir, avec les éléments de
sa force et la liberté de son action, les conditions de
sa grandeur et de sa prospérité ». Malheureusement,
la législation existante aboutissait à une *impossibilité*

(1) A. Joubert, *op. cit*, p. **278**.

(2) Le discours de M. Chesnelong est inséré au *Moniteur* du
6 juin 1866, p. 699.

pratique, et le Parlement se trouvait placé en présence
de deux partis : ou la laisser subsister en la tournant,
en déguisant sous de vaines fictions l'abandon réel des
mesures qu'elle édictait ; ou la remplacer par une loi
nouvelle en accord avec l'état des faits, avec les possi-
bilités de la situation, et permettant une action modeste
dans le présent, mais susceptible de développement
dans l'avenir.

A la question posée en ces termes, la réponse était
facile : une législation nouvelle s'imposait et pour la
repousser, il n'y avait pas à objecter que l'Etat fût
rivé à la législation existante par des engagements
solennels pris envers ses créanciers. Et M. Chesnelong
avait beau jeu, en s'appuyant sur les variations des
lois relatives à l'amortissement, pour démontrer qu'il
fallait écarter toute idée de contrat obligatoire. « Ce
qui est vrai, disait-il, c'est que, à côté du droit qui
appartient au législateur de modifier les lois selon les
nécessités du temps, il y a pour lui le devoir de ne
procéder à cette modification que conformément à la
justice et dans l'intérêt de tous ; ce qui est vrai
c'est que, si relativement à l'amortissement nous
pouvons en transformer les conditions sans manquer
à aucun engagement, il y a cependant pour l'Etat
une obligation morale vis-à-vis du pays et de lui-même,
d'assurer le fonctionnement de l'amortissement dans
la mesure du possible et de l'utile ». Le projet du gouvernement atteignait ce but, ainsi que le reconnaissait
l'orateur, en assurant à la Caisse le bénéfice d'un
budget spécial où dépenses et recettes se trouvaient
combinées de telle façon qu'il en devait résulter un

excédent certain applicable au rachat de la dette : cet
excédent, qui oscillerait de 20 à 30 millions pendant
les dix premières années, s'élèverait ensuite très
rapidement à 50 millions, ces chiffres étant d'ailleurs
établis en ne tenant compte que des recettes permanentes et laissant à l'écart les ressources extraordinaires. M. Chesnelong terminait en montrant que
la modestie du projet « était la plus sûre garantie de
son efficacité », et en applaudissant « à la pensée de
bien public qui en avait inspiré la présentation ».

Le discours que nous venons d'analyser apportait
un ferme appui au programme du gouvernement.
L'orateur qui suivit, M. Häentjens, essaya d'en détruire
l'effet. En quelques phrases typiques (1), il prétendit
qu'amortir c'était « acheter de la rente pour la revendre,
dans un temps donné, à un prix moins élevé ». Le
véritable amortissement, c'était l'*amortissement pro-
videntiel* grâce auquel *le poids spécifique* de la dette
s'était à peine accru pour le pays, bien que le *chiffre
nominal* de celle-ci eut été presque triplé. Etant
donné la situation financière du moment, les propositions ministérielles, bien que fort ingénieuses, ne
feraient que créer une complication de plus ; et
M. Häentjens soutint qu'il fallait d'abord diminuer les
impôts et développer les travaux publics ; cela fait, il
serait temps de songer à réduire la dette.

Après lui, M. Larrabure vint appuyer énergiquement le projet. Il était impossible de songer à conserver à la Caisse d'amortissement sa dotation fictive

_____

(1) *Moniteur* du 6 juin, p. 699.

de 123 millions, mais il fallait lui procurer des ressources réelles, et adopter en conséquence les combinaisons budgétaires, que proposait le gouvernement. « Acceptons, disait-il en terminant, la loi qui nous est offerte, parce qu'elle réalise dans la limite du possible les promesses du passé, parce qu'elle entretient l'espérance et la confiance dans l'avenir ».

Après M. Larrabure, M. Garnier-Pagès (1) se posant en défenseur acharné de l'amortissement, qu'il croyait attaqué dans son principe par le projet soumis aux Chambres, essaya de justifier, en les rejetant sur le compte de la nécessité, les mesures qu'il avait prises au sujet de cette institution, pendant son passage, en 1848, à l'administration des finances : « Il fallait fournir au Trésor des espèces immédiates car celles qu'il avait en caisse s'écoulaient si rapidement que le caissier, allant trouver le ministre, lui disait : nous n'en avons plus que pour dix jours; le lendemain, nous n'en avons plus que pour huit jours; le surlendemain, nous n'en avons plus que pour cinq jours mais pas davantage. » Pour le moment, M. Garnier-Pagès croyait indispensable de maintenir à l'amortissement sa dotation intégrale de 123 millions; c'était d'ailleurs un des éléments du contrat intervenu entre l'État et ses créanciers. Non seulement le projet du gouvernement violait les droits de ces derniers, mais encore il établissait « le mécanisme le plus anti-financier, la complication la plus étrange, la plus en dehors de tous

(1) Le discours de M. Garnier-Pagès se trouve au *Moniteur* du 7 juin, p. 704.

les principes ». Il y avait un moyen bien simple de faire fonctionner l'amortissement à son chiffre légal de 123 millions : c'était de demander cette somme en temps de paix aux budgets de la guerre et de la marine, et en temps critique à l'impôt sur le revenu.

M. Lambrecht succédant à M. Garnier-Pagès déclara qu'au point de vue du droit, il partageait l'opinion de l'ancien ministre du gouvernement provisoire. Malheureusement, la situation ne permettait pas de consacrer 123 millions à l'amortissement; quant aux 20 millions proposés, si le budget pouvait les fournir, il valait mieux les inscrire tout simplement aux dépenses sans aller créer une combinaison enchevêtrée, comme celle qui était proposée.

L'un des discours les plus remarqués fut celui de M. Marie (1). Cet orateur se refusait à prendre en considération les avantages que pouvait offrir le projet soumis aux Chambres, et déclarait que le gouvernement n'avait pas le droit de substituer au régime ancien un régime nouveau. Il développait en somme la thèse déjà soutenue par M. Garnier-Pagès, et montrait que l'amortissement, ayant été institué pour assurer le crédit de l'État, formait un élément de tous les contrats d'emprunt, « élément que l'on ne pouvait ébranler sans ébranler la foi due au contrat ». M. Marie rappelait qu'en effet, depuis 1816, une dotation d'amortissement avait été constamment « annexée aux emprunts comme condition de ces emprunts et non seulement dans les

(1) Le discours de M. Marie se trouve au *Moniteur* du 8 juin, pp. 708 et 709.

lois générales et organiques, mais dans les lois spéciales ». Par conséquent, en promettant d'amortir ses dettes, l'Etat avait pris un engagement non pas seulement envers lui-même, mais vis-à-vis de ses créanciers. Pour assurer l'exécution de cet engagement, la Caisse d'amortissement avait été placée sous la sauvegarde de l'autorité législative. Le projet du gouvernement qui tendait à révolutionner cette institution était donc à la fois illégal et inconstitutionnel.

Le vice-président du Conseil d'Etat, M. Forcade de La Roquette (1), ne voulut pas laisser la Chambre sous l'impression défavorable des paroles de M. Marie, et présenta la question sous un tout autre jour. Son point de départ fut l'examen de la situation financière, c'est-à-dire « de la possibilité, de la probabilité ou de la certitude » des ressources que l'on pouvait consacrer à la réduction de la Dette. Il montra que tout en s'améliorant sensiblement, la situation ne permettait pour le moment, avec les lois existantes, que de faire 22 millions d'amortissement réel, l'amortissement pour les 100 autres millions étant purement fictif ; ce qui eût consisté dans l'autorisation donnée au ministre des finances de remettre pour 100 millions de bons du Trésor au directeur de la Caisse d'amortissement, celui-ci devant les remettre à certains intervalles, au directeur de la Dette inscrite, pour être échangés en rentes sur l'État, destinées à être elles-mêmes ultérieurement annulées. « Or, disait M. Forcade de La Ro-

---

(1) Le discours de M. Forcade de la Roquette se trouve au *Moniteur* du 8 juin, p. 709.

quette, quand on fait fonctionner l'amortissement avec
des opérations fictives pour 100 millions et des opérations réelles pour 20 millions, la fiction est bien près
d'emporter la réalité. On est trop facilement disposé
à se dire : reprenons la pratique ancienne, générali-
sons les opérations fictives et donnons satisfaction à
ceux qui demandent des réductions d'impôts ou des
travaux productifs. »

M. Forcade de La Roquette disait, avec raison,
qu'il était injuste de reprocher au gouvernement de
vouloir détourner l'État de ses engagements, alors qu'à
un système illusoire il proposait de substituer un système réel et efficace. Il invoquait l'exemple donné
en 1829 par l'Angleterre, quand lasse d'emprunter
pour amortir, elle décida, par un bill fameux, que
dorénavant les ressources provenant d'excédents
budgétaires seraient seules employées à l'amortissement. Pourquoi la France ne marcherait-elle pas
dans cette voie, alors surtout que, sa dette étant quali-
fiée de perpétuelle, la dénomination du titre contredit
l'obligation au remboursement ? D'ailleurs, considérée
comme contractuelle, l'obligation d'amortir serait purement illusoire et sans aucune espèce d'efficacité financière ou juridique. En effet, l'État n'a pas aliéné le
droit d'emprunter, il a donc le droit d'amortir avec
des ressources demandées à l'emprunt, et comme le
fonds d'amortissement est affecté indistinctement aux
dettes présentes et futures, les emprunts nouveaux
prennent la place des emprunts amortis sans profit
pour les rentiers ou le crédit. « S'il y avait un contrat,
disait M. Forcade de la Roquette, il ne créerait aucune

obligation utile ; il n'apporterait aux créanciers aucune garantie qui soit d'un profit quelconque soit pour l'élévation de la rente, soit pour son amortissement. » L'orateur concluait donc, contrairement à MM. Marie et Garnier-Pagès, que l'article 115 de la loi du 28 avril 1816 était une recommandation solennelle du législateur d'avoir à faire respecter la dotation de l'amortissement, mais en la payant avec des excédents et non avec des fonds empruntés ; c'était une recommandation solennelle, et non une obligation contractuelle que le gouvernement était tenu d'exécuter tant que subsistait la loi, mais que le législateur pouvait modifier d'année en année.

L'habile discours du vice-président du Conseil d'Etat ramena aux idées du gouvernement les esprits devenus hésitants après l'argumentation de M. Marie. Après quelques mots de M. Ernest Picard, la discussion générale fut close et le Corps législatif passa à la discussion des articles.

A propos de l'article premier, M. Emile Ollivier (1) soutint qu'il était inutile de prévoir, pour l'amortissement, des ressources spéciales ; il était suffisant de lui affecter les excédents de recettes, quand ils se produisaient. M. Dumiral lui répondit, au nom de la Commission, qu'une pareille doctrine conduisait à l'accroissement indéfini des engagements du Trésor, accroissement qui pouvait avoir pour dénouement la banqueroute.

____

(1) Le discours de M. E. Ollivier se trouve au *Moniteur* du 9 juin, p. 719.

M. Ernest Picard (1) attaqua le même article dans un tout autre sens que son collègue de l'opposition. Il nia la valeur de la propriété des Chemins de fer et des bois de l'Etat attribuée à la Caisse d'amortissement, propriété purement théorique et abstraite. « Comme propriété, disait-il, cela n'a aucune espèce de valeur réalisable, ni comme garantie, ni autrement. » M. Vuitry, ministre présidant le Conseil d'Etat, répondit à M. Picard que le gouvernement avait voulu montrer par cette affectation qu'en face du passif de la dette, l'Etat avait un actif considérable. D'ailleurs, la Caisse possédait d'autres ressources que celles énumérées à l'article premier.

A propos de l'article 2, M. Buffet (2) intervint pour soutenir, d'une façon fort brillante, qu'au système regrettablement compliqué du projet de loi, il serait préférable de substituer celui, beaucoup plus simple, consistant à affecter à la Caisse une dotation déterminée, prélevée sur les recettes générales de l'Etat et inscrite comme dépense obligatoire au chapitre de la dette. Il montra qu'en attribuant à la Caisse un budget spécial, on ne lui donnait ni une garantie ni une force de plus, et l'on heurtait un principe dont tous les pouvoirs antérieurs avaient poursuivi la réalisation, le principe de l'unité budgétaire : en effet, cet établissement n'ayant pas la gestion des services qui devaient lui verser leurs produits toucherait,

(1) Le discours de M. Picard se trouve au *Moniteur* du 10 juin, p. 724.

(2) Le discours de M. Buffet se trouve au *Moniteur* du 10 juin, p. 725.

en fin de compte, seulement ce que les administrations voudraient bien lui laisser. Et M. Buffet critiquait alors l'incertitude et le caractère aléatoire des ressources attribuées à l'amortissement ; il n'y avait d'assuré, à l'entendre, que le minimum de 20 millions garantis au besoin par un prélèvement sur l'ensemble du budget. Pourquoi ne pas en arriver là, du premier coup, en évitant les combinaisons « surannées » que proposait le gouvernement ? L'orateur terminait en se livrant à des considérations générales sur ce qu'était l'amortissement en Angleterre, et sur ce qu'il devait être en France.

M. Vuitry répondit en disant que le gouvernement partageait les idées qui venaient d'être émises sur ce dernier point ; mais, en dotant la Caisse de recettes propres et personnelles, au lieu d'un revenu déterminé en espèces, il avait voulu lui assurer des recettes progressives, et la soustraire aux discussions annuelles que supportent, tous les ans, les articles du budget général. Il établit d'ailleurs que ces ressources étaient de nature à fournir réellement, dès les premiers jours, les 20 millions sur lesquels l'on comptait, et que, dès l'année 1877, elles auraient atteint pour le moins le montant annuel de 45 millions. Il terminait en déclarant espérer que la Chambre soutiendrait énergiquement le gouvernement dans la voie où il s'engageait. Enfin, après quelques observations de MM. Chevandier de Valdrôme et Pagézy, relativement au domaine forestier de l'Etat, la loi fut votée par 299 voix contre 29 ; et le Sénat, à l'unanimité de 91 votants, déclara ne pas s'opposer à la promulgation.

La loi porte la date du 11 juillet 1866; elle devait être mise en exécution à partir du 1er janvier 1867.

Opérations de la nouvelle Caisse. — Un décret impérial, en date du 22 décembre 1866, régla les rapports de la Caisse et du ministère des finances. C'était à cette dernière administration qu'incombait la liquidation, l'ordonnancement et le payement des charges imposées à la Caisse. Le Directeur général de cet établissement préparait simplement un projet de budget qu'il transmettait au ministre, après l'avoir soumis à la commission de surveillance; le Trésor lui versait seulement les fonds destinés aux opérations propres de la Caisse, c'est-à-dire à l'achat en bourse des titres de rentes qui devenaient la propriété de la Caisse.

Le budget de l'amortissement, pour l'année 1867, fut établi de la façon suivante :

RECETTES

Produit net des forêts.................	32.748.000 fr.
Produit des aliénations et coupes extraordinaires de bois.....................	2.500.000 fr.
Produit de l'impôt du dixième, etc......	27.398.000 fr.
Bénéfices réalisés par la Caisse des dépôts et consignations....................	3.000.000 fr.
Sommes versées à la Caisse de retraites pour la vieillesse....................	10.000.000 fr.
TOTAL...........	75.646.000 fr.

DÉPENSES

Annuités diverses......................	12.923.889 fr.
Garanties d'intérêt....................	31.000.000 fr.
Achat de rentes pour la Caisse de retraites	10.000.000 fr.
Achat de rentes pour la Caisse d'amortissement	21.722.111 fr.
TOTAL......................	75.646.000 fr.

Les rachats effectués donnèrent les résultats suivants :

En 1867.............	19.999.995ʳ18
En 1868.............	23.699.999, 25
En 1869.............	25.018.992, 90
En 1870.............	23.999.997, 60

Les événements de l'année terrible n'arrêtèrent donc pas les opérations de la Caisse; elles furent suspendues seulement à partir du 18 mars 1871. Cette action continue et régulière de l'amortissement pendant toute la durée du siège eut sur les cours une influence incontestable, et en empêcha l'effondrement complet. Les rachats furent encore repris en juillet et août, grâce à des reliquats de crédit et aux arrérages des rentes possédées par la Caisse. Le montant des rentes rachetées depuis l'origine s'élevait alors à 4.404.287 francs en 3 % correspondant à un capital de 99.345.050 francs.

Suspension définitive des opérations de la Caisse. — Dans l'exposé des motifs du projet de loi sur les crédits rectifiés de 1871 présenté dans la séance du 15 avril (1) à l'Assemblée nationale au nom de M. Thiers chef du pouvoir exécutif, le ministre des finances, M. Pouyer-Quertier, s'exprimait dans les termes suivants : « L'Assemblée remarquera que, dans notre projet, les dépenses qui étaient jusqu'à ce jour supportées par le budget de l'amortissement sont rattachées au budget de l'Etat. Il ne faut pas méconnaître la portée de cette mesure ; c'est la mise à néant de la loi du 11 juillet 1866 qui a constitué l'amortissement sur de nouvelles bases. On pensait à cette époque que le Livre de la Dette publique serait à jamais fermé, et la dotation paraissait suffisante pour agir avec une certaine puissance sur la réduction de la Dette et le crédit de l'Etat. Mais les événements politiques survenus depuis la promulgation de la loi de 1866 ont considérablement affaibli les espérances qu'elle avait fait naître... En présence de l'augmentation de la Dette publique, un amortissement restreint à une moyenne de 25 millions par an parait chimérique, et j'ai pensé qu'il y avait lieu de suspendre le fonctionnement de l'amortissement jusqu'au jour où, conformément aux vrais principes en matière d'économie financière, nous pourrons diminuer notre Dette au moyen de nos excédents de recettes. En conséquence, nous vous demandons de rapporter la loi du 11 juillet 1866. »

L'Assemblée offrit une certaine résistance aux mesures proposées par le gouvernement, et le marquis d'Andelarre présenta un amendement qui tendait à faire maintenir à l'amortissement son ancienne dotation

---

(1) *Journal officiel* de 1871, Annexe n° 142, p. 823.

jusqu'à ce qu'il fut pourvu par une loi spéciale à sa réorganisation. Cet amendement fut repoussé sur le rapport de M. Casimir Périer rappelant que l'amortissement n'était pas « une de ces mesures qu'il suffit d'inscrire dans une loi de finance pour en assurer l'exécution », et montrant que, dans l'état actuel, il n'y avait pas lieu de donner suite à la proposition soumise à l'Assemblée.

Celle-ci se rangea à l'avis de M. Casimir Périer et du gouvernement, et la loi du 16 septembre sur les crédits rectifiés de l'exercice 1871 contint l'article suivant :

« Art. 25. — La loi du 11 juillet est abrogée.

« Les dépenses mises à la charge du budget de l'amortissement par la dite loi et par la loi du 27 juillet 1870 sur le budget de 1871 sont transportées au budget ordinaire du ministère des finances et au budget ordinaire du ministère des travaux publics, conformément à l'état ci-joint.

« Les ressources attribuées au budget spécial de l'amortissement pour l'exercice 1871 sont seulement transportées au budget de l'Etat, conformément à l'état ci-annexé. »

Le portefeuille de l'amortissement contenait alors 4.404.287 fr. de rentes. Elles furent affectées au compte de liquidation par la loi du 4 août 1874 ; vendues en bourse de Londres au commencement de l'année 1875, elles donnèrent au profit de ce compte une somme de 97.196.993 fr. 91 c.

CHAPITRE VI

EXAMEN CRITIQUE DES CAISSES D'AMORTISSEMENT A
INTÉRÊT COMPOSÉ.

SOMMAIRE : Caractères généraux des systèmes étudiés jusqu'ici. —
L'action de l'intérêt composé appliquée à l'amortissement. —
Inviolabilité du fonds d'amortissement. — De l'amortissement
aux époques d'emprunt. — Appréciation d'ensemble sur les
Caisses d'amortissement fonctionnant à intérêt composé.

Caractères généraux des systèmes étudiés jusqu'ici.
— Ayant atteint le terme de notre étude historique,
nous pouvons dégager les caractères généraux des
systèmes que nous venons de voir appliquer, avec des
vicissitudes diverses, à l'amortissement des dettes de
l'Etat. Le principe initial consiste dans la possibilité
de faire contribuer à la réduction des charges publiques la puissance illimité de l'intérêt composé. On
applique ce principe en affectant irrévocablement à un
fonds ou à une Caisse d'amortissement une dotation
fixe, destinée à s'accroître progressivement des arrérages
afférents aux titres de rente successivement rachetés.
Les opérations du fonds ou de la Caisse sont poursui-

vies à travers toutes les variations de la situation financière de l'Etat, jusqu'à ce que l'administration de l'amortisssement ait réuni dans son portefeuille les titres représentant la totalité de la Dette, ou la portion de dette que l'on a entrepris d'éteindre.

Tels sont les caractères généraux des systèmes que nous avons vu fonctionner en Angleterre jusqu'en 1829, et en France jusqu'en 1871. Nous allons les examiner à tour de rôle. Il sera facile ensuite d'émettre une appréciation d'ensemble et de s'assurer si elle concorde avec les résultats obtenus dans la pratique.

L'action de l'intérêt composé, appliquée à l'amortissement. — La puissance de l'intérêt composé, assez forte pour dépasser tout ce que l'imagination peut rêver, est le point de départ des théories du Dr Price, théories qui ont inspiré le mode d'amortissement dont nous nous occupons. Au point de vue mathématique, il est parfaitement exact qu'une somme se capitalisant à intérêt composé puisse atteindre, au bout d'un temps relativement court, un montant fort élevé. Malheureusement il n'en est plus ainsi quand on se place au point de vue de l'économie financière, et les ministres des finances ne peuvent demander aux chiffres les résultats rigoureux que ceux-ci donnent aux calculateurs.

En particulier, il est impossible de déterminer, d'une façon exacte, le délai au bout duquel une Caisse d'amortissement aura racheté tous les titres représentatifs d'un emprunt. Plus cet établissement acquiert de titres, plus le stock restant aux mains des particuliers décroit et plus, par conséquent, doit s'élever le

taux des rachats ; avec une même somme d'argent, il
se procure donc une moindre quantité de rentes. D'un
autre côté, vu l'élévation progressive des cours, l'accroissement du revenu fourni par l'accumulation
des intérêts s'opère avec plus de lenteur, et le placement des fonds de l'amortissement se fait dans des
conditions de moins en moins favorables. Et en somme,
comme le dit fort bien M. Leroy-Beaulieu (1), « l'efficacité de l'amortissement diminue d'une manière relative
à mesure que les fonds destinés à l'amortissement
augmentent d'une manière absolue ». Par conséquent,
même en restant sur le terrain du raisonnement pur,
il est faux de soutenir que par les rachats à intérêt
composé, une Dette sera éteinte en un temps que l'on
peut déterminer par le calcul.

Mais si l'on quitte le terrain de la théorie pour se
placer au point de vue de l'application, il est facile de
se rendre compte que les fonds nécessaire au remboursement des emprunts d'Etats ne sauraient provenir d'une
capitalisation à intérêt composé. Ce mécanisme peut être
un procédé de comptabilité, permettant de se rendre
compte des résultats obtenus, mais il ne saurait transformer la nature économique des fonds publics et en
faire un capital productif en soi ; les ressources appliquées à l'extinction de la Dette proviennent, non des
arrérages afférents aux titres de rente rachetés, mais
des efforts accomplis par le pays qui veut se libérer.
Aussi, est-ce avec raison que le Dr Hamilton (2) a écrit :

(1) P. Leroy-Beaulieu, *op. cit.*, t. II, p. 420.
(2) R. Hamilton, *An inquiry concerning,..*, etc., p. 44.

« Les seuls fonds propres à réduire les Dettes de l'État
sont ceux qui proviennent d'un excédent des revenus
sur les dépenses, excédent que l'on obtient soit en faisant des économies, soit en augmentant les impôts ;
et tous les plans d'amortissement, Caisse fonctionnant
à intérêt composé ou autres systèmes qui ne reposent
pas sur ce principe, ne peuvent produire qu'illusion. »

Illusions dangereuses, grâce auxqu'elles les hommes
d'État se sontimaginé qu'ils pouvaient avoir indéfiniment
recours au crédit. Pourquoi hésiter, alors qu'en ajoutant au service des intérêts une fraction bien minime,
un centième du capital emprunté, ils devaient avoir
tout remboursé en l'espace de trois ou quatre dizaines
d'années ? Et ainsi a pris naissance la tendance à ne
pas se préoccuper du chiffre nominal de la Dette : c'est
juste au moment où s'implantaient les théories fondées
sur l'intérêt composé, qu'était corrélativement adopté
le désastreux système des emprunts émis au-dessous du
pair (1), système que l'on a continué ensuite à appliquer par la force des choses, alors que les illusions
furent dissipées. Un de nos ministres des finances les
plus connus (2) répétait souvent : « Ce sont les matières de finances qui prêtent le plus aux illusions, et ce
sont celles qui, en définitive, peuvent le moins s'en contenter ». Et en effet pendant que les gouvernements se
laissaient séduire par le mirage de l'intérêt composé,
la Dette quadruplait en Angleterre (1786-1820), et elle

____

(1) Cf. sur ce point : Labeyrie, *op. cit.*, p. 13.
(2) Le mot est de M. Magne.

s'accroissait en France suivant des proportions encore plus fortes (1816-1871).

Inviolabilité du fonds d'amortissement. — Lorsque passant des calculs théoriques aux applications pratiques un gouvernement décide d'instituer une Caisse d'amortissement à intérêt composé, il lui assure des ressources qui seront irrévocablement affectées au rachat des titres de rente sur le marché ; il proclame solennellement l'irrévocabilité de ces ressources et en confie l'emploi à une administration autonome, c'est-à-dire indépendante du ministère des finances. Et ainsi l'État se lie les mains d'avance, afin de ne pouvoir succomber à la tentation de puiser à une Caisse qui est déclarée inviolable.

L'étude historique à laquelle nous nous sommes livrés a montré quelle était la valeur de ce principe d'inviolabilité, principe qui doit cependant être rigoureusement maintenu si l'on veut que le soi-disant intérêt composé produise ses effets. Elle nous a fait voir qu'en présence d'une situation embarrassée, les gouvernements hésitaient rarement à demander à la Caisse d'amortissement les fonds dont ils avaient besoin pour se tirer d'affaire. Ils se rendaient compte que les effets de cette mesure ne seraient guère ressentis par le public, dont les charges ne s'augmentent pas d'une façon apparente. Au contraire, se procurer les ressources dont on a besoin par un recours à l'emprunt ou à des augmentations d'impôts est chose autrement délicate et dangereuse pour la popularité des hommes d'État. Aussi, au bout de quelque temps, les choses n'ont plus marché comme l'avaient prescrit les lois constitutives de l'amortissement, et les ressources de la Caisse ont constitué une sorte de trésor de réserve ou de Caisse d'épargne que l'on vidait à mesure que des besoins nouveaux se faisaient sentir. C'est pour ce motif que Ricardo (1) a prétendu que les fonds d'amortissement poussaient plutôt à encourager l'esprit de dépense qu'à diminuer la dette, *rather to encourage expenditure than to diminish debt*.

C'était d'ailleurs une erreur de croire que, pour faire agir l'intérêt composé, il fût nécessaire de donner à l'Etat la tentation de détourner les fonds de l'amortissement en conservant les titres rachetés dans une Caisse spéciale, au profit de laquelle les intérêts seraient dorénavant perçus. Supposons qu'au lieu de conserver les titres on les eût annulés au fur et à mesure des rachats : il aurait été impossible qu'en mettant ultérieurement la main sur eux et en les aliénant, le gouvernement perdit le bénéfice des opérations antérieures, et l'amortissement n'en eût pas moins agi avec la progression de l'intérêt composé, si l'on avait augmenté tous les ans sa dotation originaire des sommes devenues disponibles par suite de l'annulation des titres rachetés.

De l'amortissement poursuivi dans les périodes d'emprunt. — La politique de l'amortissement à intérêt composé amène à continuer le rachat des rentes

(1) Art. *Funding System, Encyclopedia Britannica*, cité par Mac-Culloch, *on Taxation...*, etc., p. 402. — Ad. Smith avait déjà prédit ce résultat. Voir sur ce point : J. Garnier, *Traité de finances*, p. 235.

existantes même dans les moments où la situation financière oblige à en émettre de nouvelles. Comme le Trésor n'emprunte que ce qui est nécessaire pour couvrir les dépenses auxquelles ne suffisent pas les revenus ordinaires, les sommes affectées à la réduction de la Dette viennent s'ajouter aux autres dépenses et augmentent d'autant les ressources qu'il faut demander à l'emprunt. Il importe d'ailleurs fort peu que les crédits destinés à l'amortissement soient portés au budget ordinaire qui se suffit avec le produit des impôts, du moment qu'il y a à côté un budget alimenté par des emprunts; car, si les crédits d'amortissement étaient supprimés, l'Etat pourrait appliquer les ressources devenues libres à quelques-unes des dépenses pour lesquelles il est obligé de contracter de nouvelles dettes, et le chiffre des emprunts serait diminué d'autant. Lorsque l'on emprunte d'une main et que l'on amortit de l'autre, le remboursement est purement fictif : il n'y a pas suppression, il y a simplement novation de créance.

Cependant le docteur Price prétendait qu'il y a toujours avantage à amortir, alors même que le gouvernement doit emprunter les fonds à l'aide desquels il amortit, alors même qu'il est obligé d'emprunter à un taux plus élevé que celui de la dette à amortir. Et en effet, d'après le célèbre docteur, l'Etat n'empruntait jamais qu'à intérêt simple, alors que l'amortissement lui faisait réaliser des placements à intérêt composé; il bénéficiait donc de toute la différence qu'il y a entre l'accumulation d'une somme par le premier procédé et son accroissement par la capitalisation des intérêts.

Avec ce système, l'Etat est d'autant plus riche qu'il emprunte davantage et qu'il trouve prêteur à un taux plus élevé. Nous avons vu la mystification financière que renferme cette idée, et l'étude approfondie du sujet a conduit le docteur Hamilton à soutenir qu'il est incontestablement plus économique d'arrêter les achats de la Caisse d'amortissement et de diminuer le montant des emprunts annuels. Il est d'ailleurs bien facile de se rendre compte qu'en empruntant d'une main pour amortir de l'autre, l'Etat fait une opération désastreuse : les émissions ne se font jamais exactement au prix réel du marché, car il faut laisser aux prêteurs un certain avantage pour les attirer, en sorte que la Caisse d'amortissement rachète les rentes à un cours supérieur à celui où le Trésor les émet (1). Aussi l'amortissement a-t-il été défini d'une façon humoristique : opération consistant à émettre de la rente bon marché pour la racheter à un prix plus élevé, *selling new stock cheap in order to buy old stock dear.*

On a cependant prétendu que, si l'amortissement accompli dans les conditions que nous étudions était fort dispendieux pour le Trésor, il n'en exerçait pas moins une influence très heureuse sur le crédit public, en soutenant le cours des rentes; et l'Etat aurait en fin de

____

(1) Pour rappeler seulement les faits les plus récents : en 1859 et 1860, la Caisse rachetait du 3 et du 4 1/2 % aux taux respectits de 68 et 96 fr., pendant que l'État en émettait aux taux de 64 et 90. En 1867, 1868, 1869, elle rachetait du 3 % au taux de 70 à 71 fr., pendant que l'État en émettait à 69 fr. 25.

compte avantage à amortir alors même qu'il emprunte.
Mais il faut remarquer que, si les rachats de la Caisse
d'amortissement se poursuivent pendant les périodes
d'emprunt, les émissions de rentes doivent être
augmentées d'autant et l'on ne voit pas comment, au
point de vue économique, l'achat et la vente de valeurs
de même espèce, en égale quantité, et à peu près au
même moment, peuvent altérer les prix sur un même
marché financier. Si la continuation des rachats en
temps d'emprunt exerce un effet moral sur l'esprit
public, pourquoi l'augmentation du chiffre des emprunts, qui en est la conséquence, ne produirait-elle pas
un effet contraire? « Croit-on, dit avec raison à ce
sujet, M. Cucheval-Clarigny, que si la fiction de
l'amortissement n'avait pas existé et si le gouvernement
(anglais) avait pu diminuer d'un tiers chacun des
emprunts qu'il a contractés pendant la guerre, une
diminution aussi considérable, dans le chiffre des
sommes demandées aux capitalistes, n'aurait pas soutenu le crédit public, aussi efficacement que les rachats
de l'amortissement opérés avec les ressources des
emprunts eux-mêmes? »

Le fonctionnement de l'amortissement aux époques
d'emprunt, pourrait avoir une autre utilité, d'ordre
psychologique, ainsi que le fait remarquer fort bien
M. Pelletan (1), dans son rapport très étudié sur la
situation financière de la France : ce serait d'amener

(1) Rapport fait, au nom de la Commision du budget sur la situation financière de la France, par M. Camille Pelletan. (Ch. des
Députés, Session de 1890, Annexe 1031, p. 120.)

les esprits à considérer comme une dépense normale le rachat annuel d'une partie de la dette, et, par suite, à chercher des économies sur les autres dépenses pour faire face à celles-là. Malheureusement, les Caisses d'amortissement à intérêt composé peuvent être considérées aussi comme présentant l'inconvénient opposé et comme encourageant aux dépenses et aux emprunts par l'illusion d'un remboursement qui semble se faire de lui-même. Et en effet c'est ce qui est arrivé dans la pratique.

Appréciation d'ensemble sur les Caisses d'amortissement fonctionnant à intérêt composé. — En somme, les systèmes d'amortissement présentant les caractères généraux que nous venons de discuter doivent absolument être mis de côté. Ils reposent sur un principe rigoureusement vrai au point de vue mathématique, mais qui, transporté sur le terrain de l'économie financière, devient simplement spécieux. Pour obtenir les résultats que ce principe semble promettre, il faudrait aux pouvoirs publics une volonté et un esprit de suite poussés à un degré supérieur, degré qui n'a été atteint ni en France ni en Angleterre pendant la période dont nous avons présenté l'histoire. Rien ne fait espérer qu'il puisse l'être davantage dans l'avenir. Les inconvénients des Caisses d'amortissement ont été sentis partout où elles ont existé, partout on les a abandonnées, et nulle part on ne songe à y revenir. Elles ont été remplacées par d'autres combinaisons qui ont donné de meilleurs résultats. M. Léon Say (1) a dit qu'elles

(1) L. Say, *Dictionnaire des Finances*, mot *Caisse d'amortissement*.

n'avaient « d'autre valeur que celle d'un outil qui bien.
employé rend des services et mal employé n'en rend
pas ». Nous souscrivons pleinement à cette opinion,
mais en précisant et en disant que les Caisses d'amortissement que nous venons d'étudier sont un outil dont
il vaut mieux ne pas se servir, car on risque trop d'en
faire mauvais usage.

Et en effet, l'on a pu dire avec raison en Angleterre
que la Caisse d'amortissement avait été imaginée
exclusivement pour faciliter l'accroissement de la
Dette, en rassurant l'imagination des peuples contre
le système des emprunts. Le ministre qui l'établit a
jeté son pays dans une politique de guerre et d'aven-
ture, d'où celui-ci n'est sorti qu'avec une Dette écrasante. En 1829, les emprunts consolidés s'élevaient à
19.281.298.300 francs, alors qu'en 1792 leur total était
seulement de 5.740.371.125 francs. Il est permis
d'affirmer que, sans les illusions de prompt remboursement dues aux théories acceptées alors commu-
nément en Angleterre, ce pays ne se serait pas endetté
dans cette proportion. D'ailleurs, s'il avait emprunté
tout autant sans avoir la prétention de rembourser en
même temps, il se serait évité, ainsi que nous l'avons vu,
une surcharge annuelle de L. 1.627.765 (41.400.000 fr.)
sur les arrérages de sa Dette. Les Anglais commencèrent à s'apercevoir, dès la fin de la guerre, que leur
amortissement contribuait à grossir indéfiniment leurs
charges, et ils ne tardèrent pas à s'en débarrasser.

A peu près au moment où nos voisins se débarras-
saient avec enthousiasme de leur *Sinking fund*,
la France s'en emparait pour le conserver pendant

plus d'un demi-siècle. Nous avons vu comment, en 1816, les hommes de la Restauration avaient créé une Caisse d'amortissement modelée sur le type imaginé par le Dr Price. Ils étaient convaincus de la nécessité d'amortir la Dette publique; ils y travaillèrent énergiquement, et nous avons vu qu'ils réussirent à diminuer les charges de l'État, dans une proportion bien plus grande qu'ils ne les augmentèrent de leur propre fait. Malheureusement, ils avaient à expier les fautes d'un autre régime et, de 1816 à 1825, les emprunts furent à peu près ininterrompus. Il était impossible d'éviter ceux qui furent contractés de 1816 à 1818, mais si le Gouvernement n'avait pas eu l'amour-propre de rembourser alors même qu'il s'endettait, il aurait diminué d'autant le montant des autres. Ce faisant, il aurait évité la perte subie par suite de la différence entre le cours des rentes rachetées en bourse, et le taux des rentes négociées par la voie de l'emprunt.

On a calculé que, de 1816 à 1825, le taux moyen des émissions avait été de 70 fr. 65 et le cours moyen des rachats de 80 fr. 77; l'État a été constitué ainsi en perte de 14 % sur les opérations de l'amortissement pendant cette période. Il aurait donc été préférable ne ne pas amortir et de ne faire appel au crédit que dans une plus faible proportion ; c'est la conduite que l'on doit suivre en général, mais il faut reconnaître avec M. Lervy-Beaulieu (1) que les ministres de la Restauration eurent de bonnes excuses pour s'en

(1) Paul Leroy-Beaulieu, *op. cit.*, t. II, p, 444.

écarter : « On était encore très près de la banqueroute
des deux tiers et de celle des assignats ; ils voulaient
montrer qu'ils s'inspiraient de principes rigoureux,
qu'ils avaient à cœur de ne pas compromettre les
finances du pays, qu'ils regardaient l'accroissement
de la Dette comme un danger et comme un mal contre
lequel il fallait immédiatement réagir ».

Nous avons vu que la gestion financière de la
Restauration est divisée en deux périodes par l'année 1825. Pendant la deuxième période, le Gouvernement n'émit qu'un seul emprunt, celui du 12 janvier 1830. Il faut donc reconnaître que l'amortissement
fonctionna d'une façon très régulière et au moyen des
excédents budgétaires, sauf pendant les douze mois
qui précédèrent l'emprunt. A cette époque, l'amortissement employait à peu près 78 millions par an, et
l'emprunt auquel nous venons de faire allusion fut
de 80 millions de rentes 4 % : il fut émis à 102 fr. 75,
ce qui représente du 3 % à 76 fr. 55. Or les rachats
de la Caisse, portant alors exclusivement sur le 3 %,
eurent lieu au cours de 79 fr. 97 pendant l'année qui
précède l'emprunt. D'où il ressort que l'Etat, pour
racheter une quantité de rentes à peu près égale à
celle qu'il avait émise, dut subir une perte réelle d'environ 3 millions.

Les règles de l'amortissement d'après le système
anglais furent rigoureusement suivies jusqu'en 1825 :
une dotation fixe égale à peu près au centième du
capital nominal de la Dette s'accroissait tous les ans
des arrérages des titres rachetés, et le tout était invariablement affecté à de nouveaux rachats. Mais la loi du

1er mai 1825 introduisit dans la Caisse d'amortissement le germe qui, par son développement, devait en rendre le fonctionnement illusoire ; elle permit l'annulation annuelle des rentes achetées au courant d'une campagne ; elle autorisa la suspension de l'amortissement sur les effets au-dessus du pair.

La première de ces mesures était une infraction aux règles de l'amortissement à intérêt composé, puisque, dans ce système, les annulations ne doivent se faire qu'au moment où l'on a racheté la Dette ou portion de Dette que l'on a entrepris d'éteindre. La deuxième des mesures inaugurées en 1825 était autrement grave, et devait ouvrir la porte à la suppression complète non seulement de l'amortissement à intérêt composé, mais de tout effort dans le but de réduire la Dette. Il semble naturel à première vue de ne pas racheter, au-dessus de 100 francs, une valeur en échange de laquelle on peut obliger le détenteur à recevoir seulement cette somme : mais nous avons vu aussi combien il est illogique de se porter acquéreur de rentes 3 % à 99, par exemple, alors qu'on prétend faire une mauvaise affaire en achetant du 5 % à 101. On eût évité cet inconvénient si les emprunts avaient été constitués en titres de coupures portant un numéro invariable ; l'amortissement aurait pu agir en rachetant les titres quand ils étaient au-dessous du pair, et en les remboursant au pair, par voie de tirage au sort, lorsqu'ils avaient dépassé le pair. Ce système aurait permis d'amortir dans toutes les circonstances et dans les conditions le plus favorables à l'Etat. Il a été d'ailleurs appliqué en Belgique, en Hollande et dans toute

l'Allemagne ; et l'idée en fut émise en France, par
M. Humann (1), lorsqu'en 1824, le 5 % ayant dépassé
le pair, le gouvernement commençait à parler de conversion.

La loi de 1825 servit pourtant au gouvernement de
la Restauration, non à détourner l'amortissement de
son but, l'extinction de la dette, mais à le faire porter
exclusivement sur le type de rente qui était cher à
ce gouvernement sur le 3 %.

Dès le commencement de la Monarchie de Juillet,
l'efficacité et l'utilité de la Caisse d'amortissement
commencèrent à être mises en doute : c'était le contre
coup des théories qui avaient fini par triompher en
1828 et 1829 au Parlement anglais. Toutefois ce gouvernement, se trouvant lors de ses débuts en présence
d'une situation financière critique, respecta tout d'abord
l'institution qui lui était léguée par le gouvernement
précédent : le crédit public aurait été compromis, si
l'on avait enlevé aux rentiers la garantie puissante
qu'ils croyaient posséder dans le fonctionnement de la
Caisse. Celle-ci continua donc à amortir, mais pendant
qu'elle rachetait à 93 fr. 59 en 1830, à 89 fr. 54 en 1831,
à 97 fr. 10 en 1832 et 100 fr. 80 en 1833, l'Etat
mpruntait de son côté à 84 en 1831 et à 98 fr. 50 en
1832. M. Leroy-Beaulieu (2) calcule que le Trésor perdit ainsi 15 %, sur l'opération qui consista, pendant

(1) Chambre des députés, juillet 1824 (*Archives Parlementaires,*
t. XLII, p. 101).

(2) P. Leroy-Beaulieu, t. II, *op. cit.*, p. 454.

ces trois ans, à émettre d'une main des titres que l'on rachetait au même moment de l'autre.

Sentant les inconvénients d'un pareil mode de procéder, le Gonvernement de Juillet voulut y échapper, et, n'ayant pas l'énergie de rompre avec le passé pour adopter un système nouveau, il supprima autant qu'il le put d'une façon indirecte l'amortissement existant ; pour ce faire, il inventa le jeu des prétendues réserves, représentant des sommes que l'on ne payait pas à la Caisse tout en reconnaissant les lui devoir, et que l'on appliquait soit aux dépenses générales des budgets, soit aux travaux extraordinaires, soit à l'extinction des découverts antérieurs du Trésor, toutes destinations n'ayant pas de rapport avec l'amortissement de la dette. « Il est peu de mesures législatives, dit M. Leroy-Beaulieu (1), qui aient au même degré le caractère d'une mystification ». Le marquis d'Audiffrei (2) r'en parle pas moins avec éloges de « cette législation prévoyante qui a fidèlement respecté les obligati ns prises dans des temps difficiles envers les créanciers de l'Etat, et préparé pour l'avenir des fonds de réserve augmentant d'une façon ininterrompue ». Nous avons vu quel fut le sort de ces fonds de réserve ; des lois successives les transformaient en rentes, et ces rentes étaient successivement annulées par des lois ultérieures.

Le jeu de l'amortissement devint donc fictif à partir de 1833 pour la plus grande partie de la Dette, celle

(1) P. Leroy-Beaulieu, t. II, *op. cit.*, p. 455.
(2) Marquis d'Audiffred, *Système financier*, etc., t. III, p. 309.

qui était formée par les rentes 5 %(1); et en effet, cette
rente se maintint constamment au-dessus du pair. Dès
1835 ou 1836 une première conversion en 4 ½ était
possible et les réserves de l'amortissement devaient,
dans l'esprit de la loi, fournir précisément les ressources nécessaires pour l'effectuer. Mais à trois
reprises la Chambre des Pairs repoussa, avec un entê-
tement coupable, les propositions qui lui furent faites
à ce sujet. La partie des fonds de l'amortissement
affectée au 3 % fut donc seule réellement appliquée à
l'extinction de la Dette, et il fut ainsi racheté de 1833
à 1848 pour 14.568.876 francs de rentes, représentant
un capital nominal de 480.975.951 francs.

Il est impossible de dire que l'amortissement même
ainsi limité ait été un bien, car en 1841, 1844 et 1847, le
Gouvernement, faisant appel au crédit, dut émettre des
rentes à un cours inférieur à celui où la Caisse d'amortissement les rachetait. D'ailleurs, à partir de 1840, tous
les budgets furent en déficit, et leurs découverts accumulés élevèrent la Dette flottante à des proportions qui
furent la cause principale des catastrophes financières
de 1848 ; ainsi que le fait remarquer avec juste raison
M. Leroy-Beaulieu (2), il eut mieux valu réduire cette
dette et racheter moins de titres de rentes perpétuelles sur le marché. « S'imaginer que l'on améliore
la situation d'un pays en diminuant la Dette consolidée,
dont le capital n'est pas exigible, et en augmentant
concurremment la Dette flottante, dont le payement

<hr>

(1) Labeyrie, *op. cit.*, p. 381.
(2) P. Leroy-Beaulieu, *op. cit.*, t. II, p. 456.

immédiat ou prochain peut être à chaque instant réclamé par le créancier, c'est vraiment commettre une erreur impardonnable. »

Nous avons vu comment, à partir de 1848, l'amortissement fut détourné complètement de son but, les achats de 3 % étant eux-mêmes arrêtés. Pendant dix-huit ans, sauf l'exception des années 1859 et 1860, tout fut purement nominal et imaginaire dans le fonctionnement d'une Caisse qui, recevant tous les ans une dotation fictive, la prêtait également d'une manière fictive au Trésor ; il y a ainsi dans les comptes officiels de nos finances, pendant tout ce laps de temps, un déplacement de trois milliards de feuilles de papier dont les dernières furent définitivement déchirées en 1866.

A cette époque le Gouvernement, après les remords passagers de 1859 et 1860, finit par rougir d'une comédie financière qui ne trompait plus personne, et la Caisse d'amortissement fut réorganisée sur des bases prétendues nouvelles. La nouveauté consista à créer un mécanisme encore plus compliqué que l'ancien, en donnant à l'amortissement un budget spécial, où figuraient, avec les comptes relatifs à la réduction de la Dette, des recettes et des dépenses qui n'avaient rien à faire avec cette opération. Les anciens errements étaient d'ailleurs continués, car la dotation de la Caisse devait s'accroître des arrérages des titres annuellement rachetés et l'on devait continuer à amortir, alors même qu'on emprunterait. Nous avons vu comment, au bout de quatre ans, les événements politiques avaient mis fin à un système qui n'aurait probablement pas donné de meilleurs résultats que ses devanciers.

Résumé des opérations de la Caisse d'amortissement en France. — Les Caisses d'amortissement à intérêt composé n'ont donné de bons résultats ni en France, ni en Angleterre, si on étudie leur action sur une période de temps assez longue. Elles ont servi de Trésor de réserve aux gouvernements, qui n'hésitèrent pas à détourner les fonds de l'amortissement de leur affectation légale. En effet, pour parler seulement de la France, sur les 4.874.426.707 francs qui ont été versés à la Caisse pendant la durée de son existence, 1.786.799.399 seulement ont été réellement affectés au rachat de la Dette publique, le reste, 3.087.627.208 francs soit près des deux tiers, a été appliqué aux dépenses ordinaires ou extraordinaires des budgets. Et, comme le fait remarquer M. L. Say (1), l'on s'est d'autant plus facilement laissé entraîner aux dépenses, que les ressources étaient toutes prêtes sous la main, et qu'il n'était pas nécessaire de demander au pays de nouveaux sacrifices, le maintien de la charge ancienne suffisant à couvrir les dépenses.

Autre reproche : bien qu'il ait été consacré une somme relativement forte au rachat réel de la Dette publique, celle-ci n'a pas diminué, bien au contraire ; et l'une des causes de cet accroissement a certainement été la croyance à l'efficacité de l'action de la Caisse dont le jeu permettrait un jour de tout rembourser.

Voici en effet, en face des rachats de rentes, quelles ont été les émissions effectuées :

(1) *Dictionnaire des Finances*, article *Caisse d'amortissement.*

| | RACHATS | | ÉMISSIONS | |
Périodes	Rentes	Capital	Rentes	Capital produit
1816—1833	66.381.826	1.257.395.664	114.852.635	1.726.160.054
1833—1866	17.036.239	430.057.884	174.174.576	3.763.977.430
1866—1871	4.404.207	99.345.951	59.341.631	1.255.028.901
	87.822.550	1.786.799.499	348.371.9à2	6.745.166.385

Le tableau suivant (1) donne l'aperçu de ce qu'a été le coût moyen du fonctionnement de l'amortissement pendant chacune des trois principales périodes :

| | RENTES RACHETÉES | | RENTES ÉMISES | |
Périodes	Prix de 1 fr. de rente	Taux p. °/₀	Prix de 1 fr. de rente	Taux p. °/°
1816—1833	18.97	5.27	15.03	6.65
1833—1866	25.25	3.96	21.64	4.62
1866—1871	22.57	4.43	21.18	4.72

Voici, enfin, le tableau indiquant comment les ressources de l'amortissement ont été réparties entre les diverses natures de rentes.

(1) Nous empruntons les chiffres au *Dictionnaire des finances*.

FONDS RACHETÉS		RACHATS EFFECTUÉS		
		Du 1er juin 1816 au 1er janvier 1870	Pendant l'année 1870	TOTAL au 1er janvier 1871
1° Fonds employés aux achats.	Rentes 5 % …	734.727.450 08	»	734.727.450 08
	— 4 1/2 %	29.347.432 97	»	29.347.432 97
	— 4 % …	18.547.270 51	»	18.547.278 51
	— 3 % …	973.550.373 85	23.999.997 60	997.550.371 45
		1.756.172.536 41	23.999.997 60	1.780.172.533 01
2° Rentes rachetées	Rentes 5 % …	44.548.978 »	»	44.540.978 »
	— 4 1/2 %	1.386.287 »	»	1.386.287 »
	— 4 % …	858.738 »	»	837.738 »
	— 3 % …	39.585.696 »	1.096.596 »	40.682.292 »
		86.351.690 »	1.096.596 »	87.448.295 »
3° Capital nominal des rentes rachetées	Rentes 5 % …	890.819.560 »	»	890.819.560 »
	— 4 1/2 %	30.806.376 »	»	30.806.377 »
	— 4 % …	20.968.450 »	»	20.968.450 »
	— 3 % …	1.319.523 200 »	36.553.200 »	1.356.076.400 »
		2.262.118.586 »	36.553.200 »	2.298.670.786 »

LIVRE II

L'AMORTISSEMENT FONDÉ SUR LES RESSOURCES BUDGÉTAIRES

CHAPITRE PREMIER

L'AMORTISSEMENT FACULTATIF EN ANGLETERRE

Sommaire : Passage de l'amortissement obligatoire à l'amortissement facultatif. — Mouvement d'opinion en Angleterre contre le système du Dr Price. — Conclusions de la Commission de 1828. — Tentatives pour justifier le fonds d'amortissement de 1786. — Act du 1er juin 1820, instituant un nouveau mode d'amortissement. — Opérations du nouvel amortissement. — Tentative de retour à l'amortissement obligatoire.

Passage de l'amortissement obligatoire à l'amortissement obligatoire à l'amortissement facultatif. — L'étude d'histoire financière à laquelle nous venons de nous livrer amène à la conclusion suivante : une Caisse d'amortissement qui fonctionne d'après un plan déterminé à l'avance peut bien racheter sur le marché une plus ou moins grande quantité de titres représentatif de la Dette publique, mais elle n'en allège le poids et n'en abaisse le niveau, c'est-à-dire elle *n'amortit* réellement, que si la situation financière est favorable et si les recettes sont supérieures aux dépenses. L'Etat ne peut se dire qu'il amortit sa dette, que s'il parvient à la rembourser sans mettre de nouveaux créanciers à la place des anciens. Une pareille novation, à moins bien entendu que la situation financière ne permette la conversion d'un type de rente en un autre type constitué à intérêt moins élevé, une pareille novation est onéreuse si elle a pour effet de remplacer une dette consolidée par une dette de même nature, elle est dangereuse si elle aboutit à supprimer une dette non exigible pour charger dans la même proportion les engagements exigibles de la Dette flottante; il faut donc toujours l'éviter.

Conclusion : on ne doit amortir qu'avec un budget présentant des excédents de recettes ; on ne peut amortir que dans la limite de ces excédents.

Si le Parlement n'a pas la volonté ou la possibilité de créer des excédents, soit en diminuant les dépenses, soit en agissant sur les recettes, il est déraisonnable pour l'Etat de prétendre amortir et de vouloir maintenir, dans son organisme financier, un rouage spécialement destiné à abaisser le niveau de la Dette. Ce rouage, la Caisse ou le Fonds d'amortissement pour l'appeler par son nom, est toujours inutile ou coûteux : inutile, si le pays est en état de se libérer, coûteux, si le pays est hors d'état de rembourser réellement ses dettes. La conséquence s'impose, semble-t-il, il faut le supprimer.

Nulle question n'est subordonnée, autant que l'amortissement, à des considérations variables et contingentes. On ne peut donc, en cette matière, s'imposer une ligne de conduite irrévocablement fixée à l'avance, et il ne faut pas qu'une loi, à bien des années de distance, ordonne inéluctablement au ministre des finances d'amortir dans telle ou telle proportion. La loi ne pourra jamais faire qu'en fin de compte l'amortissement ne dépende pas des facultés du moment. Pourquoi le rendre également obligatoire, alors qu'il ne peut être en réalité que facultatif?

Nous allons voir, d'après les exemples que nous recueillerons en Angleterre, en Amérique et en France, l'idée qu'il faut se faire de cet amortissement, basé sur les excédents de recettes, sur les disponibilités du moment, de cet amortissement facultatif en un mot. Mais, d'après ce que nous venons de dire, nous pouvons en donner d'avance les caractères généraux. Les voici tels qu'ils sont tracés, par un écrivain allemand bien connu, L. de Stein (1) : la loi ne fixe pas à l'avance les sommes qui seront consacrées à l'amortissement; elle ne détermine pas le délai au bout duquel la dette devra être éteinte; tout est subordonné à la production d'excédents budgétaires et à l'importance de ces excédents. L'amortissement facultatif doit fonctionner, comme on peut le prévoir déjà, d'une manière autrement simple que l'amortissement à intérêts composés.

Mouvement d'opinion en Angleterre contre l'ancien système d'amortissement. — Le véritable principe sur lequel repose tout amortissement sérieux avait

______

(1) Lorenz von Stein, *Lehbuch der Finanzwissenschaft* (1886), t. IV, p. 399.

été déjà entrevu en 1786, dans une brochure (1) qui montrait la fausseté, *the hollowness*, des théories du Dr Price ; cette brochure passa inaperçue. Mais, en 1813, Robert Hamilton, dans un ouvrage fameux, dissipa comme nous l'avons vu l'illusion causée par les prétendus mérites de l'intérêt composé.

Les idées du professeur écossais furent reprises, en 1819, par Ricardo (2) et se répandirent vite dans le public, obtenant un succès aussi grand et plus légitime que celui remporté autrefois par les ouvrages du Dr Price. Elles furent encore brillamment développées par lord Grenville, dans un traité resté célèbre : *Essai sur les prétendus avantages du fonds d'amortissement* (3). Le noble lord avait été autrefois l'un des partisans les plus convaincus du système créé par Pitt en 1786; il reconnaissait combien il était pénible de dire adieu aux anciennes illusions, *to renounce so flattering a persuasion*; mais il croyait rendre à la nation un vrai service, *public duty*, en lui disant les motifs qui avaient changé en aversion son enthousiasme d'antan (4). La conclusion de l'ouvrage était celle-ci : L'amortissement ne peut sincèrement opérer que

(1) *Considerations on the amnual million bill and on the real and imaginary properties of a sinking fund* (1786), cité par Mac-Culloch, p. 454.

(2) *Essai sur le système des dettes consolidées et sur l'amortissement* (1810).

(3) Lord Grenville, *Essay on the supposed advantages of a sinking fund* (1828).

(4) Cité par W.-L. Sargant. *Apology for sinking funds* (1868), p. 52.

pendant la paix, et c'est seulement en temps de paix qu'on peut discuter raisonnablement sur le rétablissement ou l'abandon d'un système d'extinction de la dette. Quant à déterminer quelle est la portion du revenu national que l'impôt doit à un moment donné demander aux particuliers pour la consacrer à l'amortissement, ce n'est pas là une *question de science abstraite*. Aucune solution ne dépend davantage de considérations contingentes et variables, et de circonstances qui ne sont jamais les mêmes.

En même temps que les idées précédentes apparaissaient, sous la plume des auteurs que nous venons de citer, comme des vérités incontestables, elles se répandaient dans le public et faisaient leur chemin au Parlement. Il s'y forma rapidement un parti qui considéra le fonds d'amortissement comme le principal obstacle au soulagement des contribuables et au rétablissement d'une bonne situation financière. M. Joseph Hume (1), député radical de Montrose, s'en fit le leader, et il résuma souvent la situation en un mot demeuré célèbre : « Il faut que la nation tue l'amortissement, ou que l'amortissement tue la nation ».

Dès 1822, il soumettait à la Chambre des Communes une série de propositions tendant à bouleverser le régime de l'amortissement ; battu cette première fois, il revenait

(1) M. J. Hume ne faisait que parodier le mot de l'illustre philosophe dont il portait le nom, David Hume, qui avait dit dans son *Essay on public credit* paru en 1752 : « *Either the nation must destroy public credit, or public credit will destroy the nation.* » D. Hume, cité par Sargant, *op. cit.*, p. 153.

à la charge en 1826, et demandait, au nom d'un grand
nombre de ses collègues, la suppression de cette institution, tant que les surtaxes établies pendant la guerre
ne seraient pas entièrement abolies, et jusqu'au moment
où les revenus ordinaires de l'Etat pourraient suffire
aux besoins annuels. Les propositions de M. Hume
furent repoussées, mais cette fois après un débat très
chaud; sa persévérance contribua d'ailleurs à attirer
l'attention du gouvernement sur la nécessité de réformer l'amortissement et, le 15 février 1828, Sir Robert
Peel, alors ministre de l'intérieur, dénonçait aux
Communes le fonds d'amortissement comme la cause
principale des déficits et des irrégularités de la situation financière. Il terminait son discours en réclamant
la nomination d'une Commission chargée d'examiner
l'état des finances, et de proposer les réformes qu'il
nécessitait.

Conclusions de la Commission de 1828. — La Commission réclamée par le ministre fut immédiatement
nommée; elle se mit de suite à l'œuvre, sous la direction de sir Henry Parnell et, en juillet 1828, elle déposait son rapport sur les mesures législatives à prendre
pour donner à l'amortissement une impulsion nouvelle
et efficace. Ce document déclarait que la réduction de
de la Dette ne pouvait être jamais obtenue que par
l'application d'un excédent réel de recettes, et cette
application devait d'ailleurs être faite avec persévérance dès que le surcroît de revenu se manifestait.
« Une politique qui serait fondée, disait la Commis-

sion (1), sur le système avoué de pourvoir, par des emprunts, aux besoins de l'Etat en temps de guerre, et de ne prendre aucune mesure en temps de paix pour la réduction des charges permanentes résultant de ces emprunts, serait la méconnaissance de tout ce qui peut assurer le crédit et le salut du pays, dans le cas où les dangers et les embarras viendraient à se reproduire. »

Pénétrée de ce sentiment, la Commission aurait recommandé de persévérer dans la résolution, adoptée par les Chambres en 1819, de consacrer tous les ans 5 millions de livres sterling à l'extinction graduelle de la dette, mais elle ne croyait pas que l'on pût atteindre pour le moment un pareil excédent des recettes sur les dépenses ; elle espérait toutefois qu'il était possible de porter cet excédent à 3 millions de livres, en réalisant quelques économies dans les dépenses ou certains remaniements d'impôts. En conséquence, le rapport concluait qu'en dressant le budget, il fallait ménager tous les ans un excédent de 3 millions de livres qui seraient employées à l'amortissement ; mais, si le chiffre de 3 millions n'était pas atteint, il ne pourrait, en aucun cas, y être suppléé par l'emprunt. Ces 3 millions ne seraient pas forcément affectés au rachat de titres de la dette consolidée ; ils pourraient servir aussi à la diminution graduelle de la dette

(1) Voir le rapport de la commission dans le document officiel auquel nous aurons l'occasion de nous référer souvent : *National debt, Parliamentary report* (C. — 6539), p. 31.

flottante ; les effets rachetés devaient toujours être immédiatement annulés.

Le rapport terminait en suggérant une méthode de réduction de la dette que nous étudierons plus tard : la conversion des rentes perpétuelles en annuités temporaires.

Tentative pour justifier le fonds d'amortissement de Pitt. — La conception de l'amortissement seulement possible avec des excédents de revenu apparut alors d'une manière si nette, que l'on éprouva le besoin de justifier la mémoire de Pitt du reproche d'avoir voulu rembourser la dette anglaise au moyen de fonds demandés à l'emprunt.

Le Chancelier de l'Echiquier, M. Goulburn, en présentant le budget de 1828, essaya de démontrer que le grand homme d'Etat avait institué le fonds de 1786 pour le faire opérer au moyen d'excédents de recettes, ne craignant pas de risquer sa popularité par l'impitoyable suppression de toutes les dépenses qui n'étaient pas strictement nécessaires ; mais une suite de circonstances malheureuses, *the occurence of unfortunate circumstances*, l'avait amené à s'écarter de son plan primitif. M. Goulburn montrait alors Pitt forcé de choisir entre deux alternatives délicates, ou abandonner le principe que les dettes doivent être amorties, ou conserver le fond d'amortissement même lorsqu'il fallait emprunter pour le soutenir ; il décida de continuer à faire amortir, confiant que la guerre où il engageait son pays ne serait pas de longue durée et avec l'espoir qu'à la conclusion de la paix le retour de la prospérité permettrait de consacrer à la réduction de la dette d'amples surcroîts de revenus.

La même explication de la politique du créateur de l'amortissement fut tenté à la Chambre des Lords par Lord Beley. Il est curieux de noter avec quel soin jaloux les Anglais ont voulu justifier leur grand ministre d'avoir cédé à une illusion dont les conséquences furent si funestes.

Act du 1er juin 1829 instituant un nouveau mode d'amortissement. — Les conclusions de la Commission de 1828 devinrent l'année suivante la base d'une nouvelle Charte constitutive de l'amortissement, l'Act du 1er juin 1829 (Act 10 Géo. IV., c. 27). Le système inauguré par cet Act, qui est d'ailleurs encore en vigueur est connu, dans les annales financières de l'Angleterre, sous le nom de *Old sinking fund*, ancien fonds d'amortissement (1). En voici les disposi·tions principales, dispositions intéressantes à étudier car elles sont encore en vigueur de nos jours.

Aux termes de l'Act, les Lords de la Trésorerie, dans les trente jours de l'expiration des trimestres qui finissent les 5 janvier, 5 avril, 5 juillet et 10 octobre, doivent établir le compte des dépenses et des recettes de l'Etat pendant les douze mois précédents; ils ont à remettre le quart des excédents de recettes aux Com-

---

(1) Ancien fonds, par rapport à un nouveau fonds d'amortis-sement, *The New sinking fund*, qui fut établi en 1875 ; les deux systèmes fonctionnent concurremment.

missaires pour la réduction de la Dette (1), et ceux-ci ont mission d'appliquer à l'amortissement, dans les trois mois, la somme qui leur a été ainsi versée. Cette somme est publiée dans la *London Gazette* (journal officiel).

Tous les titres de rentes ou d'annuités rachetés par les Commissaires doivent être immédiatement annulés; l'Act a prescrit également l'annulation des titres qui avaient été rachetés avant sa promulgation.

Les rachats des Commissaires peuvent porter indistinctement sur la Dette consolidée, sur les annuités à terme, sur les bons de l'Echiquier et tous autres engagements du Trésor. Les bons de l'Echiquier doivent être annulés dans les sept jours de l'expiration du trimestre courant.

L'Act de 1829 laisse de côté les propositions de la Commission de l'année précédente relativement à la conversion des rentes perpétuelles en annuités à terme; mais un Act ultérieur, en 1833, a donné à l'Amortissement le droit d'acheter la nue propriété de rentes perpétuelles pour les transformer de la façon indiquée.

Opérations du nouvel amortissement. — En résumé, la législation de 1829 consacre les idées de R. Hamilton, de Ricardo et de Lord Grenville. Voici bientôt soixante-dix ans qu'elle est appliquée car l'*Old sinking fund* fonctionne encore. Dans cet espace relativement long, il a pu affecter à la réduction de la dette la somme totale de L. 74.881.979. Les sommes provenant

(1) L'ancienne Commission pour la réduction de la dette a survécu.

des excédents budgétaires ont été régulièrement versées aux Commissaires de la Dette; mais à diverses reprises ceux-ci ont dû suspendre leurs opérations, soit parce que le gouvernement était obligé de recourir à des emprunts, soit simplement parce que les recettes n'étaient pas supérieures aux dépenses; en tout, vingt et une années au cours desquelles le fonds a dû rester oisif.

Le maximum annuel des sommes consacrées à l'amortissement atteint en 1874, a été de L. 4.195.982. Nous avons vu que la Commission de 1828 avait proclamé la nécessité de maintenir au moins à trois millions de livres le chiffre ordinaire des excédents de revenu; mais ce chiffre n'a été obtenu ou dépassé que sept fois du 5 juillet 1829 au 1er avril 1898, et la moyenne des rachats effectués dans le courant d'un exercice est bien inférieure à trois millions; et, ainsi que le dit notre document officiel, il ne paraît pas avoir été fait d'effort sérieux pour l'atteindre, *no serious effort appears to have been made to give it.*

Les Commissaires de l'amortissement ont largement usé de l'autorisation, que leur donnait l'Act de 1829, de faire porter leurs opérations sur la dette flottante. Ils ont employé à peu près la moitié des sommes qui leur étaient versées, en rachats de valeurs de cette nature, *Exchequer* et *Deficiency bills* et *Deficiency advances.*

Appréciation des résultats obtenus. — Ainsi 74 millions 881.970 livres sterling consacrées dans une période de soixante-neuf ans à l'extinction de la dette, tel est le bilan de l'*Old sinking fund.* Et encore peut-on pré-

tendre avec juste raison, comme le fait remarquer
M. Leroy-Beaulieu (1), que la moitié de cette somme a
constitué un amortissement plutôt fictif que réel; en
effet, les Commissaires de l'amortissement faisant porter la moitié de leurs opérations sur les engagements à
court terme de l'Echiquier, qui sont la représentation
de nos bons du Trésor ordinaires, contribuaient simplement à grossir d'une manière artificielle les excédents
de la Trésorerie. M. Goulburn justifiait cette mesure,
en 1844, en montrant (2) qu'il était préférable d'épar-
gner au pays la nécessité d'un emprunt que de servir
aux Commissaires de la dette une grande quantité de
prétendus excédents de recettes.

En résumé le fonds d'amortissement créé en 1829
n'a guère servi à l'allègement des charges de l'Etat.
Si l'on tient compte de la prospérité croissante de
l'Angleterre pendant la période que nous venons d'étudier, on peut affirmer qu'elle n'a pas fait des efforts
suffisants pour la réduction de sa Dette par la voie que
nous venons de parcourir. C'est que l'amortissement
était subordonné à l'existence d'excédents et à la mesure
dans laquelle se montraient ces excédents. Or, si la cause
première de la production des excédents est une situation financière favorable, leur véritable cause efficiente
c'est la volonté du Parlement qui, par les impôts, est
maître des sources du revenu.

Et précisément, les hommes d'Etat britanniques préférèrent diminuer les impôts, ce qui leur valait une

(1) *Op. cit.*, p. 431.
(2) *National debt* (C. — 0539), p. **42**.

facile popularité, que de conserver de grosses recettes permettant d'agir fortement sur une dette que l'on attaquait, d'ailleurs, d'un autre côté. Aussi M. Gladstone déclarait-il, en 1862, que le seul moyen, pour un Chancelier de l'Échiquier, de résister aux demandes pressantes de réduction de taxes, c'était l'impossibilité d'en accorder.

M. Leroy-Beaulieu (1), qualifiant de mollesse et de manque d'énergie la politique longtemps suivie en Angleterre à partir de 1829, s'exprime ainsi : « A nos yeux, ce pays doit être blâmé pour deux erreurs successives et opposées : d'abord, jusqu'en 1828, il attacha trop d'importance à l'amortissement, il le pratiqua d'une manière peu éclairée ; amortissant en même temps qu'il empruntait, il se grevait d'un surcroît de charges équivalant à la différence entre le taux des rentes qu'il émettait et le taux des rentes qu'il rachetait presque simultanément. Depuis 1828 jusqu'à ces dernières années, les ministres montrèrent une déplorable faiblesse et une coupable insouciance pour le rachat de la Dette nationale. Ils ne virent pas quel grand intérêt à la fois politique et social, il y avait à se débarrasser de cette Dette de 20 milliards. En ne faisant aucun effort sérieux pour la réduire, ils se conduisirent, non pas comme des hommes d'État voyant loin dans l'avenir et ayant le sentiment élevé de leurs devoirs, mais comme de simples marchands dont l'esprit est uniquement guidé par les considérations de l'intérêt et du moment ».

(1) *Op. cit*, p. 438.

Tentative de retour à un amortissement obligatoire.
— Le jugement que nous venons de citer est peut-
être un peu sévère, car le gouvernement anglais, tout
en négligeant l'*Old sinking fund* n'a jamais manqué
l'occasion d'alléger le poids de la Dette par le procédé
de la conversion en rente constituée à un taux d'intérêt moins élevé ou en annuités terminables. On
peut se rendre compte, en feuilletant l'auteur qui l'a
prononcé (1), des fluctuations de l'opinion parlementaire sur la question de la préférence à accorder à
l'amortissement ou aux diminutions d'impôts.

Un intéressant effort pour revenir à l'amortissement d'après un plan déterminé à l'avance, et non plus
seulement d'après les circonstances contingentes de la
situation budgétaire, fut fait à l'époque de la guerre
de Crimée par le Chancelier de l'Echiquier, Sir
G. Cornwal Lewis; reconnaissant l'impossibilité de faire
face aux dépenses militaires avec des augmentations
d'impôts, ainsi que l'avait voulu tout d'abord M. Gladstone, Sir Cornwall Lewis eut recours, en 1855, à trois
emprunts successifs, le premier de 400 millions, les
deux autres de 125 millions chacun; et, sceptique sur
l'efficacité de l'*Old sinking fund*, il demanda qu'un
amortissement spécial fut affecté à chacun de ces trois
emprunts pour en assurer la prompte extinction (2).

La proposition du Chancelier fut chaudement discutée. Elle fut combattue par des hommes politiques de

(1) *Op. cit.*, pp. 433 et suiv.

(2) Nous empruntons les détails qui suivent à l'ouvrage M. W.-
L. Sargant : *Apology for sinking funds*, p. 71.

tous partis, par des conservateurs comme MM. Disraëli,
Henley, Ricardo, aussi bien que par des libéraux tels
que MM. Gladstone, Cardwell et Labouchère. Ils prétendirent que le Parlement actuel n'avait pas le droit
d'enchaîner la liberté des Parlements de l'avenir, et
qu'il était inutile de compliquer à l'avance la liquidation des dépenses de la guerre. En revanche, le
projet du gouvernement fut appuyé par MM. Glyn,
Th. Baring et autres députés dont la compétence en
matière d'affaires était parfaitement établie, et finalement il fut adopté à une majorité de 99 voix.
M. Gladstone exprima la crainte que « les membres de
la Chambre des Communes, qui s'étaient montrés
favorables à la loi, ne fussent obligés de regretter
leur vote quand leurs commettants leur réclameraient
énergiquement la réduction des taxes sur le houblon,
le malt, les assurances ou le papier. » Le Parlement
voulut, malgré ces objections, affirmer par son vote le
principe que le pays devait s'efforcer, en temps de
paix, d'éteindre les dettes contractées au moment de
la guerre. D'après les mesures qu'il adopta, le gouver-
ment devait rembourser L 250.000 en 1857, et
L 1.500.000 les années suivantes, jusqu'à ce que
les emprunts contractés pendant la guerre fussent
éteints.

Il devait être donné à M. Disraeli, qui s'était fortement opposé à l'adoption du projet de Sir G. Cornwall
Lewis, de faire revenir les Chambres sur leur vote
primitif. Lorsque cet homme d'Etat arriva au pouvoir
l'année suivante, après la démission du cabinet Pal-
merston, il n'eut pas de peine, en montrant la pers-

pective d'une insuffisance de recettes de 4 millions de livres, à obtenir la suppression du nouvel amortissement. Les mesures votées en 1857 pour obtenir une diminution de la Dette plus eficace qu'avec l'*Old sinking fund*, n'eurent donc qu'une durée tout à fait éphémère. Nous verrons ultérieurement se produire une autre tentative d'arriver à un amortissement plus énergique, tentative couronnée de succès en 1875.

CHAPITRE II

L'AMORTISSEMENT AUX ÉTATS-UNIS

Sommaire : Des principes qui ont présidé à l'aménagement de la Dette aux Etats-Unis. — L'amortissement américain à ses débuts. — Heureuse organisation de l'amortissement en 1802. — Les Etats-Unis arrivent à éteindre leur Dette (1834). — Les finances et la guerre de Sécession. — Méthode suivie pour amortir les dettes contractées pendant la guerre. — Résultats obtenus en 1875. — Rapidité de l'amortissement à partir de 1877. — Accroissement pendant les dernières années de la Dette américaine.

Des principes qui ont présidé à l'aménagement de la Dette aux Etats-Unis. — Nous avons déjà eu l'occasion de dire que le principe de l'amortissement des dettes publiques était un principe éminemment démocratique. Aussi, la démocratie américaine qui, contrairement à la démocratie française, ne se contente pas de mots et veut des réalités, s'est-elle toujours efforcée de le mettre en pratique, et lorsqu'elle avait recours à l'emprunt, elle prenait des mesures qui devaient lui en faciliter le remboursement ultérieur.

La première de ces mesures consistait à se garder
de grossir artificiellement le chiffre de la Dette, par
un écart considérable entre le capital nominal et le
capital réellement reçu des prêteurs.

En effet, dès l'origine, le gouvernement américain
a jugé dangereux de donner à ses dettes une apparence différente de la réalité de son crédit et, sauf
exception dans les crises graves, il a évité d'emprunter
à des taux fictifs au-dessous du pair. Pendant que les
gouvernements d'Europe empruntaient à un intérêt
nominal de 3 à 5 %, les Etats-Unis subvenaient en
1812, 1813 et 1814 aux dépenses de la guerre avec
l'Angleterre, au moyen d'emprunts successifs à 6, 7
et 8 %, et pendant la guerre civile, ce furent des taux
de 6, 7.03 et 7.30 % qu'ils offrirent franchement à
leurs prêteurs (1). Ils n'hésitaient jamais à payer l'argent ce qu'il valait, sans consentir de sacrifice sur le
capital, combinant souvent ce système avec celui
de l'adjudication publique qui permet d'attribuer les
titres de la Dette aux personnes qui font au Trésor les
propositions les plus favorables. En un mot, le gouvernement américain a suivi le programme tracé autrefois par le baron Louis dans les termes suivants (2) :
« J'emprunterais, si j'étais réduit par la nécessité, si je
ne pouvais pas obtenir de meilleures conditions, à 6,
7, 8, 9 %, 10 % même, à de gros intérêts tant qu'on
voudra, mais jamais avec augmentation de capital,
parce que dans les temps meilleurs je rachèterais avec

(1) Cf. Cucheval-Clarigny, *op. cit.*, p. 164.
(2) Citation empruntée à l'ouvrage de M. Labeyrie, p. 15.

l'amortissement, tandis qu'au contraire avec un intérêt modique et un capital immense, je ne pourrais jamais racheter et finirais par succomber. »

La seconde des mesures auxquelles nous faisons allusion consiste en ce que, par la forme même du titre, le gouvernement américain a voulu marquer que ses emprunts devaient être amortis dans le plus court délai possible. Répugnant à créer des rentes perpétuelles, il a adopté le type des bons remboursables soit à échéance fixe, soit dans un. certain délai indiqué à l'avance. Presque toute la Dette contractée pendant la guerre de Sécession a été émise sous la forme du type 5-20, c'est-à-dire qu'elle ne peut être remboursée avant le délai de 5 ans, mais qu'elle doit être entièrement éteinte avant le terme de 20 ans ; le type 10-40 a été usité aussi, mais moins fréquemment. Les bons sont divisés en séries qui peuvent être isolément appelées au remboursement, à la suite d'un tirage au sort. Le Gouvernement des Etats-Unis en fixant, lorsqu'il contracte un emprunt, le délai qu'il s'accorde pour l'amortir, s'engage d'avance à chercher dans cet intervalle les ressources nécessaires pour se libérer ; et nous verrons que, favorisé par des circonstances exceptionnelles, il y réussit.

L'amortissement américain à ses débuts.— L'amortissement fut institué aux Etats-Unis en vertu d'un Act du 12 août 1790, rendu sous l'administration d'Alexandre Hamilton. Aux termes de cet Act, il était formé une Commission de hauts fonctionnaires chargée de racheter, au cours du marché, les titres représenta-

tifs des engagements de l'Etat, titres qu'elle conserverait
en portefeuille et dont elle percevrait les intérêts pour
les faire servir à des rachats ultérieurs ; les premières
opérations devaient se faire au moyen des produits que
donnerait une surélévation des droits de tonnage et,
d'un emprunt que les Commissaires pourraient émettre
jusqu'à concurrence de 2 millions de dollars.

Ce sont là, il semble bien, les traits caractéristiques
du système que nous avons vu inaugurer par Pitt en
Angleterre. Cependant les auteurs américains sont loin
de vouloir en convenir (1) et Adams fait remarquer
que l'Act de 1790 ne renferme pas l'erreur fondamentale des fonds d'amortissement, *the essential error of
the sinking fund policy*, car les ressources dont il fait
mention n'étaient pas affectées à la dette d'une manière
inviolable et *prédéterminée ;* sans doute, on allait emprunter pour amortir, mais il fallait voir là un remboursement par conversion plutôt que par amortissement.

Le système modifié par un Act du 8 mai 1792 fut
remanié par un Act ultérieur du 3 mars 1795, et cette
fois dans un sens qui eut fait tressaillir d'aise le
Dr Price, *have pleased the heart of Dr Price* (2). En
effet, l'institution recevait le nom de *Sinking Fund* et
outre certaines ressources accessoires et éventuelles,

(1) Jonathan Elliot, *The funding system of the United States
and of Great Britain :* — Edward Ross, *Sinking Funds*, pp. 51-3,
— Dunbar, *Quaterly, journal of Économics,* t. II, pp. 46-54 ; —
Henry Adams, *Public debts,* p. 263.

(2) H. Adams, *Publics debts,* p. 265.

telles que le prix de vente de terrains domaniaux et les excédents de recettes, on lui donnait une dotation annuelle égale à deux centièmes du capital des fonds 6 %, dotation à prélever sur le produit des droits de tonnage et de douane ; à ce revenu annuel devaient se joindre les arrérages afférents aux titres rachetés. Ces ressources étaient inviolablement affectées à l'extinction de la Dette. Nous ne suivrons pas en détail les opérations de ce fonds car, comme le dit Adams, il ne servit qu'à augmenter la Dette tout en jouant à la diminuer. En 1791, elle était de 75.463.476 dollars ; en 1801, elle s'élevait à 80.700.000 dollars.

Heureuse organisation de l'amortissement en 1802. — A ce moment l'orientation politique changea, et le pouvoir passa des fédéralistes aux républicains. Le président Jefferson appela aux finances Albert Gallatin, dont il attendait des efforts efficaces pour la réduction de la Dette. Le nouveau secrétaire de la Trésorerie (1) avait sur ce point des idées toutes différentes de celles de son prédécesseur : « Une nation qui veut payer ses dettes, disait-il dans un de ses discours, doit s'astreindre, tout comme un simple particulier, à maintenir le niveau de ses recettes supérieur à celui de ses dépenses. Sans cela, elle a beau recourir à des fonds d'amortissement et leur affecter des comptes très compliqués, elle ne fait que donner un appareil scientifique à de simples additions et soustractions et ne peut empêcher son passif de s'accroître.

(1) Edward Ross, *Sinking funds*, p. 61.

Si elle dépense au delà de ses revenus, la nation doit demander la différence à l'emprunt, et si, dans ces conditions, elle continue à avoir la prétention de rembourser ses Dettes, elle doit augmenter d'autant le chiffre de ce qu'elle est obligée de demander au crédit; cela équivaut à remplacer une Dette par une autre, la nouvelle Dette étant contractée à un taux plus onéreux que l'ancienne ».

Gallatin avait donc sur l'amortissement les mêmes idées que devait brillamment développer plus tard R. Hamilton ; et les Américains se font gloire de ce que le secrétaire du Trésor du président Jefferson ait été le précurseur du célèbre écrivain.

Voici le plan auquel s'arrêta Gallatin (1) et qui fut adopté par l'Act du 29 avril 1802. Le revenu annuel du pays était évalué à 9.950.000 dollars, et les dépenses des services courants pouvaient être fixées à 2.650.000 dollars. Restait donc une différence de 7.300.000 que le secrétaire du Trésor proposait d'appliquer, d'une façon permanente, au service de la Dette. Les intérêts à payer aux rentiers étaient bien inférieurs à cette somme, et il resterait un excédent considérable pour être affecté à l'amortissement. Cette affectation n'était d'ailleurs pas promise d'une manière irrévocable et, aux époques de guerre ou en cas d'appel au crédit, les rachats devaient être suspendus ; les sommes devenues ainsi disponibles permettraient de diminuer d'autant le montant des emprunts, et serviraient à en payer les intérêts. « On peut dire, fait

(1) Adams, *op. cit.*, p. 266, et Ross, *op. cit.*, p. 64.

observer Adams, qu'une telle politique est dangereuse, et qu'un pays, s'il n'a pas d'amortissement inviolable, court le risque de rester endetté à jamais; toutefois, l'expérience démontre que l'amortissement automatique (c'est-à-dire à intérêt composé), offre le même inconvénient à un degré plus élevé, par suite de la confiance aveugle qu'il inspire, sans compter qu'il est plus coûteux, à cause de l'élévation des taux auxquels il faut emprunter en temps de guerre ».

La suite de notre étude va nous montrer à quel point les Américains ont eu à se féliciter d'avoir abandonné le vieux système anglais pour en adopter un nouveau, que l'Angleterre devait d'ailleurs leur emprunter plus tard.

Fonctionnement du système imaginé par Gallatin : les Etats-Unis arrivent à éteindre complètement leur dette. — Depuis son origine jusqu'au 1er janvier 1812, le fonds d'amortissement put rembourser 5.022.810 dollars; d'un autre côté, pour le rachat de la Louisiane, le gouvernement avait dû emprunter 11.250.000 dollars, et après cet emprunt les ressources de l'amortissement avaient été portées à 8.000.000. Finalement, à la veille de la guerre avec l'Angleterre, la dette s'élevait à 45.154.189 dollars, soit 31 millions de moins que lors de la constitution de l'Union.

Pendant les trois années que durèrent les hostilités, il y eut suspension complète de tout rachat sur la Dette consolidée, sauf sur la partie (les 6 o/o) pour laquelle l'amortissement avait été contractuellement promis en 1795 aux créanciers. De nombreux emprunts furent émis, mais le gouvernement rompit avec la théorie funeste que toute nouvelle dette doit être accompagnée de la création d'un fonds destiné à la rembourser.

A la conclusion de la paix, décembre 1814, le passif des Etats-Unis s'élevait à la somme de 120 millions de dollars ; on trouva que les 8 millions de dollars antérieurement attribués au service de la dette ne suffisaient plus, et un Act du 3 mars 1817 porta ce chiffre à 10 millions. En 1802, Gallatin craignant de se heurter trop violemment aux préjugés en cours, n'avait pas osé proposer l'annulation des titres successivement rachetés; depuis, les idées avaient progressé et l'Act de 1817 ordonnait la destruction immédiate de ces titres, qui ne s'accumuleraient plus inutilement dans le portefeuille de la Commission.

Cet amortissement était simple et énergique à la fois. Comme d'un côté le développement de la prospérité publique dispensa de tout appel au crédit, et que, de l'autre, les gouvernements consécutifs eurent la force de maintenir toujours au budget de puissants excédents de recettes, afin de renfoncer l'action de l'amortissement réglementaire, la Dette publique diminua rapidement et, en 1834 les Etats-Unis voyaient leur passif réduit à zéro. Ce pays se trouva alors dans une situation curieuse ; nous laissons la parole à M. Cucheval Clarigny (1) : « Non seulement la dette fut éteinte, mais les excédents de recettes s'accumulèrent dans les caisses du Trésor fédéral après ce remboursement ; le

____

(1) *Op. cit.*, p. 116.

gouvernement se trouva alors fort embarrassé de cet argent que les doctrines politiques du parti alors au pouvoir ne lui permettaient d'appliquer ni à des travaux publics, ni à aucune œuvre d'intérêt général. » En conséquence, par une loi du 23 juin 1836, le Congrès décida que les sommes dont le gouvernement n'avait pas l'emploi seraient distribuées, en quatre paiements égaux, entre tous les Etats au prorata de leur représentation au Parlement.

Les finances et la guerre de Sécession. — De 1834 à 1861 s'étend une période, peu intéressante au point de vue de notre étude, qui sépare d'un quart de siècle les deux grandes époques de l'histoire de l'amortissement aux État-Unis. Avec Ross et Adams nous la passons sous silence pour nous transporter au moment où, par suite de la guerre civile et des charges qu'elle nécessita, les hommes d'État américains eurent à faire face aux exigences d'une situation financière embarrassante.

Voici la marche que suivit la Dette fédérale dans son ascension rapide :

Le 1er juillet 1861........	90.000.000	dollars.
Le 30 juin 1862..........	524.000.000	—
Le 30 juin 1863..........	1.119.772.138	—
Le 30 juin 1864..........	2.000.000.000	—
Le 31 août 1865	2.845.907.626	—

Dès le début des opérations, le secrétaire de la Trésorerie, M. Chase, avait demandé l'établissement immédiat d'un fonds d'amortissement pour les emprunts à contracter pendant la guerre. L'Act du 25 février 1862, qui faisait un important appel au crédit, lui donna satisfaction. Aux termes de ce document législatif, il devait être prélevé sur le produit des douanes une somme égale au centième de tout le capital de la Dette publique : cette somme formerait la dotation annuelle d'un fonds d'amortissement qui bénéficierait aussi des intérêts afférents aux titres rachetés. Un journal officieux, le *Bankers' Magazine,* insistait pour faire voir qu'il y avait là un véritable contrat par lequel le gouvernement s'engageait vis-à-vis de ses créanciers à amortir ses dettes. Méthode suivie pour amortir les dettes contractées pendant la guerre.

Méthode suivie pour amortir les dettes contractées pendant la guerre. — Malgré tous ces engagements, la loi de 1862 resta lettre morte et, à la fin de la guerre, le secrétaire de la Trésorerie, M. Mac Culloch, feignant d'en ignorer le texte, proposa un fonds d'amortissement calqué sur ceux de 1802 et de 1817. Dans son rapport de 1865, il évaluait la Dette fédérale à environ 3 milliards de dollars en capital et 150 millions en intérêts ; il estimait qu'en affectant au service total de ces emprunts 200 millions de dollars par an, ils seraient complètement éteints au bout de vingt-huit ans.

Les propositions précédentes ne reçurent pas la consécration de l'autorité législative et l'on se contenta d'affecter tout d'abord au remboursement de la Dette les sommes provenant des excédents de recettes sur les dépenses. Comme, en licenciant l'armée et les équipages de la flotte, le gouvernement avait maintenu toutes les taxes et ressources créées pendant la guerre, ces excédents se trouvaient être fort considérables. Ils permirent, dans les quatorze mois qui suivirent le 31 août 1865, de diminuer la dette d'une somme égale à 200.000.000 de dollars. Un tel chiffre était énorme, et il dépassait de 173 millions celui qui aurait été atteint par le simple fonctionnement de la loi de 1862, et de 125 millions celui qu'on aurait obtenu en suivant le programme de M. Mac Culloch.

En même temps, le Congrès essayait d'une autre façon de rétablir l'ordre dans les finances. Un Act du 12 mai 1866 autorisait le secrétaire du Trésor à retirer, dans le délai de six mois, et à annuler 250 millions de papier monnaie (*greenbacks*) et à continuer ensuite ce retrait à raison de 20 millions par mois; lorsque cette opération fut suspendue en 1868, par suite des réclamations des Etats de l'Ouest qui se plaignaient de la raréfaction de l'instrument des échanges, le montant des *greenbacks* en circulation était descendu à 356 millions de dollars, soit les deux cinquièmes seulement de ce qu'il était à la fin de la guerre.

D'un autre côté, le secrétaire du Trésor entreprenait la conversion en titres de la Dette fondée, et principalement en *five-twenties* (5-20), des bons du Trésor remboursables à une assez courte échéance, et dont les arrérages n'étaient payables qu'en papier. Il faisait subir un escompte aux titres qui n'étaient pas arrivés à échéance et n'avaient pas droit encore à la conversion au pair. Il convertit ainsi 3.730 millions de titres à courte échéance et à 7 % d'intérêt, en 3.200 millions de fonds consolidés à 6 %, et obtint par conséquent une réduction de 530 millions sur le chiffre total de la Dette, indépendamment de la réduction sur les arrérages à servir (1).

Résultats obtenus en 1875. — D'après les explications que nous venons de donner, il ressort bien nettement que les pouvoirs publics, tout en faisant de vigoureux efforts pour améliorer la situation financière du pays, ne tinrent aucun compte de l'Act de 1862. On regarda cet Act comme imposant simplement au secrétaire du Trésor l'obligation de maintenir les excédents des recettes sur les dépenses au montant qu'il attribuait à l'amortissement ; mais lorsque les excédents restaient en dessous de ce montant, l'amortissement était sacrifié : ainsi en 1873, il lui fut consacré à peine le quart ou le cinquième de ce que lui accordait l'Act. Et en effet, à cette époque, par suite de la grande crise industrielle et commerciale qui sévit sur le pays, les revenus publics fléchirent notablement. Cela dura jusqu'en 1876, et à cette date le secrétaire du Trésor, M. Morill, éprouva le besoin de montrer aux créanciers de l'Etat qu'ils n'avaient pas à reprocher au gouvernement de ne pas se conformer aux termes stricts de l'Act. Dans son rapport de 1876, il rendait compte que, si l'on avait suivi fidèlement les lignes tracées par le législateur de 1862, la Dette publique aurait été réduite depuis cette époque de 433.848.215 dollars. Le résultat obtenu était bien supérieur : il avait été remboursé pour 656.992.226 dollars, c'est-à-dire que l'on était en

(1) Cucheval-Clarigny, *op. cit.*, p. 124.

avance de 223.144.011 sur ce qui avait été promis aux créanciers. Ceux-ci ne pouvaient donc pas reprocher aux pouvoirs publics de manquer à leurs engagements.

Rapidité de l'amortissement à partir de 1877. — A cette date, les excédents de recettes commencèrent à se montrer en assez grande quantité pour permettre des rachats d'une importance encore plus considérable (1). Ils s'élevèrent bientôt au point de permettre des amortissements colossaux. Voici l'allure vertigineuse suivie dans sa marche descendante par la Dette portant intérêt (2).

En 1878	1.794.735.650	dollars
— 1880	1.723.993.100	—
— 1882	1.463.810.400	—
— 1884	1.226.563.850	—
— 1886	1.146.014.100	—
— 1887	1.021.692.350	—
— 1888	950.522.500	—
— 1890	725.513.110	—
— 1892	685.029.330	—

M. Leroy-Beaulieu critique les Etats-Unis d'avoir suivi une politique d'amortissement aussi rapide, et les accuse « d'avoir péché, au moins pendant les premières années, par trop de précipitation (3) ». Le savant

(1) Ross, *op. cit.*, p. 83.

(2) Nous empruntons les chiffres au *Bulletin de statistique* de novembre 1897, p. 586.

(3) Leroy-Beaulieu, *op. cit.*, p. 408.

publiciste est d'avis qu'il eut été préférable de diminuer un peu l'amortissement et de réduire les droits
de douane. Mais cela n'eut pas fait l'affaire des protec-
tionnistes qui bien souvent, afin de rendre nécessaire
le maintien des impôts existants, poussèrent le Congrès
dans la voie des dépenses inutiles. L'extinction de la
Dette fédérale a d'ailleurs toujours été un article
intangible du programme de tous les partis, *the great
dogma of the democratic principle* (1); et ils ont constamment poursuivi ce but avec l'énergie et la persévérance qu'apporte la race Anglo-Saxonne dans tout
ce qu'elle entreprend.

**Accroissement pendant ces dernières années de la
Dette américaine.** — Devant la disparition rapide des
titres de la Dette publique, le gouvernement finit,
comme cela avait déjà eu lieu en 1834, par se trouver
embarrassé sur les moyens d'employer ses ressources.
Il allait falloir se préparer aussi à modifier tout le système
des *Banques Nationales;* leur pouvoir d'émission repose
en effet sur la quantité de titres de la Dette fédérale
qu'elles doivent posséder et déposer dans les caisses
de l'État. Curieuse préoccupation qui amène à se demander quelles seront les suites d'excédents budgétaires !

Il fallait se défendre contre un excès de richesse et
voici, d'après une intéressante étude de M. Georges-
Raphaël Lévy (2) sur les finances américaines, les

(1) Adams, *op. cit.*, p. 200.

(2) R.-G. Lévy, « Les finances des Etats-Unis », article paru
dans la *Revue des Deux-Mondes* du 1er août 1898.

mesures qui furent prises : « On essaya d'appauvrir le budget en diminuant les recettes et en majorant les dépenses. Le droit sur le sucre, qui rapportait 56 millions en 1889, fut supprimé ; les pensions militaires augmentées d'une somme considérable ; les fonctionnaires et le Parlement pensaient servir l'intérêt public en cherchant tous les moyens de dépenser davantage ». Dans ces conditions l'excédent, proie désignée à tous les appétits, ne dura pas longtemps et le déficit commença à se montrer ; l'état de la circulation monétaire et fiduciaire imposait en même temps au Trésor (1) la nécessité de se procurer de l'or à tout prix. Il fallut alors cesser le rachat des bonds existants pour en émettre de nouveaux ; en 1894, il en fut créé pour 100 millions de dollars ; en 1896, pareille mesure s'imposa, et le 1er juillet 1897 la Dette s'élevait à 847 millions se répartissant de la façon suivante d'après M. R.-G. Lévy :

Emprunt 4 % remboursable le 1er juillet 1907...............	560	millions de dollars
Emprunt 2 % perpétuel........	25	—
Emprunt 5 % rembours⁰ en 1904.	100	—
Emprunt 4 % rembours⁰ en 1925.	162	—
Total........	847	millions de dollars

(1) Le Trésor ne se borne pas, comme en France ou en Angleterre, à percevoir les revenus et à les appliquer aux dépenses ; il est en même temps la première banque d'émission du pays, et ses billets constituent les quatre cinquièmes de la circulation fiduciaire. Aussi la loi lui impose d'avoir une réserve minima en or de 100 millions de dollars.

Les intérêts de l'ensemble de cette dette s'élèvent à 34 millions.

La dette sans intérêt comprend :

Solde non racheté des green-backs émis en 1862 et 1863....	346	millions de dollars
Certificats d'argent émis, en vertu de la loi de 1878, en représentation de dollars d'argent.....	375	—
Billets de 1890 émis en représentation du métal argent acheté de 1890 à 1893..............	114	—
Total.......	835	millions de dollars

Telle était la dette un peu avant l'ouverture des hostilités avec l'Espagne. La guerre a nécessité un emprunt de 200 millions en 3 % au pair, émis en juin 1898; il est remboursable à partir de 1908, à la volonté du Trésor fédéral, mais doit être remboursé au plus tard le 1er août 1918.

CHAPITRE III

L'AMORTISSEMENT EN FRANCE APRÈS 1871

Sommaire : Les idées de M. Thiers. — Remboursement des avances de la Banque de France. — Abandon du plan de M. Thiers. — Tentatives dans le but de reprendre l'amortissement de la dette perpétuelle.

L'amortissement de la Dette publique en France après 1871, et les idées de M. Thiers. — L'illustre homme d'État qui, en des circonstances bien difficiles, présida aux destinées de la France, avec une énergie et un dévouement admirables, s'était toujours montré, au courant de sa longue carrière politique, partisan convaincu de l'amortissement : il avait toujours soutenu que, ne pas s'efforcer de rembourser en temps de paix les dettes contractées pour les besoins de la guerre, c'est pour un gouvernement compromettre l'avenir du pays et rejeter injustement sur les générations futures le poids des malheurs et des fautes des générations présentes. Les difficultés de la situation ne l'empêchèrent pas de mettre courageusement ses

théories en pratique. Nous avons déjà vu qu'il dédaigna
de s'abriter, pour les éluder, derrière le fonctionnement hypocrite de la Caisse d'amortissement; et,
risquant sa popularité, il ne craignit pas de demander
au pays des sacrifices à la hauteur des devoirs dont il
voulait lui imposer l'accomplissement.

Dans son discours du 20 juin 1871 (1) destiné à
montrer à l'étranger que la France était capable de
faire face aux difficultés de la situation, il s'exprimait
en ces termes : « Nous avons pensé que l'on devait
agir courageusement et que l'amortissement que l'on
a eu le tort de ne pas servir au milieu des prospérités
apparentes, mais à mon avis peu durables de l'Empire,
cet amortissement que l'on n'a pas servi, il faut
donner au monde l'exemple de le servir régulièrement.
On aurait pu le fixer à 100 millions; c'était beaucoup,
déjà, quand on succédait à un gouvernement qui n'a
jamais élevé l'amortissement à plus de 20 millions, et
à 40 millions un moment. Nous vous proposons, nous,
de le fixer à 200 millions. »

L'Assemblée nationale eut le patriotisme éclairé de
les accorder. Mais rien ne sert de dire dans une loi
que l'on appliquera 200 millions au remboursement
de la dette, si des excédents courageusement obtenus
ne viennent pourvoir à ce remboursement. Le rapport
de M. Casimir-Périer (2), au nom de la commission
du budget, posa le principe qu'il fallait trouver les

(1) Calmon, *Recueil des Discours parlementaires de M. Thiers,*
t. XIII, pp. 341 et suiv.

(2) *Journal officiel,* 22 juin 1871, annexe nᵒ 332, p. 1514.

ressources à cet effet : « Il faut racheter, disait-il, dans le plus court délai possible, la dette de la guerre; pour pourvoir à ce résultat et donner aux prêteurs pleine sécurité, il faut avoir la résolution de créer des ressources qui soient à la hauteur des besoins. Inspirés de l'exemple des Etats-Unis, montrons notre aptitude à tirer parti des grandes forces du pays ; soyons résignés aux sacrifices. »

Peu après, M. Thiers, qui avait déjà demandé à l'assemblée 500 millions d'impôts nouveaux pour faire face aux charges de la situation, lui réclamait d'en accorder encore 200 autres, afin de permettre l'amortissement dont elle avait voté le principe. Dans son Message du 13 septembre 1871, il s'exprimait ainsi (1) : « La portion des nouveaux impôts qui reste à voter est surtout destinée à faire face au service de l'amortissement, service important, indispensable ; car il ne faut pas assurer seulement l'intérêt des emprunts, il faut en assurer aussi le remboursement ; soin de premier ordre qui vient d'être négligé pendant vingt années, mais qu'il faut reprendre sous peine de forfaiture envers l'avenir, envers les générations qui nous suivent. »

Sur la demande de M. Thiers, l'Assemblée nationale imposa au pays les sacrifices nécessaires, non seulement pour faire face à toutes les dépenses du budget et aux charges des emprunts à contracter, mais encore pour avoir l'excédent de 200 millions promis à l'amortissement. Dans l'esprit du chef du pouvoir exé-

_____

(1) Calmon, *Rec. cit.*, t. XIII, p. 489.

cutif, ces 200 millions devaient être employés d'abord à rembourser à la Banque de France les avances que cet établissement avait faites à l'État. Ce remboursement permettrait à la Banque de renoncer au cours forcé de ces billets, et de replacer la circulation fiduciaire sur des bases solides et indiscutables. La Banque une fois remboursée, l'excédent de 200 millions eut contribué, par l'intermédiaire du compte de liquidation, à couvrir les dépenses de notre réorganisation militaire; il aurait servi, cette œuvre une fois accomplie, à diminuer le poids de la dette, en permettant de racheter d'une façon progressive les titres qui la représentent; et il eût abouti en fin de compte à procurer l'allègement des charges publiques. M. L. Say calculait en 1873 qu'un pareil amortissement aurait éteint, en quarante-trois ans, toute la dette qu'il évaluait alors à 20 milliards (1). Nous allons voir par quelle suite d'événements il n'en a pas été ainsi.

Remboursement des avances de la Banque. — L'ensemble des crédits ouverts à l'État par la Banque, en vertu de diverses conventions, s'éleva à la somme de 1.530 millions; mais le montant des avances fut seulement de 1.425 millions. Les remboursements se firent de la manière suivante :

(1) Cf. Cucheval-Clarigny, *les Finances de la France de 1870 à 1891*, p. 47.

Année	1871	19.610.629ʳ 10
—	1872	180.389.370,90
—	1873	200.000.000 »
—	1874	200.000.000 »
—	1875	225.000.000 »
—	1876	150.000.000 »
—	1877	150.000.000 »
—	1878	150.000.000 »
—	1879	150.000.000 »
	Total	1.425.000.000ʳ »

La réduction des remboursements annuels de 200 à
150 millions eut lieu en vertu d'un traité avec la Banque intervenu le 6 mai 1875, et approuvé par une loi du
3 août de la même année, qui prolongea d'un an la
libération complète de l'État. En effet, il s'était formé
un parti de jour en jour plus puissant; qui réclamait
l'abandon des taxes créées au lendemain de la guerre
et, par suite, l'ajournement des paiements effectués à
notre premier établissement de crédit. Un financier
bien connu, M. Isaac Péreire (1), se faisant le porte-
parole de ce parti s'exprimait en ces termes au sujet
du traité de 1875 qu'il trouvait insuffisant : « Quand
on ne doit plus que 600 millions à un établissement
qui tient tout de l'État, et à qui la société permet de
battre monnaie avec ses billets jusqu'à concurrence de
3 milliards, ce n'est pas prendre une liberté trop
grande que de lui demander plus de quatre années
pour le remboursement d'un solde relativement faible,

(1) Isaac Péreire, *Questions financières*, 1876, p. 0.

et dont la disponibilité eût aidé à l'accomplissement
des réformes les plus urgentes. Avec les moyens qu'aurait fournis l'ajournement des remboursements à la
Banque de France, on aurait pu réduire l'impôt des
boissons, celui du sucre, celui du sel, celui des patentes
et faire ainsi une expérience semblable à celle qui a
pleinement réussi en Angleterre; expérience dont les
résultats ont procuré de très grands accroissements de
produits comme conséquence naturelle de l'abaissement des taxes, et amélioré le bien-être des masses,
en augmentant l'aisance des riches par le développement donné à l'industrie et au commerce. » Mais comprenant la nécessité de remettre la circulation fiduciaire
sur son pied normal, le gouvernement ne voulut pas
céder, et la libération de l'État vis-à-vis de la Banque
ne fut pas prolongée de plus d'une année par rapport au délai qui avait été primitivement prévu.

M. Leroy-Beaulieu (1) conteste le caractère d'amortissement aux remboursements que nous venons de
voir opérer; en effet, pendant que l'on remboursait
d'un côté, il fallait puiser de l'autre à un compte spécial comprenant les reliquats d'emprunts, et alimenté
à l'aide d'émissions d'obligations du Trésor. Il n'était
malheureusement pas possible de faire autrement, et
M. Thiers (2) ne se faisait d'ailleurs pas illusion à ce
sujet : « Je voudrais bien que nous fussions ici en présence d'un amortissement véritable, disait-il dans son
discours du 13 janvier 1872, je le voudrais; malheu-

(1) *Loc. cit.*, p. 481.
(2) Calmon, *Rec. cit.*, t. XIV, p. 25

reusement il n'en est rien. Votre amortissement réel ne commencera que dans quelques années; et les 200 millions dont il s'agit, que par une loi vous vous engagez à verser tous les ans, sont destinés à la Banque. Ce sont ces 200 millions qui peuvent seuls faire cesser l'existence non pas du papier monnaie, mais du billet de banque non remboursable à bureau ouvert; c'est pour rentrer dans le paiement en argent, seule sécurité infaillible dans les affaires, que vous donnerez, pendant trois ou quatre ans, ces 200 millions à la Banque de France. » Il importait, en effet, de restituer à cet établissement la totalité de ses ressources, afin d'éviter toute dépréciation dans la circulation de ses billets; il n'importait pas moins de lui rendre sa complète indépendance dans ses rapports avec le Gouvernement (1).

Abandon du plan de M. Thiers. — Bien souvent (2),

(1) M. L. Say, en présentant le budget de 1870, a très nettement défini le caractère de cette opération financière : « La liquidation des avances faites par la Banque à l'Etat ne s'est pas accomplie, il est vrai, par la voie de l'amortissement, et des dettes aussi importantes que celles qu'on éteignait ont été contractées d'autre part; mais on a substitué, au grand profit du crédit public, un créancier à un autre. Le créancier qu'on n'a plus, c'est la situation monétaire du pays à laquelle on avait emprunté jusqu'à un milliard et demi de francs; le créancier nouveau, c'est le capitaliste qui a trouvé dans les opérations du Trésor l'emploi de ressources réelles. L'Etat y perd la différence d'intérêt; mais cette différence est rachetée avec avantage par la solidité inébranlable que la situation du pays se trouve avoir acquise. »

(2) Voir notamment, dans le *Recueil* de Calmon, le discours du 12 juillet 1872, t. XIV, p. 480; — Voir également, sur le même

dans les nombreux discours financiers prononcés au cours de sa magistrature suprême, M. Thiers félicitant l'Assemblée nationale d'avoir, aux impôts nouveaux, ajouté un excédent de 200 millions, l'exhorta à maintenir fidèlement cet excédent qui, une fois la Banque remboursée et les paiements en espèces repris, permettrait « d'opposer à une dette énorme, un amortissement assez puissant pour être mis en parallèle avec cette dette, sans être écrasé par la comparaison. » On ne saurait trop prodiguer les éloges à ce plan, inspiré par la plus sage prévoyance de l'avenir; à l'exemple des Etats-Unis, les fondateurs de notre République voulaient maintenir les recettes à un niveau assez élevé pour fournir un amortissement proportionné à l'énormité des dettes que nous avaient fait contracter nos fautes et nos malheurs.

En rappelant si fréquemment aux mandataires du pays l'engagement qu'ils avaient pris de consacrer tous les ans 200 millions à l'extinction de la dette publique, M. Thiers avait peut-être la prescience de ce qui allait se passer, lui disparu. Et, en effet, on ne tarda pas (1) à méconnaître la sagesse des idées qu'il s'était efforcé de faire triompher durant son trop court passage au pouvoir. Son programme pouvait se ramener à deux points essentiels : maintien des recettes à un niveau supérieur de 200 millions à celui des dépenses ;

point, l'exposé des motifs de la loi relative à l'emprunt de 3 milliards.

(1) Voir à ce sujet un intéressant article de M. Cucheval-Clarigny, dans la *Revue des Deux-Mondes* du 1er août 1881.

cessation de tout emprunt direct ou indirect. Aucun de ces deux points ne fut observé.

On commença par réduire de cinquante millions le chiffre des paiements annuels à faire à la Banque. On peut même dire que le dernier de ces paiements ne fut effectué que par un simple jeu d'écritures, une compensation ainsi que le prétendait M. L. Say, au moyen d'un traité qui, en échange de l'exemption du timbre accordée à ses billets, imposait à notre grand établissement financier l'obligation de porter de soixante à cent quarante millions, l'avance de fonds qu'il était tenu de faire gratuitement au Trésor. En même temps, le Parlement s'autorisa de ce qu'il avait ainsi moins à demander aux recettes pour supprimer quelques taxes et en réduire d'autres. Les tentatives de dégrèvement avaient déja commencé sous la présidence de M. Thiers, et celui-ci les repoussa toujours avec énergie. Mais après lui, elles furent couronnées de succès, et M. Mathieu Bodet (1) calcule que le total des dégrèvements atteignait, au mois d'août 1880, le montant énorme de 323.590.236 francs. Sans doute, les impôts subsistants donnaient d'une année à l'autre des plus-values quelquefois considérables, mais on était loin d'atteindre les deux cents millions qu'avait voulu M. Thiers. Pendant la période des remboursements à la Banque, les excédents furent les suivants (2) :

(1) Mathieu-Bodet, *les Finances françaises de 1870 à 1878*, t. II, p. 400.

(2) Léon Say, *les Finances de la France*, p. 43.

Année 1875	....	78.490.423ʳ14
— 1876	....	98.204.823,62
— 1877	....	63.811.308,84
— 1878	....	60.084.946,23
— 1879	....	65.198.624,82

En 1879 les remboursements prirent fin et, d'après le plan de M. Thiers, les cent cinquante millions annuellement affectés à cette destination devaient continuer à être inscrits au budget, afin de servir à l'amortissement des obligations sexennaires émises pour pourvoir aux dépenses du deuxième compte de liquidation (1). Mais on adopta alors le fameux système de travaux publics imaginé par M. de Freycinet, et M. Léon Say créa pour lui fournir les ressources nécessaires, les obligations trentenaires et la rente amortissable; le Parlement possédé de la passion des dépenses, trouva superflu de maintenir au budget un crédit spécial d'amortissement et le Ministre des finances jugea tout naturel de ne pas lui demander pareil effort : « Il faut, disait-il, abandonner l'hypothèse de l'assignation des bons sexennaires sur les ressources des exercices dans lesquels ils doivent être payés, puisque les crédits qu'on destinait à ce remboursement sont, dès à présent, entamés au profit des intérêts et de l'amortisse-

(1) Le premier compte de liquidation avait été alimenté par des ressources spéciales : produit des rentes de la Caisse d'amortissement et de la Caisse de la dotation de l'armée, soulte de l'emprunt Morgan, etc... Il fut émis, pour les besoins du deuxième compte, un total d'obligations sexennaires s'élevant à 982.044.144 fr.

ment des ressources extraordinaires créées pour faire face aux dépenses des travaux publics (1) ».

Aussi en vertu de ce principe, M. Léon Say, dans son budget de 1880, ne prévoyait des ressources que pour le remboursement de quatre-vingt-onze millions d'obligations sexennaires, alors que le nombre de celles arrivant à échéance s'élevait à cent soixante-sept millions; il introduisait simplement dans la loi de finances un article, toujours reproduit depuis, en vertu duquel tous les excédents de l'exercice, s'il s'en produisait, devaient être affectés aux obligations devenues remboursables; et les obligations qui n'auraient pu être remboursées devaient être remplacées par de nouvelles obligations à court terme émises dans la même forme que celles qu'on aurait payées. « C'était prévoir pour le Trésor, comme le dit fort bien M. Cucheval-Clarigny, la situation de ces commerçants besogneux qui n'échappent que par des renouvellements onéreux à la constatation de leur insolvabilité. » L'exemple donné par M. Léon Say a été imité par ses successeurs au ministère des finances, et transformant en système un moyen de Trésorerie, qui aurait du seulement être employé à titre d'exception pour les années peu favorisées au point de vue budgétaire, ils n'ont jamais porté au fameux Chapitre V du budget que des sommes insuffisantes pour les obligations à rembourser; ils se réservaient, comme chose toute naturelle, de renouveler le surplus des effets échus. Heureusement que le

____

(1) Léon Say cité par M. Cucheval-Clarigny, *op. cit.*, p. 120.

Trésor avait affaire à des créanciers de bonne composition, les Caisses d'épargne; les fonds de ces établissements servirent à alimenter cette nouvelle partie de la dette flottante.

D'ailleurs, instituées à l'origine pour subvenir aux besoins du deuxième compte de liquidation, c'est-à-dire pour permettre la réfection de notre outillage militaire, sans avoir recours à des emprunts avoués, les obligations sexennaires ne tardèrent pas à paraître un instrument de crédit extrêmement commode; par l'intermédiaire du budget extraordinaire qui, en 1878, avait succédé au compte de liquidation, elles servirent à alimenter la Caisse des écoles et celle des chemins vicinaux; et, plus tard, lorsque pour alléger le budget on voulut lui retirer le paiement des garanties d'intérêt aux Compagnies de chemin de fer, ce fut encore aux obligations à court terme que l'administration des finances eut recours.

Pendant que l'on étendait l'usage de cet instrument de Trésorerie, on diminuait incessamment les crédits destinés à subvenir aux remboursements que son fonctionnement normal eût nécessités. Ces crédits, qui d'après les idées de M. Thiers, devaient être de 200 millions de façon à éteindre vers 1890 toute cette dette à court terme, avaient déjà été réduits par M. L. Say en 1879 au chiffre de 91 millions; ils flottèrent quelques années dans les environs de 100 millions, puis à partir de 1885, ils baissèrent rapidement. La Commission du budget les fixant pour 1887 à 70 millions donnait une raison assez curieuse pour expliquer qu'ils ne fussent pas à la hauteur des obligations venant à échéance dans le courant de l'année : « Ce qui importait en réalité, disait-elle, c'était de proportionner la réserve de l'amortissement au montant des emprunts à contracter dans l'année, c'est-à-dire au chiffre des obligations à émettre plutôt qu'à l'importance de l'échéance ». C'était tout à fait le cas, comme le fait remarquer M. Cucheval Clarigny (1) d'un négociant qui, afin d'éviter la peine de chercher des ressources suffisantes pour faire entièrement face à ses engagements, imaginerait de proportionner le remboursement de ses dettes échues à l'importance des nouvelles dettes qu'il se proposerait de contracter.

L'extension indéfinie des obligations à court terme renvoyait donc à une date indéterminée l'exécution du plan de M. Thiers, qui attendait leur extinction pour affecter les excédents budgétaires disponibles à l'amortissement de la dette permanente de l'Etat. Elle créait, en outre, un état de choses dangereux par suite des facilités qu'elle offrait à l'accroissement des dépenses publiques en permettant au Parlement de se dispenser de créer les ressources correspondantes. « Ce développement des obligations à court terme, dit M. Delombre (2) dans son magistral rapport sur le budget de 1895, ne fut resté admissible que dans l'hypothèse où des crédits suffisants eussent été maintenus au budget pour faire face aux échéances des titres. On peut même concevoir (*et c'était la conception de M. Thiers*) un système dans lequel avec un fonds d'amortissement

____

(1) *Les Finances de la France de 1870 à 1891*, p. 300.
(2) Chambre des députés, session de 1894, annexe nº 003, p. 43.

sévèrement constitué, des obligations à court terme
permettraient d'anticiper quelque peu sur l'avenir,
pour ménager au pays, soit des travaux productifs,
soit l'économie d'un emprunt en rentes consolidées.
Longtemps, l'ancien chapitre V du ministère des
finances pût être tenu, à bon droit, pour la clef de
voûte du budget, parce qu'il assurait l'amortissement des obligations à court terme devenues une
ressource courante pour l'Etat. Mais, le jour où la
dotation du chapitre V se vit réduite, en dépit des
regrets exprimés par les commissions du budget, on
fut acculé à des renouvellements successifs en contra-
diction directe avec le caractère même des obligations à court terme. En fait, ces titres avaient fini par
devenir des billets, auxquels l'Etat recourait pour
tous ses besoins extraordinaires, et dont il se montrait
d'autant moins avare qu'il n'avait même plus à constituer de réserves pour les rembourser. Il n'était pas
possible qu'on ne s'émût pas de cette situation ».

**Tentatives dans le but de reprendre l'amortissement
de la Dette perpétuelle. —** En préparant le budget de
1887, le ministre des finances, M. Carnot, reconnut,
en présence d'une dette flottante de 1.539.455.400 fr.,
la nécessité de rétablir l'équilibre entre les recettes et
les dépenses courantes. Il comprit que l'on ne pourrait y arriver si l'on ne se décidait à supprimer le budget extraordinaire et à en incorporer les dépenses au budget ordinaire ; alors seulement le Parlement se verrait
obligé d'en assurer le service, au moyen de ressources
normales. Le renouvellement indéfini d'engagements

que l'on était censé prendre seulement pour six ans répugnait aussi à la loyauté de M. Carnot ; il croyait plus digne des finances de la France de les consolider définitivement en engagements perpétuels.

En conséquence, le projet de loi de finances pour l'exercice 1887 supprimait à la fois et le budget extraordinaire et l'instrument financier qui avait servi à le faire fonctionner. Le remboursement des 466 millions d'obligations sexennaires en cours serait fait au moyen de sommes à valoir sur l'emprunt rendu nécessaire par les circonstances du moment, et qui serait augmenté en proportion ; sur cet emprunt on prélèverait également les 152 millions déjà votés pour le budget de 1886, et les 105 millions inscrites au budget du ministère de la guerre pour solde du deuxième compte de liquidation, toutes sommes qu'il aurait fallu autrement se procurer par l'émission d'obligations à l'échéance de 1892. Les obligations sexennaires seraient à l'avenir exclusivement réservées au compte des avances faites pour garantie d'intérêts aux Compagnies de chemins de fer, avances remboursables par celles-ci, comme on le sait, avec intérêt à 4 %.

Mais la suppression du budget extraordinaire, et des largesses qu'il permettait de faire aux départements et aux communes, n'était pas l'affaire d'une Chambre qui trouvait en ces largesses un puissant levier électoral. La mesure proposée par M. Carnot fut rejetée par la commission des finances : « Vouloir supprimer le budget extraordinaire, disait le rapporteur M. Wilson, c'est se condamner à réduire d'abord, puis à suspendre prochainement tous les grands travaux dont ne voudront ou ne pourront pas se charger les Compagnies de chemins de fer. C'est d'une manière générale s'interdire toute dépense qui ne pourrait rentrer dans le cadre des dépenses ordinaires. Ce programme paraît irréalisable à votre Commission. » La Chambre donna raison à M. Wilson. Le maintien du budget extraordinaire entraînait le refus de laisser convertir en rentes perpétuelles, les obligations sexennaires en cours; mais la Commission du budget, pas plus que les Commissions précédentes, ne se préoccupa de chercher les moyens de rembourser celles qui venaient à échéance.

Cependant les adversaires du Gouvernement (1), critiquaient depuis longtemps l'insuffisance des crédits affectés au chapitre V du ministère des finances. Ils se rappelaient que les ressources de ce chapitre devaient, aussitôt après l'extinction des obligations en cours, former la dotation d'un amortissement de la Dette perpétuelle; mais ils voyaient que cette extinction reculait sans cesse, et qu'elle était destinée à être retardée indéfiniment par les renouvellements de chaque exercice. Lors de la discussion de l'emprunt de 900 millions, le Gouvernement avait bien promis d'inscrire au budget de 1887, une dotation qui amortirait la somme à émettre en 3 % perpétuel, dans un espace de temps égal à celui dans lequel se trouverait amortie la même somme empruntée en 3 % amortissable. Mais cette promesse ne parut pas suffisante au groupe de la gauche radicale, et MM. Camille Dreyfus, Bur-

____

(1) Voir, notamment, un très beau discours de M. Chesnelong, *Journal officiel* de 1886, Débats parlementaires du Sénat, p. 671.

deau, Lefèvre et de Hérédia, présentèrent au nom de leurs amis, l'article additionnel suivant : « La loi de finances ouvrira à l'amortissement du 3 % perpétuel un crédit fixé annuellement. Cet amortissement aura le caractère obligatoire de la Dette. Le crédit y relatif sera inscrit à un chapitre spécial ouvert à la première partie du budget ordinaire des dépenses de l'exercice, section de la Dette consolidée ». La Chambre vota cet amendement, mais le Sénat le repoussa avec raison : étant donné les embarras de la situation financière, embarras que la Chambre venait de se refuser à liquider, une pareille mesure n'aurait jamais pu être qu'illusoire.

L'année suivante le ministre des finances, c'était M. Peytral, fut plus heureux que ne l'avait été M. Carnot, et parvint à faire limiter le budget extraordinaire aux dépenses de la guerre et de la marine. Mais bien qu'émises dans une moins forte proportion, les obligations à court terme n'en continuèrent pas moins à s'accumuler par leurs renouvellements successifs et M. Rouvier se trouva, en 1890, au ministère des finances, avec la perspective d'en avoir en circulation pour plus de 1.100 millions. Les dangers de la situation ne pouvaient échapper à un aussi habile financier et, lorsqu'il dressa le budget de 1891, il proposa d'éteindre, au moyen d'un emprunt de consolidation, toutes celles des obligations à court terme qui n'auraient pas été émises pour couvrir des garanties d'intérêt : ces dernières peuvent être, en effet, considérées comme une sorte de placement temporaire, puisque les garanties portent intérêt et doivent finalement être remboursées. L'exposé des motifs (1) s'exprimait ainsi : « Tant qu'on a pu penser que les frais de la reconstitution de nos forces militaires seraient momentanés, et que l'effort à faire dans ce but serait passager, il a paru légitime d'affecter à des crédits que l'on croyait extraordinaires, des recettes extraordinaires également. Le système des obligations à court terme offrait de sérieux avantages. Il se justifie aisément pour des emprunts spéciaux et tout passagers, tels que ceux qu'avaient paru nécessiter soit nos comptes de liquidation, soit les budgets ordinaires qui leur ont succédé. Mais dès qu'on acquiert la certitude de la permanence d'une dépense, ou bien dès qu'on se voit dans l'impossibilité de lui assigner tout au moins un terme précis, le devoir du Gouvernement et des Chambres est tout tracé : à cette dépense qui apparaît clairement comme ordinaire, des recettes ordinaires doivent faire face. Ce n'est pas à l'emprunt, c'est à l'impôt à la couvrir ».

Le ministre ne se dissimulait pas qu'en grevant le budget ordinaire de toutes les dépenses qualifiées jusqu'alors d'extraordinaires, il lui demandait un grand effort ; aussi jugeait-il impossible de lui imposer l'amortissement réel des obligations existantes. D'un autre côté on ne pouvait faire passer leur renouvellement indéfini à l'état de principe financier. Et alors une une solution s'imposait, c'était leur consolidation. Le Parlement adopta, par la loi du 24 décembre 1890,

____

(1) *Journal officiel* de 1890, p. 286, Documents parlementaires de la Chambre, n° 367.

les idées de M. Rouvier, et après l'emprunt de
869.487.999 fr. 60 c. (1), il ne resta plus en circulation
que pour 380 millions d'obligations sexennaires émises
pour garanties d'intérêts. L'article 61 de la loi de
finances du 26 décembre 1890, reproduit dans les lois
ultérieures, décidait que les excédents de recettes qui
seraient constatés en clôture des exercices 1890 et 1891
devraient affectés à l'atténuation des charges résultant
des garanties d'intérêts, soit par voie de réduction
des émissions d'obligations à réaliser, soit par voie de
remboursement d'obligations venant à échéance.

Après la consolidation du 24 décembre 1890, il semble
que notre situation financière fut arrivée au point où
M. Thiers avait pensé que l'on devrait s'attaquer à
l'amortissement de la dette perpétuelle. M. Rouvier se
rappelait peut-être le plan conçu dix-neuf ans plus tôt
par l'illustre homme d'Etat, et il inscrivit dans ce but à
son projet de budget un chapitre portant crédit de
3.500.000 francs. C'était bien peu ; mais le ministre rendait toutefois hommage à un principe et pouvait espérer
ouvrir ainsi la voie à des efforts plus sérieux. La Commission du budget repoussa la création du chapitre parce
que « elle considérait comme difficile d'obtenir de la
Chambre qu'elle augmentât les impôts pour augmenter
l'amortissement ».

M. Léon Say monta à la tribune pour reprendre

____

(1) Sur cette somme il y eut 171.550.000 fr. affectés au remboursement du solde des bons de liquidation émis pour réparation des
dommages causés en 1871 par la Commune, et au remboursement
du solde des obligations trentennaires émises pour travaux publics.

le projet du gouvernement, et il présenta un amendement ayant pour but de porter à 27.289.000 francs le chiffre de M. Rouvier. Il eut beau démontrer que le gouvernement avait le droit de demander de nouveaux sacrifices pour établir les finances sur une base solide et que la Chambre devait avoir le courage de les consentir, il ne fut pas écouté. M. L. Say pouvait se repentir d'avoir, en 1873, porté la première atteinte à l'œuvre de M. Thiers en faisant entrevoir la nécessité des remaniements et des dégrèvements d'impôts : il avait ainsi ouvert une voie dangereuse au cours de laquelle les Chambres avaient peu à peu pris l'habitude de considérer comme nuisible et inutile toute charge imposée aux contribuables dans le but d'amortir les dettes de l'Etat.

Des tentatives faites par MM. Burdeau et Poincaré, lors de leur passage à l'administration des finances, n'eurent pas plus de succès ; elles furent rejetées par la Commission du budget et l'on peut dire que, depuis 1871, si la dette perpétuelle a été augmentée bien des fois, jamais on n'a rien fait pour la diminuer.

CHAPITRE IV

L'AMORTISSEMENT OBLIGATOIREMENT INSCRIT AU BUDGET

Sommaire : Appréciation de l'amortissement facultatif. — L'amortissement basé sur les excédents est une doctrine négative et ne peut constituer une théorie positive. — Des ressources destinées à l'amortissement. — Méthode anglaise : le *New sinking fund* de 1875. — L'amortissement en Prusse, les lois du 27 mars 1882 et du 8 mars 1897. — Affectation à l'amortissement d'une branche de revenus publics ; l'amortissement en Angleterre et le rachat de certains impôts.

Appréciation de l'amortissement facultatif. — Nous venons d'étudier le procédé qui consiste à affecter à l'amortissement de la dette les excédents budgétaires à mesure qu'ils se présentent et dans la proportion où ils se présentent. Les Etats-Unis ont pu ainsi accomplir une œuvre financière colossale ; mais, en Angleterre, les résultats obtenus ont été bien minces, et, en France, lorsque les remboursements à la Banque furent terminés et qu'il s'agit de consacrer à l'amortissement les surplus de ressources préparés par la sage prévoyance de M. Thiers, on les vit disparaître comme par enchantement et rien ne fut fait pour l'allègement de la dette perpétuelle. Si nous avions suivi l'Autriche et les pays Allemands, passant eux aussi du système des Caisses d'amortissement à l'amortissement facultatif, nous aurions également constaté dans ces Etats, une diminution progressive des efforts faits dans le but d'éteindre la dette et finalement la cessation de tout amortissement, *eine weitere Verminderung der Tilgung bis diese schlieszlich ganz aufhören dürfte* (1).

En effet, en face de la doctrine de l'amortissement, il s'est établi peu à peu cette autre doctrine que tous les excédents budgétaires appartiennent aux contribuables et doivent leur être restitués et que, au point de vue de la richesse publique, l'on arrive à des résultats meilleurs en dégrevant les impôts qu'en amortissant la dette. Alors même que les hommes d'Etat n'acceptent pas cette théorie, ils se voient obligés de l'appliquer. Le régime parlementaire les met à la merci de la représentation nationale et celle-ci, en général, pratique rarement une politique assez large pour ambitionner des résultats sérieux mais éloignés comme ceux de l'amortissement, résultats dont la poursuite est longue et pénible, et qui n'ont pas l'avantage de pouvoir être obtenus juste aux époques de réélection. Aussi M. Gladstone s'est plaint maintes fois de l'impossibilité, pour un Chancelier de l'Echiquier, de décider la Chambre des Communes à conserver un excédent considérable pour l'appliquer à la

____

(1) Otto Schwarz, *Staatsschuldentilgung in den gröszeren Europäischen und Deutschen Staaten* (Berlin, 1890), p. 50.

réduction de la dette publique ; et un autre homme d'État anglais a pu dire, avec raison, que ne pas amortir et toujours dégrever, c'était le moyen de devenir le personnage le plus populaire des Trois-Royaumes.

En Angleterre un budget en déficit est comme une maison de commerce qui serait au-dessous de ses affaires et, s'il est difficile à ce pays de conserver des excédents budgétaires, la difficulté est au moins aussi grande en France et chez tous les grands États modernes. Aussi l'amortissement facultatif offre-t-il un danger grave, celui de détourner de tout amortissement, sous prétexte que l'on ne peut ménager au budget une réserve suffisante pour y faire face ; prétendre que l'on amortira avec les excédents et dans la mesure des excédents, c'est le plus souvent, comme le dit M. de Stein (1), une phrase vide de tout sens, si elle ne veut dire, toutefois, que l'on se résigne à ne plus amortir, *eine leere Phrase, die nichts bedeutet, als dasz der Staat überhaupt nicht ferner eine Tilgung vornehmen wolle.*

Il n'en a pas été ainsi pour les États-Unis, et nous avons vu avec quelle énergie ce pays, conservant pendant un certain temps ses taxes de guerre, avait amorti sa dette. Mais il faut convenir que la grande république américaine était dans une situation tout à fait particulière. D'abord, elle avait le bonheur de ne pas faire partie de la vieille Europe, condamnée à vivre sur le pied d'une paix armée plus dure à supporter que la guerre et elle put, au 'endemain de

(1) L. von Stein, *op. cit.*, t. IV, p. 364.

ses désastres, faire des économies considérables par le licenciement presque complet des troupes. Ensuite, sa situation de grand fournisseur de produits agricoles et de matières premières lui permettait d'élever de formidables tarifs douaniers, sans avoir à craindre grand chose pour le développement de son commerce extérieur. Et, comme le fait remarquer un auteur américain (1), « peut-être les Etats-Unis n'eussent-ils pas persévéré dans leur politique d'amortissement rapide, s'il avait fallu la défrayer avec des taxes pareilles à celles des autres peuples. Mais ils pouvaient se dire que, par leur tarif magiquement protecteur, *magical protective tariff*, ils faisaient payer leurs dettes aux manufacturiers étrangers, et c'est peut-être cette satisfaisante idée, qui leur a donné la force d'amortir pour environ deux millions de dollars. »

L'amortissement basé sur les excédents et une doctrine négative, ce ne peut être une théorie positive. — Donc, en thèse générale et sauf l'exception des États-Unis, prétendre que l'on amortira avec des excédents, c'est se résigner à ne jamais amortir ou du moins à n'amortir que d'une manière insuffisante, car toutes les fois que les excédents se présentent, il est presque impossible de se dispenser de les rendre aux contribuables sous forme de dégrèvements d'impôts. Prétendre qu'il faut amortir avec des excédents, ce n'est pas proposer une méthode d'amortissement : c'est dire tout simplement qu'il faut laisser de côté les vieux erre-

(1) Edward-A. Ross., *Sinking Funds*, p. 90.

ments d'autrefois et ne pas croire que, pour amortir, des combinaisons financières quelconques peuvent suppléer à des ressources budgétaires absentes ; c'est dire qu'il vaut mieux ne pas amortir, lorsqu'il faut recourir pour cela aux emprunts ou à tout autre expédient.

Dans le premier cas, l'amortissement est une fiction chère et coûteuse : on amortit sur le papier, mais non en réalité ; au lieu de diminuer la dette on ne fait que la grossir. Quant aux autres expédients que l'on peut imaginer, l'histoire nous montre qu'ils sont toujours désastreux. Ainsi en 1816, époque où fut créée notre Caisse d'amortissement, le gouvernement rétablit la vénalité des offices, pour se procurer environ 50 millions d'excédents de cautionnements. « C'est pour cette mince avance, comme le dit avec raison M. Leroy-Beaulieu (1), faite en partie par les notaires, les avoués, les greffiers, les agents de change, que ces professions devinrent fermées, furent soustraites à la libre concurrence, et que l'on créa en France un régime qui grève les transactions de frais énormes et inutiles. Vraiment n'eut-il pas mieux valu retarder de quelques années l'amortissement, que de l'inaugurer en recourant à des expédients aussi désastreux ? » Ne peut-on adresser le même reproche à la vente des forêts domaniales érigée en système, alors que l'importance toute particulière de la grande propriété forestière fait désirer de la voir rester aux mains de l'État. W. Roscher (2) a une comparaison heureuse à ce sujet ; c'est, dit-il,

(1) *Op. cit.*, p. 448.
(2) *System der Finanzwissenschaft*, § 140.

ressembler au sauvage qui abat l'arbre, afin d'en avoir plustôt les fruits, *dem Wilden gleichen, welcher den Baum fällt, deren Früchte ergenieszen will.*

Lorsqu'un pays veut sérieusement travailler à éteindre sa dette, il doit bannir tout procédé qui ne repose pas sur des excédents de revenus périodiquement renouvelables. C'est là une doctrine négative, signifiant que l'État ne doit pas amortir à contre temps, mais non une théorie positive indiquant les procédés à employer pour amortir (1). Il n'est pas possible de baser une méthode financière sérieusement efficace sur quelque chose d'élastique, de peu défini, de contingent, comme se trouve être, en général, l'existence d'excédents budgétaires. Même en supposant abondantes les ressources d'un exercice, il y aura ou non un excédent suivant la façon dont les administrations publiques auront mesuré leurs dépenses, suivant la plus ou moins grande habileté du ministre qui aura préparé la loi de finances, suivant les idées du gouvernement et des Chambres du moment. Et c'est précisément dans les États très endettés, lourdement chargés par le service des intérêts à payer aux créanciers, que les excédents apparaîtront le plus rarement. Il est absurde, en principe, d'amortir sans excédents ; mais c'est être bien imprévoyant que se croiser les bras, en attendant l'apparition des excédents. Il faut se demander, au contraire, comment on devra se les procurer

(1) Cf. L. von Stein, *op. cit.,* t. IV, p. 362, et Schwarz, *op. cit.,* p. 50.

afin de pouvoir travailler à l'amortissement d'une façon sérieuse et efficace.

Des ressources destinées à l'amortissement. — Il faut donc bannir l'amortissement facultatif, si on entend par là celui qui attend pour agir sur la dette que les excédents soient définitivement acquis en fin d'exercice. C'est une illusion de croire que les excécédents se créent d'eux-mêmes, et si l'État veut en avoir pour les faire servir à l'amortissement il doit s'imposer d'avance le devoir de se les procurer : c'est-à-dire que le ministre des finances doit inscrire comme dépenses obligatoires à son projet de budget les sommes destinées à servir au remboursement de la dette. Le budget doit comprendre toutes les dépenses nécessaires, sans lesquelles l'État remplirait imparfaitement sa fonction et les dépenses d'amortissement ont précisément ce caractère ; il est certainement permis de dire qu'un budget sans crédits affectés à cette destination est en déficit de toutes les sommes qui, d'après la situation financière, devraient être consacrées à ce but par un gouvernement sage et prévoyant.

Nous croyons donc qu'il faut modifier la formule de *l'amortissement basé sur les excédents budgétaires* et la remplacer par celle-ci, *l'amortissement basé sur les ressources budgétaires*. Cela veut dire que les dépenses nécessitées par le remboursement de la dette et corrélativement les sommes destinées à y faire face, doivent être considérées comme faisant partie de l'équilibre budgétaire et être prévues au budget annuel. Ainsi envisagé, l'amortissement n'est plus facultatif, il devient obligatoire et, tout en restant subordonné aux disponibilités de l'année, il n'est plus soumis à l'éventualité problématique de l'apparition d'excédents en fin d'exercice. On évite de cette façon et les illusions de l'amortissement facultatif qui, le plus souvent, n'amortit pas du tout ou ne le fait que d'une façon dérisoire, et les illusions encore plus dangereuses des Caisses ou fonds d'amortissement à intérêt composé, qui prétendent amortir même à coups d'emprunts ou d'expédients financiers peu recommandables.

Il y a plusieurs moyens d'inscrire au budget les dépenses de l'amortissement. On peut affecter à ce but une somme déterminée : c'est ainsi, nous l'avons vu, que dans l'esprit de M. Thiers une somme de 200 millions, prise sur les recettes budgétaires qui avaient été aménagées en conséquence, devait être affectée au remboursement de la dette consolidée, une fois les paiements à la Banque terminés et le compte de liquidation entièrement éteint. Nous avons expliqué comment eut fonctionné ce plan d'amortissement, si le peu d'énergie des gouvernements suivants ne l'avait laissé tomber à l'eau. Il est inutile de revenir là-dessus, mais nous allons étudier les procédés suivis en Angleterre et en Prusse pour inscrire au budget un crédit déterminé d'amortissement. Dans le premier de ces deux pays on affecte au service de la dette une somme fixe, dont le montant est supérieur au montant des arrérages ; l'excédent est employé à l'amortissement. En Prusse on inscrit au budget, dans le même but, un crédit égal à un tant pour cent du capital nominal de la dette. Enfin, dans certains pays, on affecte au remboursement des créanciers une branche déterminée des revenus publics; on peut rapprocher de ce système celui qui est employé en Angleterre et qui consiste à affecter à l'amortissement, les sommes provenant du rachat de certains impôts.

Méthode Anglaise ; le New Sinking Fund de 1875. — On se rappelle les minces résultats qu'à donné en Angleterre l'amortissement facultatif adopté par l'Act de 1829. Ce fut une politique constante de la part du Parlement de diminuer autant que possible les impôts et de laisser au peuple le soin d'employer lui-même les excédents qu'on lui abandonnait ainsi, *let money fructify in the pockets of the people*. Aussi, M. Gladstone jugea-t-il prudent d'adopter le procédé que nous verrons plus loin, consistant en la transformation de la dette perpétuelle en dette remboursable par annuités : c'était amoindrir les excédents, les ressources libres du budget et, par suite, diminuer la possibilité pour les députés de réclamer des réductions de taxes.

En 1875, le jeu des annuités terminables avait déjà allégé la dette de L. 120.000.000, pendant que les rachats opérés par le fonds d'amortissement de 1829, l'*Old sinking fund*, ne l'avaient fait décroître que de L. 40.000.000 et encore il avait fallu, d'un autre côté, l'augmenter à diverses reprises d'une somme totale de L. 73.000.000. En exposant ces résultats, le chancelier de l'Echiquier, Sir Stafford Northcote, déclarait à la Chambre des Communes qu'elle n'avait pas le droit d'être fière, *to be proud*, d'un pareil résultat. Il lui rappelait que les efforts pour la réduction de la dette doivent se mesurer sur l'état général du pays et de ses charges : « Nous faisons, disait-il, quelque chose mais nous sommes loin de faire tout ce que nous pourrions faire. Nous payons cette année L. 27.200.000 pour le service de la dette, mais rappelons nous que nos anciens depuis la conclusion de la paix jusqu'à 1860, et notre génération à ses débuts, n'ont jamais payé de ce chef moins de 28 millions par an et ont souvent payé beaucoup plus ».

Vu le développement de la prospérité publique, Sir Stafford croyait que l'on pouvait reporter de nouveau à 28 millions le crédit affecté au service de la dette ; ce chiffre était plus élevé que celui des arrérages à payer annuellement, et l'excédent serait consacré au rachat de titres de rente. « Il est évident, dit M. Cucheval-Clarigny (1), que dans la pensée de Sir St-Northcote, ce chiffre de 28 millions devait faire illusion au public, et lui dissimuler l'accroissement régulier des ressources de l'amortissement. A moins de suivre de très près les affaires publiques, et d'être très expert à déchiffrer les comptes succincts et assez embrouillés de la Trésorerie, qui pourrait se flatter de démêler dans cette somme invariable de 28 millions de livres la part toujours décroissante des arrérages et la part toujours grossissante de l'amortissement? Ainsi masqué et voilé, l'amortissement se confondant avec la dette, participerait peut-être à l'inviolabilité acquise aux engagements de la nation. »

C'était progressivement que Sir St-Northcote

____

(1) *Essai sur l'Amortissement et sur les Emprunts d'État*, p. 86.

proposait d'élever à 28 millions de livres le crédit afférent au service de la dette; ce crédit serait de L. 27,400.000 pour l'année 1875-1876, de L 27.700.000 pour 1876-1877, et de L 28.000.000 pour 1877-1878, et les années suivantes. Avec le maintien persévérant de ce dernier chiffre, le chancelier de l'Echiquier espérait qu'au bout de trente ans, en 1905, la dette serait réduite de L. 213.000.000. Ce nouveau fonds d'amortissement, *The new sinking fund*, comme il est appelé dans les finances anglaises, devait d'ailleurs fonctionner concurremment avec le fonds institué en 1829, qui continuerait toujours à employer les excédents de recettes. Il ne devait pas non plus contrarier le jeu des annuités terminables, et le Parlement aurait toujours la possibilité de créer de ces dernières, en restant dans la limite des 28 millions affectés au service total de la dette. Seulement il fut décidé que lorsqu'on émettrait des emprunts remboursables à terme dans une courte période d'annuités, le nouveau fonds serait augmenté d'une somme correspondante aux arrérages de ces emprunts; il n'y aurait pas, de cette façon, de détournement possible des sommes destinées à l'amortissement. C'est ainsi qu'après certaines émissions d'annuités, lors de la guerre d'Afghanistan, lors de la guerre russo-turque, et en d'autres circonstances, le fonds atteignit le chiffre de L. 29.003.672.

Le nouvel amortissement ne devait pas fonctionner au cas de déficit. Aussi fut-il suspendu en 1885-1886 et 1886-1887, par suite du grand accroissement de dépenses nécessité par les opérations militaires en

Egypte. En 1887-1888, il fut rétabli au chiffre de 26 millions de livres et, après la conversion de M. Goschen, il fut réduit en 1889-1890 à celui de 25 millions. Depuis il n'a plus varié. Ses rachats, ainsi que ceux de l'*Old sinking fund*, peuvent porter sur les *Treasury bills*, *Exchequer bills* et autres engagements à court terme de la Dette flottante, contractés surtout dans le but de subvenir aux dépenses navales et aux expéditions coloniales. Sur les 25 millions de livres affectés au service de la Dette, la somme consacrée à l'amortissement fut en 1897-1898, de L. 1.061.307 (1).

En somme, le procédé du *New sinkind fund* réunit les avantages de l'amortissement obligatoire et de l'amortissement facultatif : de celui-ci, parce que les opérations de rachat cessent les années où il faudrait recourir à l'emprunt et que l'on amortit ainsi avec des ressources réelles ; du premier, parce que les sommes destinées à l'amortissement sont obligatoirement inscrites au budget ; elles y sont confondues avec celles destinées au payement des arrérages, et par suite de l'organisation budgétaire anglaise, elles (2) n'ont pas besoin d'être soumises au vote annuel du Parlement, ce qui est une garantie sérieuse de permanence et de continuité.

Le procédé du *New sinking fund* est la copie du

---

(1) *National Debt, Parliamentary report,* C. 8966, p. 35.

(2) Elles font partie du *fonds consolidé,* constitué une fois pour toutes, et dont les dépenses et recettes ne sont pas comprises dans les *Estimates* annuels. — Voir à ce sujet l'ouvrage de M. R. Stourm, *Le Budget* (1896), p. 305.

système imaginé en 1802 par le secrétaire du Trésor américain Gallatin, dont nous avons exposé les détails en étudiant l'histoire de l'amortissement aux Etats-Unis que nous avons préférée présenter d'une seule pièce (1).

L'amortissement en Prusse; les lois du 27 mars 1882 et du 8 mars 1898. — L'ordonnance royale du 17 janvier 1820 organisa dans ce pays un fonds d'amortissement d'après le type anglais. Le capital nominal de l'ensemble de la Dette publique s'éleva alors à 200 millions de thalers. Afin d'en assurer le service total, intérêts et amortissement, une somme de 10 millions devait être prélevée sur le revenu des domaines, des forêts et du sel; sur cette somme, le payement des intérêts exigeait seulement 7.600.000 thalers, il restait par conséquent 2.400.000 thalers pour l'amortissement, ce qui faisait une dotation de plus du centième du montant nominal de la Dette. Cette dotation devait d'ailleurs s'accroître des arrérages afférents aux titres rachetés. Nous avons fait observer, ailleurs, qu'en Prusse on sut parer aux inconvénients des rachats au-dessus du pair, alors qu'on peut rembourser au pair : le gouvernement rachetait en Bourse seulement lorsque les cours étaient au-dessous du pair; au-dessus du pair, il remboursait par voie de tirage au sort. Le fonds d'amortissement était géré par

(1) On peut consulter, au sujet du *New sinking fund*, les *Parliamentary Reports, National Debt*, 1891, C. 6539; et *National Debt*, 1898, C. 8960.

la haute administration de la Dette publique ; il fonctionna avec une régularité remarquable que nous n'avons rencontrée ni en France, ni en Angleterre.

Années	Capital de la dette	Amortissement	Tantième p. %
1820	206.700.000 th.	2.400.000 th.	1.1
1849	138.000.000	2.400.000	1.7
1868	270.600.000	6.400.000	2.4

De 1820 à 1868 la Dette prussienne a progressé seulement de 206.000.000 millions à 270.600.000 millions de thalers en passant par un minimum de 138.000.000 millions ; on peut admirer la sévère économie avec laquelle furent gérées les finances de la Prusse, et trouver insignifiante cette augmentation de 64.000.000 millions dans l'espace de quarante-huit années, si l'on songe que dans cet intervalle de temps se placent la guerre des Duchés et la campagne contre l'Autriche. Mais la Dette de la Prusse augmenta ensuite d'une façon subite, on peut deviner pour quels motifs, et, à la fin de 1869, elle s'élevait à 424.000.000 millions et son amortissement à plus de huit millions et demi de thalers, c'est-à-dire qu'il dépassait la proportion de 2 %.

Cette proportion très élevée fut cause d'une réaction contre le principe de l'amortissement obligatoire que l'on accusa d'être trop onéreux aux finances de l'État. D'un autre côté, il était nécessaire de simplifier la constitution de la Dette publique comprenant, après les annexions de 1866, cent quinze types divers. Le Ministre des finances, M. Camphausen, résolut de pro-

liter de cette circonstance pour réduire l'amortissement.

La loi du 19 décembre 1869, rendue sous son administration, convertissait la plus grande partie des engagements de l'État en un type de Dette perpétuelle
4 $\frac{1}{2}$ % (1), d'un montant total de 223.436.175 thalers,
pour laquelle il n'était pas fixé d'amortissement obligatoire. Bien plus, l'article 2 de la loi portait que « l'amortissement de la dette consolidée 4 $\frac{1}{2}$ % se ferait au
moyen des excédents budgétaires des recettes sur les
dépenses, lorsqu'il s'en produirait et qu'il n'en serait
pas disposé autrement. » La Prusse mettait donc, par
cette loi, la plus grande partie de sa Dette au régime
de l'amortissement facultatif. « On n'obtint ainsi, dit
M. Höwig (2), aucun résultat pratique ».

Cependant le rachat des Chemins de fer augmenta
la Dette prussienne dans d'énormes proportions, par
suite de la substitution de titres de l'Etat aux actions
et obligations des Compagnies. De 321 millions et
demi de thalers en 1874, elle s'était élevée, en 1882,
à plus de 2 milliards de marcks. Le gouvernement se
préoccupa de l'insuffisance de l'amortissement facultatif et voulut le rendre de nouveau obligatoire ; ce
n'était, disait-il, que la diminution du passif des chemins de fer qui, par des abaissements de tarifs, permettrait de conduire l'exploitation d'une manière
heureuse pour l'économie nationale. Dans ce but, il
fit voter la loi du 27 mars 1882, dite loi de garantie

____

(1) Converti, en 1885, en 4 %.
(2) *Op. cit.*, p. 36.

des Chemins de fer, *Eisenbahn garantie gesetz*, qui prescrivit d'amortir au moins 3/4 % de cette partie de la Dette à l'aide des bénéfices réalisés, une fois les intérêts payés. Le surplus de ces bénéfices doit être appliqué, soit à couvrir les dépenses qui auraient autrement nécessité un recours au crédit, soit à amortir le restant de la Dette. Mais, ainsi que le fait remarquer M. Schwarz, il dépend des préparateurs du budget de déterminer si les excédents des Chemins de fer serviront à l'amortissement et dans quelle mesure ils y seront employés ; ils n'ont qu'à élever les dépenses de façon à leur faire absorber tout ou partie des excédents. « Cette loi, dit-il (1), n'a atteint le but qu'elle poursuivait que dans une très faible mesure, personne ne peut se refuser à le reconnaître. » En effet, de 1891 à 1896, les sommes consacrées à l'ensemble de cette partie de la Dette n'ont pas dépassé la moyenne de 35 millions de marcks, soit 1/2 % du capital nominal.

Cependant, la Dette totale (2) s'élevait, en 1896-97, à 6.476.691.805 marcks, et dans son ouvrage inspiré par le ministre des finances, M. le Conseiller d'État, Otto Schwarz, montrait la nécessité de revenir à un mode d'amortissement plus rigoureux, si on voulait conserver aux finances prussiennes leur vieux renom de solidité, *wenn der altberühtmen soliden preuszichen*

(1) *Op. cit.*, p. 24.
(2) La Dette de l'Empire, dont la plus grande part incombe à la Prusse, s'est élevée, dans la période 1877-1896, de 16 millions à 2 milliards de marcks.

Finanzwirthschaft ihr guter Ruf dauernd erhalten werden soll. Pénétré de cette idée, M. de Miquel présentait à la Chambre des députés, le 17 novembre 1896, un projet de loi tendant à faire inscrire l'amortissement parmi les dépenses obligatoires du budget ; le projet, qui est devenu la loi du 8 mars 1897, prescrit qu'à partir de l'exercice 1898-99, il faudra ménager tous les ans des crédits permettant d'amortir, au minimum, les 3/5 du capital nominal de la Dette. On espère ainsi que, sans trop grever le présent, on aura remboursé la Dette actuellement existante, dans un espace de temps égal à la durée de deux générations. Toutefois, il n'y a dans ce plan d'amortissement rien d'absolu et, au cas d'emprunt ou de déficit, on doit affecter à diminuer le chiffre de l'emprunt ou à combler le montant du déficit les sommes qui auraient servi autrement à racheter des titres en bourse. En résumé, le ministère prussien a voulu créer par cette loi un système moins rigoureux que celui qui fut abandonné en 1869, mais plus efficace que celui adopté alors, et qui se bornait à consacrer à l'amortissement des excédents plus ou moins problématiques. Nous le comparerons au système inauguré par l'Angleterre en 1875, lorsque nous aurons à nous demander quel est le mode d'amortissement qui semble offrir le plus de garantie (1).

(1) On peut consulter sur l'amortissement en Prusse : Ot. Schwarz, *Staatsschuldentilgung* etc.; — Ad. Wagner, *Öffentlicher Kredit,* dans le *Handbhuch de Schönberg* (1897), p. 812. — L. von Stein, *Lehrbuch der Finanzwissenschaft,* b. IV, p. 38. — Julius Höwig, *Zur Tilgung der Staatsanleihen,* p. 32 ; etc.

Affectation à l'amortissement d'une branche spéciale des revenus publics ; l'amortissement en A.gleterre et le rachat de certains impôts. — Nous avons vu qu'autrefois, en France et en Angleterre surtout, on affectait à tout nouvel emprunt un impôt déterminé, dont le produit servait à payer les arrérages et à rembourser les créanciers par acomptes successifs. Mais, à mesure que se sont perfectionnées les méthodes financières, on a jugé qu'il était préférable de faire gager tous les emprunts par l'ensemble des revenus publics : on introduisait ainsi une grande simplification dans les comptes sans enlever aux créanciers une garantie considérable, car ils n'avaient guère les moyens de contraindre l'Etat à les rembourser avec l'argent provenant de telle ou telle source de revenu.

Cependant le mode d'amortissement qui consiste à affecter au service de la Dette une branche spéciale des revenus publics est encore admis, en théorie du moins, par certains Etats dont le crédit n'est pas assuré et qui espèrent ainsi inspirer plus de confiance aux prêteurs : la Turquie, la Roumanie, la Serbie, le Portugal, certains pays de l'Amérique latine. On peut citer (1), à titre de curiosité, les ressources que donne à l'amortissement de la Dette extérieure, une loi dernièrement déposée au parlement du Brésil : il y a là toutes sortes de revenus, impôt sur le tabac, timbre sur les cartes d'électeurs, centimes spéciaux sur les

---

(1) Voir les détails dans l'ouvrage de M. Raffalowich, *Le Marché financier en 1897-1898,* p. 47.

droits d'importation, etc..... Il faut observer, avec M. Leroy-Beaulieu (1), que « les Etats étant en définitive les seuls juges de leur solvabilité, les affectations spéciales peuvent cesser d'être une réalité quand ils tombent dans la détresse ou quand ils perdent la bonne foi ». En somme, on ne donne pas à l'amortissement, en lui assignant des ressources déterminées, une force et une garantie de plus : qu'importe que l'argent provienne des monopoles ou des forêts ou des Chemins de fer ou des recettes générales de l'Etat? Si on veut affecter obligatoirement une certaine somme à l'amortissement, il est bien plus simple de l'inscrire aux chapitres des dépenses sans aller créer un budget spécial en dehors du budget général.

Du système de l'affectation à l'amortissement d'une branche spéciale des revenus publics, il faut rapprocher celui qui est employé en Angleterre depuis 1798, et qui consiste en la faculté laissée aux contribuables de se racheter de certains impôts moyennant la remise d'une certaine quantité de titres de rente destinés à être annulés et à réduire d'autant le montant de la Dette publique.

Cette opération fut imaginée par W. Pitt en 1798 à propos de l'impôt foncier, lorsque cet impôt fut rendu perpétuel (Act 38 Géo III., c. 60). L'illustre homme d'Etat invita le public à racheter à perpétuité la *Land Tax* moyennant la remise aux Commissaires de la Dette de titres de consolidés dont le revenu excéderait d'un dixième celui de la taxe Cela équivalait au rachat de

(1) *Op. cit.*, p. 370.

l'impôt foncier moyennant un capital égal à dix-neuf ou vingt fois son montant annuel. Dans la première année qui suivit cette proposition, on racheta un peu plus du cinquième de l'impôt, soit L. 435.888 ; mais l'année suivante, en 1800, il ne fut plus racheté que L. 40.418 ; les autres années l'importance des rachats alla en diminuant. En 1813, on voulut donner une nouvelle impulsion à ces opérations en en modifiant les conditions; les propriétaires purent se libérer par la remise de titres de rente dont les revenus, placés à intérêts composés, eussent reconstitué en 18 ans, un capital dont le revenu excédât d'un dixième le montant annuel de l'impôt, ou par le versement d'une somme égale à dix-huit fois ce montant, somme destinée à racheter des titres de rente au cours du marché. Cette législation a été remaniée plusieurs fois, dans ses détails; de nos jours, les Commissaires du revenu intérieur (*Inland Revenue*) déterminent tous les ans la somme que doivent verser, en espèces ou en consolidés, les contribuables qui veulent se libérer de l'impôt foncier.

De l'origine au 31 mars 1890, les opérations que nous venons de décrire ont permis d'annuler pour 30 millions et demi (1) de titres.

Ces opérations ont été étendues par l'*Inland Revenue Act* de 1880 à un autre impôt : cet Act autorise les Commissaires du revenu intérieur à recevoir des municipalités une somme fixe en échange des droits de transfert et de timbre qu'elles doivent à l'Etat sur les obligations représentatives de leurs emprunts

_____

(1) En livres sterling.

(*Stamp duty*). Ces obligations figurent à la cote sous la rubrique : « Titres de municipalités et comtés du Royaume-Uni exempts du droit de timbre ». Les sommes ainsi procurées au Trésor lui ont permis, de 1880 à 1890, de racheter pour plus de un million de titres de rente.

Pendant l'année 1897-98, les deux catégories d'opérations que nous venons d'envisager ont permis d'amortir L. 310.468 de la Dette consolidée.

L'esprit de ces combinaisons, comme l'écrit M. R.-G. Lévy, « tend à appliquer l'idée fort juste que, les impôts servant en partie à acquitter la Dette publique, il doit être permis de s'affranchir d'une taxe, moyennant une somme qui serve à éteindre un capital de la Dette dont le service soit précisément égal à la rentrée procurée au Trésor par l'impôt qu'il s'agit de racheter ». Pour qu'elles puissent réussir, il faut, chez les contribuables, la confiance absolue que l'Etat ne rétablira pas, d'une façon plus ou moins indirecte, les impôts qui lui ont été rachetés: il y a bien peu de pays, en somme, qui pourraient suivre l'exemple de l'Angleterre (1).

---

(1) Cf. sur tous ces points : R. G. Lévy, *Revue des Deux-Mondes* du 15 septembre 1898, p. 300. — P. Leroy-Beaulieu, *Traité de la Science des Finances*, t. I, p. 319. — Le document officiel *National Debt* (C. 6539), p. 199.

LIVRE III

DE L'AMORTISSEMENT PAR ANNUITÉS

CHAPITRE PREMIER

THÉORIE DE L'AMORTISSEMENT PAR ANNUITÉS

SOMMAIRE : De l'idée d'un amortissement contractuel ou automatique. — Les annuités d'amortissement. — Diverses formes d'annuités. — Les emprunts remboursables par annuités. — Les emprunts en obligations amortissables par tirages au sort périodiques.

De l'idée d'un amortissement contractuel ou automatique. — Après la longue étude historique à laquelle nous nous sommes livrés, il est facile de nous rendre compte que la réduction de la Dette publique exige de la part des gouvernements un esprit de suite et des sentiments de prévoyance dont il est rare de leur voir donner l'exemple pendant une période continue de temps. Que de raisons, que de prétextes plus ou moins plausibles pour se dérober aux obligations qui leur incombent vis-à-vis des générations futures ! Et combien justement M. Wagner a défini l'amortissement :

une tâche difficile pour l'abandon de laquelle les occasions ne manquent pas. (1)

La charge imposée par les arrérages de la Dette est bien plus lourde que celle qui proviendrait d'un amortissement rigoureusement pratiqué, et cependant un grand peuple ne songe jamais à s'y soustraire : c'est que, sur ce point, il est intervenu un contrat entre lui et ses créanciers, et que le respect des contrats est pour toute société humaine une condition d'existence. Eh bien ! si l'amortissement pouvait, lui aussi, revêtir le caractère d'un contrat avec les tiers, il serait, par le fait même, mis à l'abri de toute atteinte. On a songé alors à l'identifier en quelque sorte avec la Dette, et à promettre aux rentiers, en échange des capitaux qu'ils apportent à l'Etat, des paiements annuels comprenant, en outre de l'intérêt, une certaine fraction de capital versé : une fois ce capital entièrement remboursé par ces paiements partiels et successifs, l'Etat ne doit plus rien, il est libéré. L'amortissement s'accomplit ainsi en quelque sorte de lui-même, ou plutôt sans qu'il y ait moyen de l'arrêter dans sa marche, car ce serait manquer à un engagement pris envers les créanciers, ce serait faire banqueroute.

Effectué par ce procédé, l'amortissement prend la qualification de contractuel ou d'automatique. Nous allons en exposer d'abord le principe, nous passerons ensuite aux applications.

---

(1) « *Eine Schwierige Aufgabe, für deren Lösung es aber nicht an Anhalts punkten fehlt.* » Ad. Wagner, *Öffentlicher Kredit, loc. cit.,* p. 811.

Les annuités d'amortissement. — Les divers modes d'amortissement qui découlent de l'idée exposée au précédent paragraphe ne sont en réalité que des organisations variées du système des annuités. Pris dans son sens étymologique et abstrait, ce mot est employé pour désigner une série de versements annuels ; mais au point de vue où nous nous plaçons, il exprime une idée plus complexe. « On appelle ainsi, dit le Dictionnaire des finances (1), une série de payements périodiques, constants ou variables, et comprenant, outre l'intérêt d'un capital, une somme destinée à reconstituer le capital en un temps donné. La reconstitution graduelle du capital, au moyen d'annuités, c'est l'amortissement ; et confondant la cause avec l'effet, on nomme aussi amortissement, la portion de l'annuité qui excède l'intérêt du capital restant dû. » Il est impossible d'exprimer en termes plus précis une conception aussi délicate.

Les annuités peuvent être constantes ou variables. Les premières sont les plus fréquemment employées par les établissements financiers modernes. Elles se trouvent caractérisées par le fait que les payements à effectuer à des époques équidistantes sont égaux ou sensiblement égaux ; mais les éléments constitutifs de ces termes constants, l'intérêt et l'amortissement varient en proportion, d'une manière incessante. L'augmentation de l'un et la diminution de l'autre suivent une marche inversement progressive. La portion de l'annuité affectée aux intérêts va toujours en diminuant

(1) A l'article *Annuité.*

et celle réservée au remboursement s'accroît à chaque payement jusqu'à ce que le capital ait été entièrement restitué.

Les annuités variables sont d'un usage moins fréquent, et l'on y a recours lorsque l'on veut un amortissement proportionnel ou uniforme, au lieu d'un amortissement progressif comme celui qui est donné par les annuités constantes. On soumet généralement les variations à des règles fixes, en faisant croître ou décroître les annuités suivant des progressions géométriques ou arithmétiques; ce dernier cas est celui de la rente française qui porte le nom de 3 % amortissable.

Diverses formes d'annuités. — Les diverses formes qui ont été adoptées pour les emprunts d'Etats se ramènent à trois : les rentes viagères, les annuités terminables, les obligations amortissables par tirage au sort.

Les rentes viagères sont des annuités à date incertaine, celle de la mort du titulaire. Ces rentes, comme les tontines et comme, du reste, les assurances de toute nature, ne sont autre chose que la combinaison de calculs d'annuités avec des calculs de probabilité. Si elles sont établies d'après des tables de mortalité exactes, l'Etat est entièrement libéré, au décès du dernier souscripteur d'un emprunt réalisé de cette façon, tout comme il le serait à l'expiration de la dernière des annuités par laquelle il achèverait de rembourser un emprunt amortissable. Les émissions de rentes viagères par voie directe ou par le procédé des tontines ont été, pour les gouvernements des dix-septième et dix-huitième siècles, un moyen courant de battre monnaie ; actuellement, elles sont complètement abandonnées.

Mais la conversion progressive et systématique des Dettes perpétuelles en rentes viagères constitue encore un procédé d'amortissement puissant, qui a donné d'excellents résultats en Angleterre, et que la Caisse nationale de retraites pour la vieillesse a appliqué pendant quelque temps en France.

Les annuités terminables comprennent, tout comme les rentes viagères, les intérêts et une fraction du capital prêté ; la seule différence est que le nombre des termes est simplement probable pour celles-ci, tandis qu'il est certain pour celles-là. Avec ces annuités, on peut échelonner l'amortissement sur une période aussi longue que l'on veut, et il est possible de l'opérer d'une façon presque insensible : ainsi une annuité de 4 fr. 655 intérêt et amortissement, suffit pour éteindre une somme de 100 francs en cinquante ans au taux d'intérêt de 4 °/°. Un exemple très connu est celui de notre Crédit foncier : pour les prêts de soixante-quinze ans faits aux particuliers, l'annuité comprenant l'intérêt et l'amortissement est actuellement de 4,21 °/₀. N'est-ce pas en réalité comme si le débiteur avait à payer tout simplement 4,21 °/₀ d'intérêt, et celui-ci n'est-il pas amené à prélever le tout, intérêt et amortissement, sur ses revenus annuels ?

Si on allonge la période de remboursement, la prime d'amortissement va décroissant toujours au point de vue mathématique, et diminuant encore plus rapidement au point de vue de la réalité des faits, parce que l'esprit de l'homme est de moins en moins influencé par la pensée que ses descendants et héritiers ne jouiront plus de la rente au bout d'un certain temps. « L'emprunt dans ces conditions (à quatre-vingt-dix-neuf ans de terme), fait remarquer M. Leroy Baulieu (1), se placerait à un taux qui ne différerait pas sensiblement de celui des rentes perpétuelles, et l'État, au bout de quatre-vingt-dix-neuf ans, serait complètement libéré; or, quatre-vingt-dix-neuf ans, c'est pour l'homme isolé un temps incommensurable et même pour une famille moderne un temps très considérable; pour les nations, au contraire, qui ne périssent pas, c'est une période brève. Les prix auxquels s'aliènent par contrats d'emphytéose les terrains en Angleterre, et les cours de la Bourse de Paris des actions de jouissance des Chemins de fer, prouvent qu'un revenu assuré pendant quatre-vingt-dix-neuf ans équivaut presque, pour certains hommes, à un revenu éternel. »

En résumé, l'amortissement à l'aide des annuités terminables est facile à saisir : l'État a reçu une certaine somme, et il s'est engagé à la rembourser dans un délai déterminé et par acomptes successifs. Ces acomptes se partagent, à intervalles périodiques entre les créanciers au prorata de leurs créances. Le délai étant expiré, et les acomptes ayant été régulièrement payés sous peine de banqueroute, l'État est libéré. En somme, comme on l'a fait remarquer, le gouverne-

____

(1) *Op. cit.*, p. 313.

ment joue le rôle inverse du Crédit foncier qui est, lui, l'acheteur de toutes les petites annuités consenties par les propriétaires hypothéqués.

Une heureuse molification de l'annuité terminable, c'est l'obligation amortissable par tirages au sort périodiques, si fréquemment employée par les Sociétés financières et les Compagnies de Chemins de fer. Les sommes annuellement payées par l'emprunteur sont toujours divisées en deux parties comprenant l'une l'intérêt, l'autre le remboursement d'une quote-part de capital. Seulement cette dernière, au lieu d'être distribuée entre tous les créanciers indistinctement, est répartie seulement entre un certain nombre d'entr'eux désignés par le sort, qui reçoivent ainsi, au lieu d'une fraction très minime du capital prêté, la totalité du capital représenté par les obligations sorties. Ce capital, reconstitué en une seule fois, peut donc servir immédiatement à un nouveau placement. Au contraire, dans un emprunt en annuités terminables proprement dites, le porteur de titres qui reçoit une somme très faible, quelques centimes, en plus de l'intérêt afférent à ses titres, est porté naturellement à considérer tout entière comme revenu l'annuité qui lui est servie ; il y a bien peu de chances, quoiqu'il existe des Sociétés d'assurances se chargeant de capitaliser à intérêt composé les économies des particuliers, il y a peu de chances que le titulaire de l'annuité mette tous les ans de côté les sommes minimes qu'il reçoit à titre d'amortissement pour reconstituer petit à petit, par cette épargne, le capital dont il s'est séparé en faveur de l'Etat, et se trouver ainsi, après avoir encaissé le payement de la dernière annuité, en possession d'un nouveau capital qu'il pourra placer de la même manière ou autrement.

Aussi les gouvernements recourent-ils en général à la forme d'obligations amortissables, lorsque les titres de l'emprunt doivent circuler dans les mains du public et ils réservent la forme de l'annuité terminable pour les emprunts contractés vis-à-vis des Sociétés, Compagnies ou Établissements financiers susceptibles de reconstituer le capital qui leur est versé par acomptes.

Nous allons étudier d'abord les emprunts directement émis d'après le type remboursable; ils ne constituent que la portion la plus faible de la Dette publique de la plupart des Etats, la partie la plus importante étant d'ordinaire constituée en rentes perpétuelles; le système d'emprunts en rentes viagères ayant disparu (1), nous n'aurons pas à nous en occuper.

Nous passerons ensuite au procédé qui consiste à amortir la Dette perpétuelle par sa conversion en annuités viagères ou terminables, réservant dans notre étude une place spéciale, à cause de son importance, à notre 3 % amortissable.

Les emprunts remboursables par annuités. — Le système d'emprunts par annuités nous vient de l'Angleterre, où il a été adopté dès la fin du dix-septième siècle. Mais les annuités créées en faveur de particuliers y ont été rarement émises de façon isolée; le plus souvent, elles furent combinées avec des

(1) Les rentes viagères d'ancienne origine figurent au budget de 1898 pour 990 fr.

emprunts viagers ou concédées aux souscripteurs d'emprunts perpétuels comme avantages surérogatoires, à titre de *douceurs*, ainsi que le dit Mac Culloch. Ce procédé permettait de placer les emprunts perpétuels au pair ou aux environs du pair. Très fréquemment employé au dix-septième siècle, il a été encore appliqué au siècle actuel; on peut citer notamment l'emprunt de 16 millions de livres sterling contracté en 1855 pour faire face aux frais de la guerre de Crimée; il fut émis en 3 % au pair, avec l'avantage d'une annuité de 14 sh. 6 d. pendant trente ans, pour chaque 100 livres de capital souscrit. Ce système, tout en permettant d'emprunter au pair ou aux environs du pair, a l'avantage de procéder d'avance à la conversion de l'emprunt en un autre, constitué à un intérêt moins élevé. Ainsi, avec l'exemple cité, chaque capital de 100 livres qui rapportait au début 3 liv. 14 sh. 6 d. était forcément converti au bout de trente ans en un autre capital ne rapportant plus que 3 livres.

Nous aurons l'occasion de revenir ultérieurement aux annuités terminables anglaises, car la majeure partie de ces sortes d'engagements provient de la conversion de la Dette perpétuelle, procédé auquel nous consacrons un chapitre.

Si nous passons en France, nous voyons *les engagements remboursables à terme ou par annuités* former une division importante de la Dette publique. Ces annuités, si l'on met à part le 3 % amortissable, ne sont pas représentées par des titres émis dans le public, mais par des titres remis aux Compagnies de

Chemins de fer, à des Sociétés industrielles, aux Départements, Communes et Etablissements publics et, parmi ces derniers, surtout la Caisse des dépôts et consignations. Elles constituent des emprunts détournés qui ont permis de ménager les budgets présents, tout en dispensant de rouvrir le grand livre de la Dette inscrite.

Dans certains cas, les engagements de ce genre ont été avantageux pour l'Etat. Celui-ci s'est fait avancer par certaines personnes morales les sommes nécessaires pour la confection rapide de telle œuvre d'intérêt local ou régional : hospices, hôtels des postes, chemins stratégiques, améliorations de rivières, canaux et ports, etc...... Les personnes en question corporations, départements communes se trouvant directement intéressées à la réalisation de cette œuvre n'ont exigé de l'Etat qu'un intérêt peu élevé et inférieur au taux habituel auquel il eut pu emprunter directement.

D'autres fois, l'État a demandé à la Caisse des dépôts et consignations les sommes nécessaires pour certaines dépenses générales, telles que la conversion avec soulte de l'emprunt Morgan, la liquidation des Caisses des chemins vicinaux et des établissements scolaires, le reboisement des montagnes, le rachat des réseaux télé-téléphoniques, les expéditions du Siam et de Madagascar, etc..... La Caisse a joué le rôle d'un banquier qui ne peut se dispenser de faire des conditions avantageuses à son client.

« Dans ces circonstances, écrit M. Paul Leroy-

Beaulieu (1), ces emprunts sont irréprochables, ils sont même recommandables..... Le Trésor se trouve moins lourdement chargé que s'il eût eu recours à un emprunt public ». L'État se libère en servant pendant un temps déterminé une annuité comprenant à la fois l'intérêt et l'amortissement des sommes qu'il a empruntées.

Mais l'Etat a eu recours aussi à des emprunts indirects en s'adressant à des Sociétés privées comme les Compagnies de Chemin de fer, la Société algérienne, le Crédit foncier, etc..... et en se faisant avancer par celles-ci des sommes qu'elles sont obligées de demander à des obligataires, et pour lesquelles il payerait un intérêt moindre s'il empruntait directement au public. « Le seul avantage qu'obtienne l'Etat en pareil cas, dit M. Leroy-Beaulieu (2), est de dissimuler un emprunt ce qui est une mauvaise chose. Il grève inutilement le budget du montant de la différence entre le taux qu'il paye à telle Société et le taux auquel il peut emprunter directement. C'est payer trop cher une mauvaise honte. Si les travaux en question sont utiles, mieux vaut faire un appel direct aux capitaux sans se cacher. »

Voici, d'après M. le sénateur Morel (3), la situation au 1er janvier 1898, de la Dette remboursable à terme ou par annuités.

(1) *Loc. cit.*, p. 389.

(2) *Loc. cit.*, p. 390. — Voir aussi sur ce point : Camille Pelletan, Rapport sur la situation financière de la France (Chambre des députés, session extraordinaire de 1890, *Annexe* n° 1031, p. 135).

(3) Rapport sur le budget de 1898 (Sénat, session de 1898, *Annexe* n° 119, p. VI.)

	CAPITAL non amorti au 1er janvier 1897.	1897		CAPITAL non amorti au 1er janvier 1898.
		Diminutions.	Augmentations.	
	FR.	FR.	FR.	FR.
Emprunt Morgan...	218.414.375	9.309.275	»	209.105.100
Rentes 3 0/0 amortissable.................................	3.911.576.500	24.914.500	»	3.886.662.000
Annuités aux Compagnies de chemins de fer. { Garantie de 1870 et 1871.......................	39.277.542	85.592	»	39.191.950
Annuité à la Compagnie de l'Est...............	318.072.029	581.575	»	317.490.454
Annuités aux Compagnies de Chemins de fer. { Finances............	841.403.798	2.756.782	»	838.647.016
Travaux publics.....	787.438.000	3.927.000	70.000.000	853.511.000
Deuxièmes voies, etc..........................	106.200.000	»	»	106.200.000
Obligations à court terme.................................	205.310.905	27.902.000	»	177.410.905
Annuités diverses. { Dettes diverses. — Société du secteur de Clichy..	67.817	9.688	»	58.129
Hospices civils................................	75.073	14.126	60.564	121.501
Intendance....................................	187.433	14.879	»	172.554
Rachat des canaux d'Orléans et du Loing........	691.388	99.879	»	591.509
Constructions d'hôtels des Postes. { Finances............	3.806.952	60.435	»	3.746.517
Postes et Télégraphes.	494.026	7.777	»	486.249
Société algérienne.............................	60.819.776	2.219.030	»	58.600.746
Crédit Foncier................................	2.510.807	33.211	»	2.477.596
Chemins stratégiques..........................	7.370.534	372.967	»	6.997.567
Constructions de manufactures et de magasins...	482.498	34.425	»	448.073
Liquidation des Caisses vicinale et scolaire.................	477.859.667	11.665.162	»	466.194.504
Dépenses de Madagascar et du Siam......................	96.043.000	2.400.000	»	93.643.000
Avances pour travaux publics. { Navigation......................	38.562.981	7.494.630	»	31.068.351
Construction de l'école de Roubaix.	1.210.367	30.486	»	1.179.881
Annuités dues à la Caisse des dépôts et consignations. { Supplément de pensions...........	88.810.525	»	1.041.192	89.851.717
Reboisement des montagnes.......	596.044	596.044	»	»
Téléphones......................	7.145.058	932.466	»	6.212.592
Cautionnements...	313.228.928	2.404.242	»	310.824.586
TOTAL...............	7.527.656.023	97.864.172	71.101.746	7.500.893.597

Nous ne pouvons entrer dans le détail de chacun des articles qui composent la Dette remboursable à terme ou par annuités ; en consultant les Comptes généraux des finances (1), il est facile de constater l'application des principes que nous avons donnés plus haut Le passif de l'État sera un jour allégé par le jeu automatique de ces amortissements (2), à condition, bien entendu, que le Parlement ne pousse pas l'État à remplacer par des engagements nouveaux les engagements disparus.

Des emprunts en obligations amortissables. — Le gouvernement qui émet un emprunt sous cette forme fixe d'abord la période au bout de laquelle il veut être libéré. Il fait alors dresser un tableau déterminant combien d'obligations doivent être amorties chaque année, afin que l'amortissement soit achevé au bout de la période fixée; les obligations sont numérotées soit individuellement, soit par séries, et les numéros désignés par le tirage au sort sont remboursés.

Ces sortes d'emprunts sont en général très séduisants par suite des avantages, primes ou lots, attachés aux obligations remboursées.

Généralement, en effet, les obligations sont émises au-dessous du pair et comme elles sont remboursées d'après leur valeur nominale, il en résulte un bénéfice pour les porteurs de titres désignés par le sort ; ce

(1) Voir notamment le Compte pour l'année 1897, pp. 844 et s.

(2) Pour les cautionnements, dernier article du tableau, il ne peut être question d'amortissement : cette partie de la Dette se renouvelle incessamment par les retraites et les nominations nouvelles.

bénéfice, c'est la prime. Le plus souvent le paiement
de la prime ne constitue pas l'Etat en perte, parce que
l'amortissement étant échelonné sur un long espace
de temps, l'annuité nécessaire au service de l'emprunt
est infiniment peu grossie par ce payement et ensuite,
aussi et surtout, parce que le capitaliste, séduit par
l'appât de l'avantage qui lui est accordé, abandonne
sur l'intérêt une part proportionnelle à l'ensemble des
primes réparties sur les titres remboursés. M. Leroy-
Beaulieu (1) cite même des exemples d'où il ressort
qu'un emprunt, conclu en obligations amortissables
avec primes, peut absorber, en y comprenant l'amortissement, une somme moindre qu'un autre emprunt
du même Etat et de même importance contracté en
rentes perpétuelles.

A ces primes ordinaires et uniformes de remboursement, est jointe quelquefois la chance de gagner des
lots plus ou moins considérables. On réserve sur la
somme totale affectée au service des intérêts, une part
d'importance variable, en général assez faible, et on
la distribue entre les premiers numéros désignés par
le sort. Il arrive le plus souvent que les porteurs de
titres renoncent à une fraction notable de l'intérêt
auquel ils pourraient prétendre d'après l'état du marché
des capitaux, pour avoir des chances de lots dont le
montant est bien inférieur à celui des sommes abandonnées sur l'intérêt. La question de la légalité et de
la moralité des emprunts à lots est fort discutée (2);

(1) *Loc. cit.*, p. 318.
(2) La discussion est brillamment résumée dans l'ouvrage de
M. Leroy-Beaulieu, t. II, p. 334.

mais on ne peut nier que l'organisation de ces emprunts ne facilite, d'une façon très puissante, leur amortissement.

Les emprunts à primes ou à lots sont fort répandus à l'étranger (1) : Russie, Prusse, Autriche, Espagne, etc. Notre 3 % amortissable appartient à cette catégorie : remboursable à 500 francs, il a été émis en moyenne à 406 francs. Il constitue un fonds très intéressant, à l'étude duquel nous consacrerons deux chapitres.

(1) Ils sont notamment prohibés en Angleterre.

CHAPITRE II

AMORTISSEMENT DE LA DETTE PERPÉTUELLE

PAR LA CONVERSION DE CETTE DETTE EN RENTES

VIAGÈRES.

Sommaire : Origine de cette méthode en Angleterre, l'Act de 1808.
— Act de 1828 et Acts subséquents. — Résultats obtenus.
Application de cette méthode en France : la Caisse de retraites pour
la vieillesse. — Comment la Caisse de retraites contribuait à
l'amortissement. — Défectuosités de son organisation financière.
— La loi du 30 janvier 1884 change le caractère de la Caisse. —
Résultats obtenus. — Appréciation.

**Origine de cette méthode en Angleterre, l'Act de
1808** — Le Chancelier de l'Echiquier anglais, M. Spencer Perceval, sceptique sur les résultats à attendre du
système d'amortissement jusqu'alors suivi par son pays,
imagina, en 1808, d'engager les rentiers porteurs de
titres consolidés à échanger ces titres contre une
annuité viagère, calculée de façon que le montant qui
dépasse la somme correspondant à l'intérêt précédemment payé, placé à intérêts composés pendant la durée

probable de la vie du bénéficiaire, ait reconstitué à sa mort le capital des titres échangés.

L'Act 48 Geo. III., c. 142, rendu conformément aux idées de M. Perceval, autorisa les Commissaires pour la réduction de la Dette à effectuer cette conversion sur la tête des rentiers qui la demanderaient. Il fallait que les titulaires des rentes à transformer fussent âgés d'au moins trente-cinq ans, que le capital des consolidés convertis ne fut pas moindre de 100 livres sterling par opération, et que la rente viagère ainsi créée ne dépassât pas 1.000 livres pour une tête, ou 1.500 pour deux têtes. Les consolidés qui passaient de cette façon aux mains des Commissaires devaient être conservés par eux et porter intérêt à leur profit, tout comme les titres rachetés sur le marché; c'étaient d'ailleurs ces Commissaires qui étaient chargés de payer les arrérages des rentes viagères ainsi créées.

L'Act dont nous venons d'analyser les principales dispositions resta en vigueur jusqu'en 1828, mais il fut modifié à diverses reprises. En 1809, on étendit à 3000 livres la limite jusqu'à laquelle il pouvait être créé des rentes soit sur une, soit sur deux têtes. En 1816, les Commissaires pour la réduction de la Dette furent autorisés à convertir en rentes viagères les annuités à long terme, c'est-à-dire celles qui expiraient en 1860. En 1817, ils purent faire porter aussi leurs opérations de transformation sur les rentes 4 et 5 %; l'Act 57 Geo. III., c. 26, rendu cette année, leur permit en outre de créer des rentes viagères, non plus seulement en échange de titres, mais contre un payement en espèces, les sommes que les Commissaires recevraient de ce chef, devant être employées par eux à acheter des consolidés ; ce même Act les autorisait à délivrer des rentes viagères différées aux personnes au moins âgées de vingt et un ans qui en feraient la demande.

La portée primitive de l'Act de 1808 était donc considérablement augmentée, et la charge permanente de la Dette se trouvait de plus en plus vigoureusement attaquée par le mode d'amortissement qu'avait imaginé le Chancelier Spencer Perceval.

L'Act du 9 mai 1828 et les Act subséquents. — Cette année-là fut remanié, comme on se le rappelle, le système d'amortissement de l'Angleterre ; mais l'œuvre de M. Perceval fut laissée à peu près intacte. Seulement le besoin s'imposait de changer les tables de mortalité sur lesquelles les Commissaires de la Dette avaient calculé jusqu'alors les rentes viagères qu'ils créaient. D'après un rapport de M. Finlaison, notaire de la Dette publique, les tables dont ils se servaient, celles de Northampton, étaient inexactes et les pertes encourues par l'État, au 5 janvier 1827, se seraient déjà élevées à L. 2.233.065. Aussi en 1828 le Chancelier de l'Echiquier, M. Goulburn, demanda au Parlement la suspension des opérations de conversion, jusqu'à ce qu'on eut trouvé les moyens de les pratiquer sur une base moins défavorable aux intérêts du Trésor.

La suspension ne fut que momentanée, et en 1829, l'Act 10 Geo. IV., c. 24, réorganisa la matière et donna aux Commissaires pour la réduction de la Dette un pouvoir illimité, en leur imposant seulement les tables dites de Carlisle (1) dont se servaient déjà les Compagnies d'assurance et qui furent reconnues d'une exactitude rigoureuse. A cela près, les Commissaires eurent les mêmes pouvoirs qu'auparavant ; ils purent accorder des rentes viagères sur une ou deux têtes, avec bénéfice de survie, en échange soit de consolidés, soit d'annuités à long terme, soit de versements en numéraire ; les motifs pour lesquels ils pouvaient les refuser furent entièrement laissés à leur discrétion. Une modification importante, en rapport avec les idées nouvelles sur l'amortissement était introduite : les titres de la Dette remis ou achetés par les Commissaires devaient être immédiatement détruits.

Le système que nous venons de décrire fonctionne encore de nos jours. Depuis 1828, il a été fortifié et développé par toute une série d'acts. En 1833 par exemple, on accorda aux déposants des Caisses d'épargne, des facilités spéciales pour l'achat de rentes

(1) Voici, afin de donner une idée du changement introduit par l'Act de 1820, quels étaient les arrérages payés sur une seule tête en échange d'un versement de 100 livres, les 3 % cotant 80.

AGES	TAUX pour les deux sexes de 1808 à 1828.			TAUX adoptés en 1829.					
				HOMMES			FEMMES		
	L.	s.	d.	L.	s.	d.	L.	s.	d.
50	8	5	3	7	14	5	6	15	6
55	9	2	7	8	13	10	7	10	2
60	10	5	0	9	17	4	8	10	6
65	11	17	3	11	12	11	10	0	4
70	14	6	11	14	1	5	12	3	5

viagères, en particulier de rentes différées ; c'était leur permettre de se constituer une sorte de retraite pour les vieux jours. En 1864, le gouvernement fut autorisé à faire des assurances sur la vie pour des sommes variant entre 20 et 100 livres : elles étaient calculées sur la base d'un taux de 3 $\frac{1}{4}$, taux qui fut abaissé à diverses reprises, pour les calculs d'annuités et d'assurances, à 3, 2 $\frac{3}{4}$ et enfin 2 $\frac{1}{2}$ % après la conversion Goschen.

Résultats obtenus en Angleterre. — Tous les financiers et hommes d'État anglais ont vanté les résultats obtenus par le mode d'amortissement que nous venons de décrire. M. Gladstone, surtout, s'est attaché d'une façon toute particulière à la réduction systématique et ininterrompue de la Dette publique par la transformation de ses parties les plus permanentes, *the more permanent form,* en rentes viagères ou annuités à terme. Nous ne parlons pour le moment que des premières et voici, d'après le document officiel que nous avons bien souvent cité, les résultats obtenus de 1808 à 1890. Les Commissaires de la Dette ont racheté, par cette catégorie d'opérations, pour L 55.801.760 (1.400 millions environ) d'effets publics ; ils ont concédé, en retour, pour L 5.000.168 de rentes viagères dont, au 31 mars de l'année que nous prenons pour terme, L 3.915.263 étaient expirées ; le montant des arrérages restant à servir s'élevait donc à L 1.084.904. Résultat considérable et obtenu sans grand effort ! Le système fonctionne encore, et en l'année 1897-98, la dette consolidée a été réduite encore de L 1.004.448, chiffre comprenant cette fois les conversions en rentes viagères et en annuités terminables (1).

Application en France de la précédente méthode : la Caisse de retraites pour la vieillesse. — Dans notre pays, les porteurs de titres de rente perpétuelle n'ont jamais été autorisés à les convertir en rentes viagères ; mais la méthode que nous venons de voir produire de si heureux résultats en Angleterre a été appliquée d'une façon inconsciente, si l'on peut s'exprimer ainsi, par un établissement fondé, non pour atteindre un résultat financier, mais pour venir en aide aux classes laborieuses en leur permettant, au moyen d'épargnes modestes, de se créer des ressources pour les jours de la vieillesse. Dès l'année 1843, une Commission extra-parlementaire qui comptait dans son sein des hommes d'une compétence reconnue, avait élaboré le plan d'une institution de retraites garantie par l'Etat et destinée aux personnes vivant de leurs salaires. Ses conclusions allaient faire l'objet d'un projet de loi quand éclata la révolution de Février. Ce projet fut repris en novembre 1849 par le Prince-Président et, après un rapport de M. Thiers en date du 26 janvier 1850, il reçut, le 18 juin de la même année, la consécration législative.

L'établissement institué par cette loi avait pour but

(1) Au sujet de la méthode d'amortissement dont nous venons de donner un rapide compte rendu, on trouvera des détails très intéressants et très complets dans le document officiel : *National Debt, Parliamentary Report* (C. — 6539), p. 205 et suiv.

de recueillir les épargnes des travailleurs, d'en opérer, sous la garantie de l'Etat, la capitalisation à un taux fixe d'intérêt, et d'assurer aux déposants des pensions de retraite calculées d'après les données de la table de mortalité Deparcieux. Il devait être géré par la Caisse des dépôts et consignations avec le concours d'une Commission supérieure, chargée de l'examen des questions importantes. Les pensions de retraite étaient constituées sur une tête et calculées d'après un intérêt de 4 $\frac{1}{2}$ %; le maximum qui pouvait être obtenu, fixé d'abord à 600 francs en 1850, fut porté à 1.000 par la loi du 12 juin 1851 et élevé à 1.500 par celle du 4 mai 1864. L'entrée en jouissance de la pension de retraite variait, au choix du déposant, de 50 à 65 ans; les tarifs étaient calculés seulement jusqu'à cet âge, car on pensait qu'au delà les résultats de la table de Deparcieux seraient trop incertains.

Comment la Caisse de retraites contribuait à l'amortissement. — Toutes les sommes disponibles provenant soit des versements, soit des intérêts perçus devaient être, successivement et dans les huit jours au plus tard, versées à la Caisse de dépôts et employées en achats de rentes sur l'Etat pour le compte de la Caisse de retraites. Celle-ci opérait comme les Compagnies d'assurances sur la vie en matière de rente différée; elle devait donc, au moment où une rente viagère devenait exigible, avoir amassé en portefeuille le capital constitutif de cette rente, c'est-à-dire une somme égale à la valeur escomptée de toutes les annuités à échoir, annuités dont le nombre probable était indiqué par les tables de mortalité.

Ce capital constitutif une fois produit ou considéré comme tel, l'œuvre de la Caisse était terminée ; le payement des pensions ne la concernait pas. Cette charge incombait directement au Trésor ; et à cet effet la Caisse des dépôts devait faire inscrire, tous les trois mois, sur le grand livre de la Dette publique, les rentes viagères liquidées pendant le trimestre au nom des ayants droit. Le Trésor était alors constitué débiteur de la rente viagère, avec obligation de la servir directement ; mais il recevait en revanche la remise d'une valeur égale en rentes sur l'État, rentes qui étaient d'ailleurs immédiatement annulées.

On voit donc comment par ce mécanisme une partie de la Dette perpétuelle, achetée en bourse, était échangée contre une Dette viagère dont le Trésor devenait redevable envers les retraités ; la Dette viagère étant destinée à s'éteindre au bout d'un nombre d'années relativement court, la Dette perpétuelle devait alors être allégée d'autant. Pour tenir compte de l'amortissement ainsi obtenu, on faisait intervenir la Caisse de ce nom ; elle servait d'intermédiaire dans toutes ces opérations qui ne figuraient d'ailleurs que pour ordre dans ses comptes, le capital des rentes transférées par la Caisse des dépôts étant inscrit en recettes et l'emploi de ces mêmes rentes annulées étant porté aux dépenses.

Défectuosités de l'organisation financière de la Caisse de retraites. — Le montant de la rente viagère à servir aux déposants était fixé conformément à des tarifs tenant compte pour chaque versement :

1° De l'intérêt composé afférent au capital versé ;

2° Des chances de mortalité à raison de l'âge des déposants et du moment où devait être acquis le droit à pension ;

3° Du remboursement du capital versé à effectuer par la Caisse après le décès, dans le cas où le déposant, en faisant son versement, réservait le capital.

Nous n'avons rien à dire des deux derniers éléments, mais il n'en est pas de même du premier. Le taux de l'intérêt composé, dont les versements devaient être bonifiés, était indépendant du taux des placements de la Caisse; il fut réglé d'une façon fixe et permanente. En 1850, il avait été constitué à 5 %; la loi du 28 mai 1853 le réduisit à 4 1/2, celle du 2 décembre 1872 le ramena à 5 et enfin la loi du 29 décembre 1882 le fit redescendre à 4 1/2. Avec ce système, il se pouvait très bien que le taux légal fut supérieur au taux où le Trésor faisait emploi des sommes reçues par lui, et par conséquent l'État pouvait se trouver en perte; il pouvait advenir, au contraire, que le taux fut inférieur à celui que les déposants auraient obtenu ailleurs, et alors il fallait naturellement s'attendre à un arrêt dans es versements. Et, en effet, les deux éventualités se produisirent, la première à la fin de l'Empire, la seconde après la guerre. Peut-être ce double risque fut-il aperçu dès le début et peut-être aussi le négligea-t-on, ainsi que le dit M. Vührer (1), « à raison de l'importance politique que l'on attachait à l'existence

(1) *Op. cit.*, t. II, p. 522.

d'une Caisse de retraites pour les travailleurs, placée sous la tutelle gouvernementale ».

Quoi qu'il en soit, à partir de 1875, le fonctionnement de la Caisse constitua une charge assez lourde pour le Trésor. Elle délivrait des rentes calculées sur le pied de 5 %, tandis que le produit de celles par elle acquises allait en diminuant, suivant une progression assez rapide, 4,69 % en 1877 et 4,10 en 1879. En 1882, le gouvernement abaissa à 4 1/2 le taux d'intérêt bonifié aux dépôts ; à cette époque, l'insuffisance des réserves de la Caisse s'élevait à plus de 40 millions. En voici le détail :

1875.........................	1.114.000 fr.
1876....:....................	1.096.000
1877.........................	1.080.000
1878.........................	2.644.000
1879.........................	7.036.500
1880.........................	9.252.600
1881.........................	10.749.480
1882.........................	7.500.000
TOTAL au 31 décembre 1882	40.472.580

« Nous avons fondé, disait M. L. Say (1) lors de la discussion du budget de 1883, nous avons fondé une institution qui paye trop cher les fonds qu'on lui remet et qui, par conséquent, est en perte. Elle est en perte comme une Compagnie d'assurances, c'est-à-dire que le capital qu'elle a dans les mains n'a pas une valeur égale à tous les engagements échelonnés qu'elle aura à tenir un jour. »

(1) Voir l'ouvrage de M. L. Say, *Les finances de la France*, p. 150.

La loi de finances du 30 janvier 1884 change le caractère de la Caisse d'amortissement. — La nécessité s'imposait donc à l'Etat de venir au secours d'une institution qu'il avait fondée sur des bases financièrement défectueuses. Il le fit par l'article 9 de la loi de finances du 30 janvier 1884 qui transforma pour l'avenir la Caisse de retraites, en l'assimilant à une Compagnie d'assurances sur la vie qui encaisse, capitalise et pourvoit au service des rentes viagères dans la mesure de ses ressources réelles et non d'après un tarif qui leur est supérieur. Pour lui donner les moyens de faire face au service des pensions en cours, le Trésor lui a restitué la valeur des rentes perpétuelles qu'il avait reçu d'elle, comme prix des rentes viagères déjà liquidées. Cette restitution aurait dû être égale seulement à la valeur des rentes viagères en cours ; mais en guise de compensation de la perte de 40 millions, à laquelle nous avons fait allusion plus haut, il a été décidé que la Caisse toucherait l'intégralité du capital des rentes perpétuelles amorties : il lui a été remis, en conséquence, une rente de 11.032.125 francs en 3 °/₀ amortissable correspondant, au cours moyen de 83 francs, à une valeur équivalente à celle que la Caisse avait versée au Trésor.

La loi dont nous venons d'étudier les dispositions a donc modifié la nature de la Caisse de retraites. Dans l'idée de ses fondateurs, cet établissement était à la fois une institution de prévoyance subventionnée par l'Etat, et un instrument pour la réduction de la Dette. Elle a totalement perdu, en 1884, le second de ces caractères et le premier lui-même a été dénaturé.

Résultats obtenus au point de vue de l'amortissement. — Ces résultats ne sont que fictifs, puisqu'on a rendu à la Caisse une somme de rentes égale à celles qu'elle avait amorties. Mais ils sont tout de même intéressants à connaître, afin de se rendre compte de ce qu'on aurait pu obtenir dans cette voie. Nous empruntons au *Dictionnaire des finances* le tableau suivant, qui fait ressortir l'importance des rentes sur l'Etat, amorties depuis 1850, et remplacées par des rentes viagères.

ANNÉES	Rentes perpétuelles amorties	Rentes viagères constituées
De 1851 à 1870	3.381.280 fr.	7.931.277 fr.
De 1871 à 1875	1.407.492	3.017.030
De 1875 à 1880	3.454.329	9.147.549
De 1880 à 1883	4.334.692	11.166.582
TOTAL......	12.577.793	31.262.438

Le montant des rentes viagères en cours au 1er janvier 1786 était de 27.192.509 fr. Il était donc notablement supérieur à celui des rentes perpétuelles annulées, ce qui n'est pas étonnant ; ce n'est qu'à la longue et par la disparition successive des crédi-rentiers, qu'une pareille transformation peut alléger le poids des intérêts de la Dette.

Les auteurs se trouvent, en général, d'accord à regretter que l'on ait dénaturé en 1884 le caractère de la Caisse de retraites. Tout en faisant varier les tarifs d'après le taux moyen de l'intérêt dans l'année, ainsi que le prescrit la loi du 20 juillet 1886 (Art. 12), on aurait certainement pu continuer à faire servir notre établissement à l'amortissement de la Dette. Il eut été ainsi possible, comme le calcule M. Leroy-Beaulieu (1), qu'à la fin du siècle la réduction totale de la Dette publique, par cette conversion de rentes perpétuelles en rentes viagères, s'élevât à 5 ou 600 millions de francs et que la diminution réalisée sur les arrérages fût vers la même époque de 12 ou 15 millions. Il est regrettable qu'en 1884 on ait renoncé à la possibilité de cet allègement.

Appréciation de l'amortissement par conversion en rentes viagères. — Un homme qui, pendant son passage à l'administration des finances, a usé et abusé des émissions de rentes viagères, Necker (2), s'exprime sur elles en ces termes : « Cependant, comme il n'est pas moins vrai que les rentes viagères ont des inconvéniants soit qu'on en juge par les calculs de probabilité sur la vie commune des hommes, soit que l'on considère cette sorte d'emprunt sous le point de vue moral, je pensai qu'il fallait profiter assez sagement de la paix pour réduire tellement le prix de l'intérêt qu'à l'époque de la guerre on pût se procurer de grands secours par la seule voie des rentes perpétuelles ou remboursables. »

Si les rentes viagères présentaient les deux défauts signalés ci-dessus, il faudrait certainement renoncer, quelques avantages qu'il pût offrir, à l'amortissement par la conversion en ce type de rentes. Que doit-on penser au juste à ce sujet ? Sans doute, au dix-huitième siècle, les annuités viagères ont constitué au mode d'em-

(1) *Loc. cit.*, p. 311.
(2) Œuvres de Necker, t. V., p. 191.

prunt très onéreux par suite des défectuosités des tables de mortalité en usage ; mais les tables de mortalité sont actuellement si précises qu'elles peuvent donner, en opérant sur un assez grand nombre de têtes, des résultats mathématiquement exacts.

La première objection est donc sans valeur.

Quant au reproche fait aux rentes viagères de pousser à l'égoïsme et à la démoralisation, s'il était juste, l'Etat devrait interdire tous les contrats de ce genre. Mais on ne saurait exiger cela de lui, car il y a bien des cas où de pareils contrats se font dans des conditions parfaitement irréprochables au point de vue de la morale. Il est bien légitime, par exemple, qu'un pays possède une Caisse nationale de retraites pour la vieillesse.

Nous ne croyons pas toutefois, qu'en dehors d'un pareil établissement fonctionnant dans des conditions et avec des garanties spéciales, la France doive imiter l'exemple de l'Angleterre et proposer aux particuliers de leur délivrer des rentes viagères. Nous ne sommes pas de ceux qui s'opposent, de parti pris, à l'extension des attributions de l'Etat; mais encore faut-il que cette extension soit justifiée par les résultats qu'elle donnera. Or, nous avons des Compagnies d'assurances sur la vie qui fonctionnent d'une façon très satisfaisante, et nous croyons que vouloir mettre l'Etat totalement ou partiellement à leur place (1), ce serait faire une œuvre pour le moins dépourvue d'utilité, et que, par conséquent, il ne faut pas songer à accomplir : il y a bien d'autres moyens d'amortir la Dette publique.

(1) Voir en sens contraire Labeyrie, *op. cit.*, p. 465.

CHAPITRE III

AMORTISSEMENT DE LA DETTE PERPÉTUELLE PAR SA
CONVERSION EN ANNUITÉS TERMINABLES.

SOMMAIRE : La politique d'amortissement de M. Gladstone. — Les
conversions dé 1883. — Résultats obtenus.
Application unique en France de la politique suivie en Angleterre :
la conversion de l'emprunt Morgan. — Appréciation de la
conversion.

La politique d'amortissement de M. Gladstone. —
Parallèlement aux actes relatifs à la conversion de la
Dette consolidée en Dette viagère, des Acts de 1819
(Act 59 Géo III., c 34), de 1829 (Act Géo IV., c 24), de
1833 (Act 3 W. V., c 14), règlementèrent la transformation de la même Dette en annuités terminables. Mais
ces deux sources d'amortissement avaient un inconvénient grave : le gouvernement ne pouvait qu'en constater le capricieux débit, sans être à même de l'accé-
lérer ou de le ralentir suivant les circonstances. Il y
avait cependant pour lui un moyen de régler le mouvement : c'était de faire porter les opérations de transformation sur les rentes que le jeu des institutions

nationales amène dans le portefeuille des administrations publiques.

Ce portefeuille, qui est géré en France par la Caisse des dépôts et consignations, se dédouble en Angleterre, entre deux institutions différentes, le *National Debt Office* et la Chancellerie de la Cour royale de justice. La première, en outre de toutes les opérations relatives à la Dette publique, est chargée de centraliser les dépôts et versements des Caisses d'épargne (1), et de les faire valoir en les plaçant en valeurs déterminées par la loi; les Caisses d'épargne constituent donc, comme chez nous, de simples agents intermédiaires entre les déposants et une Caisse d'Etat qui est le dépositaire réel, dépositaire constitué dans les deux pays avec de sérieuses conditions d'indépendance et placé sous la haute garantie des représentants de la nation. Quant à la Chancellerie de la Cour royale de justice, elle conserve en portefeuille tout un stock de valeurs litigieuses, capitaux mis sous séquestre, cautionnements, etc..., qui va toujours en progressant, car les rentrées sont plus nombreuses que les sorties, celles-ci étant d'ailleurs subordonnées à des conditions et des délais encore plus longs que chez nous.

M. Gladstone observant, vers 1860, que les fonds des Caisses d'épargne et de la Cour de la Chancellerie suivaient une marche sans cesse ascendante par suite de la supériorité constante des dépôts sur les retraits,

---

(1) Elles se divisent, à peu près comme en France, en *Trustees saving banks* (Caisses d'épargne ordinaires), et *Post office saving banks* (Caisses d'épargne postales).

estima que l'on pouvait, sans danger, faire un emploi temporaire, au profit des intérêts généraux du pays, de partie des rentes composant le portefeuille de ces établissements. Il pensa que le gouvernement pouvait s'en faire livrer une certaine quantité, en remettant à la place une annuité terminable équivalente ; les rentes ainsi obtenues seraient détruites et le capital de la Dette allégé d'autant. L'annuité, devrait être employée, par l'administration à qui elle serait servie, à racheter des rentes, et le stock des rentes cédées au gouvernement et détruites serait reconstitué à l'époque où l'annuité viendrait à expirer. Il serait possible alors de recommencer l'opération et de travailler ainsi à l'extinction de la Dette publique d'une façon autrement méthodique et régulière qu'en consacrant au rachat de consolidés les excédents éventuels du budget des recettes sur celui des dépenses.

Premières applications du plan de M. Gladstone. — Ce fut en 1863 que M. Gladstone proposa au Parlement d'appliquer le plan dont nous venons de donner les grandes lignes. La situation financière était favorable et l'extinction des *longues annuités,* créées successivement par Pitt pendant les premières années de la guerre avec la France, venaient de procurer au Trésor un soulagement annuel de soixante-deux millions et demi de livres. Le Chancelier de l'Echiquier avait donc beau jeu pour rappeler au Parlement qu'il avait le devoir d'alléger, lui aussi, les charges des générations à venir : « Je crois, disait-il en présentant son projet de budget, que l'heure est arrivée où les Chambres ont le devoir de s'occuper, plus qu'elles n'ont fait jusqu'ici, des moyens de réduire la Dette du pays.... Vous avez pendant la paix diminué votre Dette, en moyenne, de soixante-quinze millions par an, ce n'est pas assez. Songez que si une guerre de quelque durée venait à éclater demain, vous perdriez en trois ans le bénéfice de trente années d'économie. Faites donc acte de prévoyance : songez que la richesse nationale peut diminuer, et faites plus que vous n'avez fait ».

Le Parlement se décida, en effet, à entrer dans la nouvelle voie que lui ouvrait M. Gladstone et il autorisa, sur les quarante-deux millions (1) appartenant aux Caisses d'épargne, la conversion de cinq millions de titres en une annuité de L. 315.017 devant courir du 30 octobre 1863 et expirer le 5 avril 1885; cette dernière date fut choisie parce qu'elle formait également le terme d'autres annuités; l'Echiquier recouvrerait ainsi, en une fois, la disponibilité de sommes qui, par leur importance, seraient tout naturellement désignées pour servir à d'autres réductions de la Dette.

Aux termes du même Act, 24 millions de consolidés 3 % que les Commissaires de la Dette avaient entre leurs mains pour le compte des Caisses d'épargne furent annulés et convertis en une créance particulière, dite *Book debt*, au même chiffre de vingt-quatre millions, rapportant le même intérêt et destinée à être convertie elle aussi en annuités; mais un changement de ministère, les événements politiques du Continent et la crise monétaire qui sévit en 1866 con-

(1) En livres sterling.

traignirent à différer l'exécution de cette mesure. Le Chancelier de l'Echiquier, M. Disraëli, la présenta de nouveau en 1867 à la sanction parlementaire, et le capital de vingt-quatre millions fut transformé en une annuité de L. 1.760.878 expirant également en 1885. D'autres Acts intervinrent la même année pour étendre la portée des opérations de conversion, et en fin de compte, trente-quatre millions de rentes appartenant aux Caisses d'épargne furent convertis en une annuité de L. 2.410.000 devant cesser en 1885.

Nous ne pouvons entrer dans le détail de toutes ces opérations successives *, inspirées toutes par le même esprit et dirigées dans le même sens, et montrant avec quelle persévérance les ministres anglais, sans distinction de parti, poursuivent la transformation de la Dette perpétuelle en Dette à terme, et qu'elle confiance ils mettent dans ce mode de libération de l'Etat (1). » Signalons-les seulement : En 1870, conversion de sept millions de rentes en une annuité de L. 553.000, et en 1874, même opération portant sur sept millions de rentes échangées contre une annuité de L. 651.000. Les rentes appartiennent toujours aux Caisses d'épargne et les annuités doivent expirer en 1885.

La conversion de 1883. — Il est intéressant toutefois d'étudier la dernière de ces opérations : c'est la plus importante au point de vue de la quantité de titres intéressés. Elle fut opérée sous les auspices

____

(1) Cucheval-Clarigny, *op. cit.*, p. 90.

directs de M. Childers après avoir été combinée par M. Gladstone.

Cet illustre homme d'Etat, en présentant le budget de 1881-82, signalait déjà l'importance de l'échéance de 1885 qui allait rendre disponibles les sommes considérables affectées au service des annuités expirant à cette date. Il montrait qu'il serait prudent de les réengager à l'avance, afin de n'avoir pas à lutter contre l'affluence des demandes de degrèvement qui ne manqueraient sans doute pas de se produire ; et il suggérait qu'on pourrait les employer à la conversion des rentes accumulées dans le portefeuille de la Cour de la Chancellerie, rentes atteignant déjà le chiffre élevé de 1 milliard et demi.

A la fin de 1882, M. Gladstone appela M. Childers à l'Echiquier et le chargea de réaliser le plan que l'état précaire de sa santé ne lui permettait pas d'exécuter lui-même. Le nouveau Chancelier exposa ce plan aux Communes, le 5 Avril 1883, en leur présentant le budget de l'année 1883-84 et son adoption fit l'objet de la loi du 7 Août 1883 ou *National Debt Bill ;* en voici les principales dispositions :

Un stock de rentes s'élevant à 70 millions de livres allait être soumis à la conversion en annuités terminables. Sur ce chiffre 40 millions provenaient de la Caisse de la Cour de la Chancellerie qui recevait en échange une annuité de L. 2.665.835 à vingt ans de date ; 30 millions étaient demandés aux Caisses d'épargne, auxquelles on donnait en retour trois annuités de L. 1.200.000 chacune, la première à cinq ans, la seconde à dix ans, la troisième à quinze ans de date. Les 70 millions de rentes ainsi livrés au gouvernementdevaient être annulés et les annuités servies seraient affectées à l'achat sur le marché de nouvelles rentes destinées à reconstituer le portefeuille des administrations intéressées. Les cours allaient certainement s'élever et afin de ne pas rendre ces administrations victimes de la mesure qui leur était imposée par l'Etat, la loi spécifia qu'il leur serait tenu compte de la différence entre le pair et le taux où elles opéreraient leurs remplois obligatoires, et que les annuités seraient majorées en proportion.

On se rappelle peut-être qu'il avait été affecté en 1875 une somme fixe de L. 28.000.000 au service total de la Dette. En 1887 les circonstances forcèrent le Chancelier de l'Echiquier, M. Goschen, à la réduire à L. 26.000.000 ; il voulut alléger en proportion le montant des annuités et transforma la triple annuité de L. 3.600.000 en une annuité unique de L. 1.980.000 devant expirer en 1902 ; cette dernière elle-même put être réduite par suite de la conversion des 3 % en 2 ¾ (1) à L. 1.786.367.

Résultats obtenus par les conversions précédentes. — Le montant des titres appartenant à des administrations publiques et qui furent échangés contre des annuités terminables s'élève à L. 118.241.908. Ces titres ont été annulés et leur disparition, jointe à celle provenant des échanges volontaires de titres appartenant à des particuliers contre des rentes viagères ou des

(1) En 1888.

annuités à terme, a beaucoup aidé à la hausse constante des fonds d'Etat anglais ; cette hausse est encore accentuée par le placement continuel en consolidés des annuités servies par le Trésor aux administrations publiques dont nous nous sommes occupés. Les titres de rentes se raréfiant ainsi, leur taux augmente, d'où la possibilité d'effectuer la conversion de ces titres en d'autres titres constitués à un taux d'intérêt moins élevé. Aussi l'Angleterre, comme le fait observer le document officiel que nous avons sous les yeux (1), en suivant la politique préconisée par M. Gladstone, diminue à la fois et le capital nominal de sa Dette et le montant des intérêts y afférents. On doit le féliciter du résultat ainsi obtenu et se demander s'il ne faudrait pas songer à l'imiter.

Application unique en France de la politique suivie en Angleterre ; la conversion de l'emprunt Morgan. — La France pourrait peut-être pratiquer, vis-à-vis de la Caisse des dépôts et consignations, la politique suivie si heureusement par l'Angleterre à l'égard des Caisses d'épargne et de la Cour de la Chancellerie ; mais, sauf le cas de la conversion de l'emprunt Morgan, elle n'a jamais fait preuve à cet égard que de la plus profonde indifférence.

Etudions donc cette conversion, quitte à regretter s'il le faut que notre pays ne songe pas à échanger contre des annuités terminables les titres de rente qui

(1) *National Debt Parliamentary Report*, c. 6539, p. 150.

forment le portefeuille de ses administrations publiques.

Il est inutile de rappeler les pénibles circonstances dans lesquelles fut conclu par le gouvernement de la Défense nationale l'emprunt qui est connu sous le nom de l'emprunt Morgan ; cet emprunt rapporta net au Trésor une somme de 208.899.770 francs pour une valeur nominale de 250 millions d'obligations 6 % remboursables en trente-quatre ans par voie de tirage au sort, à partir du 1er avril 1873. Comme le taux était très élevé (7.18 % en réalité), les négociateurs français, MM. Laurier et de Germiny, avaient eu la sage précaution de réserver à leur gouvernement le droit de remboursement au pair avant l'achèvement des tirages.

Après la guerre, notre situation financière s'améliora très rapidement ; au commencement de 1875, le 5 % était coté au-dessus du pair et les obligations Morgan se négociaient entre 520 et 525 francs. Aussi, dès les premiers mois de cette année, la Chambre se vit soumettre une proposition de loi (1) tendant à la conversion de cet emprunt en rentes 5 % au pair : il exigeait, pour son service annuel, une somme de 17.650.000 francs ; transformé en 5 %, il n'eut plus demandé que 12.400.000 francs. Cette proposition fut renvoyée à la Commission du budget ; mais, entre temps, le ministre des finances, M. L. Say, ne voulut pas laisser à un député l'initiative de cette mesure et, après avoir obtenu de la Chambre l'autorisation d'annoncer aux porteurs des obligations Morgan qu'ils

(1) Dont l'auteur était M. de Soubeyran.

allaient être remboursés, il présenta un projet permettant au gouvernement d'emprunter à la Caisse des dépôts et consignations (compte d'emploi des fonds des Caisses d'épargne) une somme de 14.541.780 francs de rentes 3 %, en paiement de laquelle il lui servirait une annuité (1) de 17.300.000 francs. Cette annuité était calculée de façon à assurer l'intérêt et l'amortissement, en trente-neuf ans, de la nouvelle Dette contractée par le Trésor. Comme le service de l'emprunt Morgan s'élevait à 17.650.000 francs, il allait résulter de cette combinaison un bénéfice pour l'Etat de 350.000 francs par an. Il est vrai que comme contre-partie à cette économie, le délai d'amortissement était prolongé de trente-un à trente-neuf ans.

Mais le principal avantage de la conversion devait être de procurer au Trésor une prime importante. Les rentes 3 % se trouvant cotées 64 francs, un revenu de 30 francs, c'est-à-dire un revenu égal à celui d'une obligation Morgan, représentait un capital de 640 francs; en conséquence, le ministre proposait aux porteurs de l'obligation de leur échanger leurs 30 francs de rente 6 %, contre un égal revenu en 3 %, mais moyennant une soulte qu'il fixait à 124 francs. Dans tous les cas le chiffre des adhésions importait peu à l'Etat, car il avait toujours bénéfice à vendre 30 francs de rente

(1) L'annuité était représentée par des obligations du Trésor rapportant 4 %; cet intérêt fut réduit à 3,50 % par la loi du 26 décembre 1892 et le chiffre de l'annuité à 16.490.117 fr. 12; l'intérêt a été encore réduit à 3 % et le chiffre de l'annuité à 15.702.405 fr. 76 par la loi du 28 décembre 1895.

3 °/₀ sur le marché et à rembourser ensuite 500 francs par obligation.

Le montant du bénéfice réalisé par l'opération de la conversion, ainsi qu'il ressort du rapport au Président de la République, en date du 1ᵉʳ juin 1880, s'éleva à la somme de 66.839.849 francs 33 centimes, somme qui fut portée à l'actif du premier compte de liquidation. En résumé, cette opération permettait au Trésor de se procurer une somme relativement importante sans adresser au crédit un appel direct qui aurait certainement été une cause de complications extérieures; elle lui permettait même de réaliser une économie annuelle de 350.000 francs, en prolongeant seulement de huit ans la durée au bout de laquelle les obligations Morgan devaient être remboursées.

Appréciation de la Conversion. — La conversion de l'emprunt Morgan ne ressemblait que de loin aux opérations du même genre accomplies en Angleterre, car les rentes livrées par la Caisse des dépôts ne devaient pas être annulées ; elle n'amortissait donc pas la Dette, mais elle lui évitait de s'accroître de la soulte payée par les porteurs des obligations Morgan. Elle s'inspirait toutefois du système cher à M. Gladstone et fut appréciée dans les termes suivants par le rapporteur de la Commission (1) chargée d'examiner le projet de loi y relatif : « Le ministre des finances a voulu introduire dans notre régime financier un système d'amortissement de la Dette publique qui n'a pas

(1) Rapport de M. Mathieu-Bodet du 26 mai 1875, *Journal officiel* du 13 juin.

encore été appliqué en France, mais qui est appliqué ailleurs depuis longtemps et avec avantage. C'est ce qu'on appelle en Angleterre l'amortissement par les annuités terminables... Ne pourrait-on adopter le même système en France et convertir également en obligations de cette nature les rentes achetées avec les fonds des Caisses d'épargne et arriver ainsi à amortir une partie de notre dette publique ? »

Il est évident, en effet, que nous pourrions obtenir les mêmes résultats que l'Angleterre en convertissant en annuités terminables les rentes de notre Caisse des dépôts qui correspondent aux fonds des Caisses d'épargnes et de la Cour de la Chancellerie anglaises. Mais ce serait compliquer encore le mécanisme, déjà si complexe, de cet établissement ; et nous montrons plus loin qu'il est préférable de choisir une méthode d'amortissement plus simple que celle que nous venons d'exposer.

CHAPITRE IV

CRÉATION DE LA RENTE 3 % AMORTISSABLE

SOMMAIRE : Introduction en France des emprunts amortissables par tirages au sort périodiques. — Projet de loi portant création de la rente amortissable. — Discussion à la Chambre : opposition de M. Rouvier. — Discussion au Sénat : opposition de M. Chesnelong. — Premières émissions en 1878. — Emission d'un milliard en 1881. — Emission de 1200 millions en 1883. — Emissions en 1884. — Dernière émission en 1891. — Total des émissions.

Introduction en France des emprunts amortissables par tirages périodiques. — Notre pays, en adoptant ce mode perfectionné d'amortissement, a abandonné les traces de l'Angleterre qui a banni de ses finances toute institution dépendant plus ou moins du hasard, pour suivre celles des Compagnies de Chemins de fer, dont les obligations amortissables ont établi un drainage puissant et incessant sur les épargnes du pays (1). « L'exemple des grandes Compagnies, fait observer avec raison M. Pelletan, devait attirer l'attention des hommes appelés à gérer les finances de la France.

(1) Rapport sur la situation financière de la France (Chambre des députés, session extraordinaire de 1890, annexe n° 1031, p. 133.)

Comment le spectacle des sociétés privées, arrivées à contracter une dette de plusieurs milliards, en empruntant d'une façon ininterrompue, par une sorte de flux perpétuel et silencieux d'obligations, n'aurait-il pas frappé des hommes politiques pour lesquels chaque emprunt nouveau est l'occasion de difficultés, de critiques et d'émotions de toute sorte? »

Une première tentative à l'effet d'employer les procédés des Compagnies fut faite en 1857, précisément à propos des subventions qui leur étaient dues par l'État; la loi du 23 juin de cette année autorisa le ministre des finances à payer ces subventions au moyen de 400.000 obligations au porteur, négociables, remboursables à 500 francs en trente ans à partir de 1860, et rapportant un intérêt annuel de 20 francs. Une autre loi du 29 juin 1861 prescrivit la création de 300.000 obligations du même type, dont le produit devait être employé à l'exécution de divers travaux de voies ferrées.

Pendant la guerre de 1870-71, l'emprunt Morgan fut conclu, comme nous l'avons vu en obligations 6 %, remboursables en trente-quatre ans. A la paix, lorsqu'il s'agit de se procurer les milliards nécessaires pour payer les conséquences de nos malheurs, bien des propositions furent émises dans le sens d'emprunts en obligations, amortissables par tirages au sort périodiques. La plus intéressante est celle de M. François Bartholony. Cet habile financier (1) préconisait l'em-

(1) Voir la brochure de M. Bartholony : *Coup d'œil sur l'avenir financier de la France*, p. 14.

ploi d'obligations rapportant 50 francs d'intérêt, émises
à 1.000 francs, et remboursables à 2.000 en 99 ans ; il
prétendait que si l'État adoptait ce système, au lieu
d'avoir recours aux rentes 5 % perpétuelles, il écono-
miserait un dixième sur l'annuité destinée au service
de l'emprunt, tout en contractant une Dette temporaire
au lieu d'une Dette à durée illimitée.

La Commission chargée de l'examen du projet de
loi relatif au premier emprunt de deux milliards et
demi refusa d'entrer dans ces vues. Elle prétendit que
la clientèle était plus nombreuse et plus assurée pour
un emprunt en rentes, et que l'emploi sur le marché
de deux types aussi différents que le type perpétuel
et le type amortissable « provoquerait infailliblement
des comparaisons et des antagonismes ; l'un des modes
nuirait à l'autre et il serait difficile de déterminer
d'avance la part qu'il faudrait faire à chacun (1) ». Le
système d'obligations amortissables fut donc rejeté
pour les emprunts de guerre.

Cependant le pays se relevait rapidement de ses désastres et le gouvernement songeait à lui rendre, par
le développement du commerce et de l'industrie, le
rang que lui avaient fait perdre les chances de la
guerre. En conséquence, la loi du 29 décembre 1876 et
le décret du 12 juin 1877 autorisèrent le ministre des
finances à créer, pour assurer l'exécution de différents
travaux publics, 210.000 obligations trentenaires semblables à celles émises en 1857-61 et devant s'éteindre
en 1907.

(1) Rapport fait au nom de la commission par M. Casimir Périer.
(*Journal officiel* du 22 juin 1871, annexe n° 332, p. 1514.)

C'était .à un simple commencement et, vers la fin de 1877, la nécessité d'appels au crédit autrement importants s'imposa par suite des dépenses qu'allaient entraîner le rachat des petites Compagnies de chemins de fer et l'exécution du vaste programme imaginé par M. de Freycinet. Comme il s'agissait de se procurer plusieurs centaines de millions tous les ans, on ne pouvait songer à les demander à la Dette flottante qui de 841 millions, au 31 novembre 1874, s'était alors élevée au delà de 1.100 millions ; il eut été dangereux d'avoir toujours recours aux obligations qui, même émises au long terme de trente ans, pouvaient finir par former une masse trop lourde à supporter. D'un autre côté, la Dette perpétuelle avait atteint un niveau menaçant et, en l'augmentant de plusieurs milliards, on pouvait craindre d'en déprécier les titres et de retarder les conversions dont on commençait à prévoir la possibilité.

Il s'agissait en somme de racheter des Chemins de fer déjà construits et d'en construire de nouveaux. L'Etat se mettait à la place des Compagnies, il était donc naturel qu'il adoptât leur excellent instrument de crédit. Aussi le ministre des finances, M. L. Say, et celui des travaux publics, M. de Freycinet, se mirent d'accord avec le président de la Commission du budget, M. Gambetta, pour demander les ressources nécessaires à l'émission d'obligations similaires à celles que le public acceptait avec tant d'empressement lorsqu'elles lui étaient offertes par l'industrie privée.

Projet de loi portant création de la rente amortissa-

bles. — En conséquence, le 7 février 1878, M. L. Say déposait sur le bureau de la Chambre un projet de loi qui allait marquer une étape nouvelle dans l'histoire financière de la France. « La loi que nous vous proposons aujourd'hui, disait l'exposé des motifs, est à la fois une loi de principe et une loi d'application. Comme loi de principe, elle a pour objet de créer l'instrument financier destiné à faire face aux grands travaux publics que le gouvernement projette d'exécuter pendant une une dizaine d'années et qu'il soumettra successivement à votre approbation. Comme loi d'application, elle emploie dès maintenant cet instrument à procurer les ressources que rend nécessaires la loi qui vous a été présentée le 12 janvier dernier, relativement au rachat de dix Compagnies secondaires de Chemins de fer ».

Le ministre présentait alors l'instrument financier auquel il faisait allusion : c'était un titre de crédit calqué comme type et délai d'amortissement sur celui des obligations 3 % des Compagnies de Chemins de fer ; il devait être émis, au fur et à mesure des besoins, par l'intermédiaire des guichets des receveurs généraux et particuliers et au besoin des percepteurs, à des cours déterminés et fixés de jour en jour, suivant le niveau du crédit public. D'ailleurs la seule différence qui existerait entre cette nouvelle rente et les autres rentes émises par l'Etat, c'est qu'à la suite de tirages annuels elle serait remboursée obligatoirement par fractions et par suite *elle ne pourrait être convertie.*

Comme cet amortissement devait se faire en soixante-quinze ans, M. L. Say croyait pouvoir affirmer que l'annuité totale, intérêts et amortissement compris, ne dépasserait pas en moyenne 5 °/₀ du capital effectif. Il suffirait donc de prévoir au budget une charge annuelle de 50 millions de francs par chaque milliard de travaux exécutés. Il n'y avait d'ailleurs à s'occuper pour le moment que des dépenses qui allaient résulter du rachat des Compagnies secondaires pour une somme totale de 500 millions, correspondant à une annuité de 25 millions. Les ressources équivalentes étaient faciles à trouver et devaient être obtenues par un remaniement de la dotation d'amortissement du deuxième compte de liquidation : cette dotation s'élevait à 170 millions 500.000 et l'amortissement devait être achevé en 1889 ; il suffirait de le prolonger jusqu'en 1892, ce qui permettrait de réduire la dotation à 145.500.000 et de se procurer ainsi les 25 millions nécessaires.

Afin de présenter un plan financier régulier, le ministre s'occupait des obligations à long terme déjà émises ou à émettre encore par le Trésor, pour l'exécution des grands travaux publics. Le Trésor avait été en effet autorisé à en créer pour un capital annuel d'environ 69 millions, le terme final de remboursement étant fixé à 1907. Or il n'était pas logique d'offrir en même temps au public des obligations de nature différente, les unes en 4 °/₀, les autres en 3 °/₀, les unes amortissables en trente ans, les autres en soixante-quinze ans. Aussi M. L. Say proposait de convertir les obligations trentenaires qui étaient dans le portefeuille du Trésor, en obligations du nouveau type, et à émettre également dans ce nouveau type les obligations nécessaires pour la réalisation du contingent annuel futur de 69 millions.

Discussion à la Chambre; opposition de M. Rouvier.
— Après avoir donné lecture à la Chambre de son
projet de loi, le 7 février 1878, le ministre en demanda
le renvoi immédiat à la Commission du budget. Un
député de l'opposition, M. Häentjens, fit observer qu'il
s'agissait en somme d'ouvrir une nouvelle section au
grand livre de la Dette publique : il lui semblait qu'un
projet de cette importance ne pouvait être utilement
examiné par la Chambre, sans avoir été examiné par
les bureaux ; il demandait que ceux-ci fussent appelés
à élire une Commission spéciale qui aurait à s'entendre
avec la Commission du budget sur les points principaux
de la loi.

Cette proposition fut rejetée, et la Chambre renvoya
le projet à la Commission du budget, ainsi que l'avait
demandé le ministre. Il faut reconnaître d'ailleurs
qu'il n'avait rien à y perdre, car cette Commission,
présidée par Gambetta, comprenait des personages
d'une compétence incontestable : MM. Sadi-Carnot,
Henri Germain, Jules Ferry, Rouvier, Tirard, etc...
M. Wilson fut chargé du rapport. Rappelant que l'emprunt proposé n'était que l'exécution de décisions
antérieurement prises par la Chambre, M. Wilson se
borna purement et simplement à examiner le type
de crédit imaginé par le ministre des finances, et à se
demander successivement si ce type était celui avec
lequel on pouvait le mieux disposer des ressources du
pays, si le budget était en état de supporter la nouvelle
charge qui allait lui être imposée, enfin si le mode
d'émission présenté offrait toutes les garanties qu'on
était en droit de réclamer.

Sur tous ces points, M. Wilson concluait à l'adoption des propositions soumises à la Chambre : « Votre Commission, dit-il, s'est montrée très favorable au mode d'emprunt qui vous est soumis. En principe, un Etat doit tendre à rendre sa Dette uniforme et à n'avoir qu'un seul et même titre d'emprunt. Mais dans un cas où il s'agit d'une opération dont la nature est toute spéciale, il nous a paru qu'il y aurait avantage à faire un appel distinct au crédit et à le séparer de ceux qui ont pour objet les autres besoins de l'Etat ». D'après lui, l'amortissement obligatoire était le caractère essentiel et légitime de l'emprunt nouveau, et il montrait qu'en le proposant le ministre faisait un acte sagement patriotique : « L'expérience a prouvé, disait-il, que les gouvernements sont impuissants à s'imposer à eux-mêmes l'obligation d'amortir. Un pays s'abstiendra d'emprunter ; mais il se laissera facilement entraîner à faire disparaître de son budget les crédits destinés à l'amortissement ». Il était donc préférable d'emprunter en un type de fonds portant en lui-même son propre amortissement que de recourir, ainsi que l'avait proposé un membre de la Commission, à un emprunt en rentes perpétuelles, quitte à leur consacrer une dotation annuelle chargée de les racheter successivement sur le marché.

Après ces considérations générales, le rapporteur se demandait si les budgets étaient en état de supporter les charges résultant du nouvel emprunt. Il répondait que ces charges, s'élevant à 25 millions, trouveraient facilement des ressources correspondantes, ainsi que l'avait proposé le ministre, dans un simple remaniement de la dotation prévue pour le compte de liquidation. « Nos budgets contiennent, disait-il, toutes les ressources nécessaires pour solder en capital et intérêts, pendant une période de dix années, le compte de liquidation. Ces ressources constituent une réserve considérable sur laquelle nous pouvons sans inconvénient prélever la dotation annuelle de 25 millions qui nous est nécessaire pour gager l'emprunt destiné au rachat des lignes secondaires de Chemins de fer ».

Quant au mode d'émission qui devait se faire au fur et à mesure des besoins par l'intermédiaire des receveurs généraux, des receveurs particuliers et même des percepteurs, il était emprunté aux Compagnies de Chemins de fer qui écoulaient leurs titres à leurs guichets, à des cours déterminés et fixés périodiquement d'après le niveau de leur crédit. Ce système fut combattu au sein de la Commission par des membres qui auraient préféré l'émission par souscriptions publiques, qui avait donné de si brillants résultats en 1871 et 1872.

D'après M. L. Say, le système des émissions publiques à époques fixées aurait eu, alors qu'il s'agissait de travaux publics, le grave inconvénient d'engager l'avenir ; le système qu'il préconisait permettrait, au contraire, de proportionner la création des ressources à l'importance des besoins, en laissant aux Chambres la liberté d'activer ou de ralentir les travaux, selon l'état des finances publiques ; il laisserait, en outre, au ministre la possibilité de choisir pour ses émissions de rentes les moments où les cours du marché lui paraîtraient les plus favorables. La majorité de la

Commission se rallia aux idées de M. L. Say, et son rapport conclut à laisser au gouvernement le soin de déterminer lui-même le mode d'émission.

En résumé, la Commission acceptait entièrement le projet, sauf deux modifications de détail : elle insérait un paragraphe ayant pour objet d'autoriser tout déposant de Caisse d'épargne, dont le crédit serait de somme suffisante pour acheter 15 francs au moins de rente amortissable, à faire opérer cet achat par les soins de l'administration. Elle demandait que, pour l'avenir, la rente 3 % amortissable fût substituée aux obligations trentenaires ; mais elle jugeait inutile de compliquer la situation par la conversion des obligations déjà émises, alors qu'il existait de la rente 5 % et 4 $\frac{1}{2}$ % que l'on ne convertissait pas encore ; elle supprimait en conséquence le paragraphe y relatif, laissant au ministre le soin d'examiner plus tard ce qu'il y aurait à faire à cet égard.

En présence de l'accueil favorable de la Commission, coïncidant avec les éloges de la presse, la Chambre se hâta de voter le projet, le 16 mars, à la majorité de 314 voix contre 59. La discussion fut d'une brièveté étonnante si l'on réfléchit que la loi, comme le disait le ministre, était une loi de principe autant qu'une loi d'application ; cependant, ainsi que le faisait remarquer le journal *la République Française* (1), « il eut été bon de démontrer jusqu'à l'évidence que le 3 % amortissable était le vrai fonds de l'avenir, qu'il

____

(1) Citation empruntée à l'ouvrage de M. A. Neymarck, *la Rente 3 % amortissable*, p. 39.

présentait le double avantage d'être le moins onéreux pour l'État et le plus productif pour les particuliers ». M. Sourigues proposa bien, sans succès d'ailleurs, un amendement relatif au mode d'émission, mais le fond même de la loi ne fut attaqué que par M. Rouvier (1) qui jugea que l'on ne pouvait « inaugurer un système parlementaire dans lequel des questions aussi graves que celle-ci seraient tranchées sans débat ».

M. Rouvier, se basant sur ce que le mode d'emprunt proposé était un emprunt avec prime, reprochait au gouvernement d'assimiler la France aux États dont le crédit n'est pas solidement assuré. « Quand les États orientaux, disait-il, font un emprunt, ils ne se contentent pas de promettre à leurs prêteurs un intérêt plus ou moins élevé, ils promettent encore une prime qui résulte de la différence entre le prix d'émission et le remboursement. Mais est-ce qu'en France nous en sommes arrivés à ce point d'avoir besoin, pour stimuler les prêteurs, d'avoir recours à de tels expédients? Apparemment non, et ce n'est pas pour stimuler les rentiers, pour allécher les prêteurs que le ministre des finances a eu l'idée de recourir à cette combinaison. Ce qu'il a eu en vue c'est, nous dit-on, d'assurer l'amortissement et de l'assurer dans un délai très court, trop court à mon sens. »

L'orateur abordait alors la question de l'amortissement qu'il reconnaissait être très discutable et très discutée. Il déclarait ne pas croire que la situation

____

(1) Le discours de M. Rouvier est inséré au *Journal officiel* du 17 mars 1878, p. 3008.

financière du moment permit d'imposer au pays des
sacrifices considérables comme ceux qui allaient résulter de la création du type proposé par le ministre
des finances. Il qualifiait de conception purement chimérique la conception d'un titre portant son amortissement en lui-même : avec le système du projet, on ne
pouvait pas soutenir que l'emprunt serait remboursé
en soixante-quinze ans d'une façon plus sûre qu'il ne
le serait avec une Caisse d'amortissement comme celle
qui avait si longtemps fonctionné en France. « Ce qui
domine l'amortissement, disait-il, ce n'est pas la
volonté du ministre des finances, ni celle de la majorité des Chambres, c'est la possibilité budgétaire, et
on peut soutenir qu'il n'y a d'amortissement véritable,
d'amortisssement réel que celui qui se fait avec des
excédents. Quand vous avez des excédents, vous pou-
vez amortir. »

Et cependant M. Rouvier niait qu'il fut toujours bon
d'amortir, même avec des excédents ; il était bien
souvent préférable de consacrer ces excédents à
des dégrèvements, et l'orateur trouvait que c'était
précisément le cas pour la France dont « le régime
fiscal, fait de pièces et de morceaux, demandait les
ressources de l'impôt aux plus misérables produits. »
D'après lui, les quatre millions que l'on allait consacrer à l'amortissement auraient été employés d'une
façon autrement utile s'ils avaient servi à éteindre
chaque année « un de ces petits impôts d'autant plus
intolérables qu'ils sont plus vexatoires que productifs ».

C'était d'ailleurs chose bien imprudente, d'après M.
Rouvier, que de s'engager vis-à-vis des créanciers de

l'Etat à les rembourser au pair, dans un laps de temps déterminé, alors que pareil engagement n'était nécessité ni par l'état du crédit public, ni par la situation financière du moment. Il fallait songer, qu'en se liant pour une période de soixante-quinze ans, on pouvait être condamné, par suite de crises financière ou politiques, à emprunter soixante francs et à rembourser le même jour, à un autre guichet, un titre de rente de 100 fr.

Lorsqu'un pays emprunte, le système des rentes perpétuelles était, d'après M. Rouvier, le seul auquel il put s'adresser : « Est-ce qu'il y a pour l'Etat, disait-il, une obligation de rembourser ? Est-ce que les finances d'un grand pays ne doivent pas s'administrer, se diriger, s'entendre d'une toute autre façon que les finances des particuliers ? L'État, lui, est perpétuel ; il n'y a pas de liquidation pour lui, et s'il existe un système qui lui permette d'alléger le service des emprunts qu'il contracte, il me semble qu'aucune raison décisive ne peut être invoquée pour refuser de recourir à ce système, alors surtout qu'il se présente avec l'autorité d'une pratique depuis longtemps éprouvée. »

Il était d'autant plus illogique, dans l'espèce, de s'engager contractuellement à amortir que l'emprunt à émettre devait être consacré à des travaux productifs dont l'utilité serait transmise à la postérité ; pourquoi ne pas lui en transmettre également les charges ? L'orateur montrait alors l'Etat trouvant un jour, dans la pleine propriété des Chemins de fer, une puissante contrevaleur à la charge de sa Dette. Pourquoi faire alors des efforts nuisibles à la prospérité du pays pour amortir actuellement une charge qui devait un jour s'amortir d'elle-même? Sans doute, la volonté de payer ses Dettes est inspirée par des sentiments très élevés de prévoyance, mais il ne faut pas, non plus, entreprendre une tâche au-dessus de ses forces : « Vous agissez, disait M. Rouvier, dans une pensée très louable; vous voulez laisser aux générations qui vous succèderont une situation financière nette où il n'y aura pas de passif, puisque votre volonté est d'amortir la Dette, et où il y aura au contraire un actif considérable, puisqu'elles seront nanties de tous les instruments de travail et de prospérité que vous aurez constitués. Eh bien, si noble que soit cette tâche, je crois qu'elle est impossible. Je crois qu'en l'entreprenant vous vous préparez des mécomptes; je crois que la nécessité dans laquelle vous vous placez d'amortir, pendant un espace de temps donné, la somme que vous empruntez aujourd'hui peut, contrairement au but que vous vous proposez, peser lourdement sur la situation financière et que, alors que vous aurez cru amortir, vous aurez augmenté votre Dette ».

Mais s'il était onéreux et dangereux à la fois d'amortir, il y avait un moyen bien simple d'alléger le poids de la Dette, la Conversion ; à l'aide de réductions successives du taux de l'intérêt, cette opération pourrait permettre de faire pour plusieurs milliards de travaux sans augmenter les charges annuelles du Trésor. « N'amortissez pas, convertissez, » telle était en somme la conclusion de M. Rouvier.

Nous avons réfuté par avance les théories de cet habile financier en ce qui concerne le fond même de l'idée d'amortissement. Nous étudierons ultérieurement la valeur du mode d'amortissement qui était présenté par M. L. Say. Bornons-nous pour le moment à dire que la Chambre, dont le siège était fait d'avance, se montra rebelle aux théories de M. Rouvier ; le 16 mars, elle adopta le projet de loi du gouvernement à la majorité énorme de 314 voix contre 59 opposants, et M. Rouvier lui-même déclara donner son adhésion à la première émission de 336 millions, à titre d'expérience et à condition que cela n'impliquait pas son adhésion de principe à des émissions ultérieures.

Discussion au Sénat ; opposition de M. Chesnelong. — Le 21 mars suivant, le Sénat fut saisi à son tour du projet que la Chambre venait d'adopter avec tant d'empressement et de confiance. Le rapporteur de la Commission chargée de l'examiner, M. Varroy, déposa un rapport complètement favorable ; il montrait que le budget, avec ses réserves considérables, pouvait supporter les charges du plan financier du gouvernement. « Nous avons, disait-il, d'autant moins hésité à imposer le devoir d'amortir aux générations futures, que les dépenses auxquelles il s'agit d'appliquer le fonds d'emprunt ont pour objet de créer des instruments puissants de travail et de production et d'assurer, par conséquent, un accroissement de la richesse publique sur lequel nos enfants prélèveront sans peine les charges d'amortissement ».

Le 28 mai, la discussion s'engagea et elle fut ouverte par un important discours de M. Chesnelong (1). Il

____

(1) Le discours de M. Chesnelong se trouve au *Journal officiel* du 2 mai 1878, p. 5021.

y a dans le projet, dit tout d'abord le brillant orateur,
deux choses : des dispositions spéciales qui entraînent
certaines charges, un système qui annonce et en pré-
pare d'autres ». Se plaçant surtout à ce dernier point
de vue, il prédisait que le trait dominant des budgets
de l'avenir serait de s'engager dans une voie de Dettes
incessantes, en ne les amortissant que dans la proportion du soixante-quinzième des engagements annuellement contractés. Il admettait que la plupart des travaux
publics compris dans le vaste plan de M. de Freycine
exerceraient une heureuse influence sur le développement économique du pays, mais il ne croyait pas que
l'impatience à les exécuter fût sans danger pour les
finances, et il ne jugeait pas nécessaire de recourir
à d'autres moyens que ceux que l'on avait employés
jusque-là. « Ces moyens ont permis, fit-il remarquer,
de dépenser 10 milliards en trente-quatre ans pour la
création de vingt à vingt-cinq mille kilomètres de
Chemins de fer, l'Etat ne fournissant pour sa part que
1.500 millions. Est-ce que si l'Etat avait pris ces
immenses travaux à sa charge exclusive, il aurait pu
en faire davantage ? Est-ce qu'il aurait pu même en
faire autant pendant une égale période de temps ? »
Et, prévoyant d'une façon remarquable ce qui devait
arriver dans l'avenir, M. Chesnelong couronnait son
attaque de la façon suivante : « Avec le système que
l'on veut introduire, on épuise du premier coup toutes
les ressources du budget et l'on sera désormais réduit
à cette alternative : ou bien de porter un trouble pro-
fond dans nos finances, ou bien de se heurter à une
impossibilité pour toute la suite du programme. L'im-

puissance ou une énorme témérité, voilà quel sera le dernier mot du système ».

M. Chesnelong concluait en demandant l'ajournement, ajournement qui, en permettant des modifications au projet de loi, laisserait la possibilité d'arriver à des résultats désirables, non seulement pour la bonne assiette des budgets, mais encore pour le développement ultérieur des grands travaux publics. « Si l'ajournement n'était pas accepté, j'estime que le projet de loi, dans sa teneur actuelle; engageant des principes et se rattachant à un système que je trouve périlleux pour les finances, j'aurais le regret de le rejeter ».

M. Varroy répondit que le budget pouvait actuellement supporter la charge de vingt-cinq millions qu'allait lui imposer l'emprunt projeté, et que les travaux publics méritaient d'être poussés plus rapidement qu'on ne l'avait fait depuis huit ans. Reprenant l'objection qu'il valait mieux laisser à des Compagnies privées le soin et les risques des lignes comprises dans le plan de M. de Freycinet, il montra que ces lignes étaient destinées, pendant un temps probablement très long, à réaliser de fort médiocres affaires et tenteraient très difficilement des Sociétés industrielles, tandis que le pays gagnerait beaucoup à leur exécution. Sans doute, il aurait à supporter les charges d'intérêt d'exécution de ces travaux; mais l'amortissement de ces charges, étendu sur une échelle de soixante-quinze ans, était extrêmement faible, à peine 20 centimes pour 100 francs des sommes dépensées. « Si nous dépensons ainsi un milliard pour les travaux projetés, vous aurez une dépense annuelle de deux millions en plus à inscrire à vos budgets pendant soixante-quinze ans pour l'amortissement; si les dépenses sont de trois milliards, vous aurez seulemeut à y ajouter six millions en sus des intérêts. Je dis que nous ne devons pas hésiter à imposer à nos enfants l'obligation d'amortir les dépenses que nous allons aborder, et certes je crois que dans soixante-quinze ans ils nous remercieront. »

Le Ministre des finances, de son côté, démontra aussi qu'il était facile de réaliser les voies et moyens à employer pour faire face aux dépenses qu'allait entraîner le système de travaux publics créé par M. de Freycinet; discutant la proposition d'ajournement présentée par M. Chesnelong, il fit remarquer que le rachat des lignes secondaires de Chemins de fer constituait un fait acquis par suite des votes antérieurs du Parlement; il rappela que des contrats avaient été signés avec les petites Compagnies : de ces contrats résultaient des engagements auxquels l'Etat ne pouvait se soustraire, il fallait donc lui fournir les moyens de les tenir.

Pour ne pas laisser l'Assemblée sous l'impression de ce discours, M. Chesnelong revint à la charge, lui faisant entrevoir encore les risques, les dangers, les embarras que pouvait engendrer le projet du gouvernement. « Lorsqu'on est, disait-il en terminant, à l'entrée d'une voie pleine de hasards, c'est surtout au premier pas qu'il faut prendre garde, parce que ce premier pas est fatalement suivi de beaucoup d'autres. Je recommande cette réflexion à la haute sagesse du Sénat et je le prie de vouloir bien prononcer l'ajournement. »

La haute Assemblée fit la sourde oreille, et le projet

du gouvernement fut définitivement voté par 174 voix contre 51. La loi porte la date du 11 juin 1878.

Première émission d'amortissable. — La loi, à l'élaboration de laquelle nous venons d'assister, était à la fois une loi de principe et une loi d'application. A ce dernier titre, elle réglementait la première émission de rentes 3 % amortissables, ainsi que l'emploi à faire des produits de cette émission.

Un de ses articles ouvrait au ministère des travaux publics, pour le rachat et l'achèvement d'un certain nombre de Chemins de fer secondaires, un crédit extraordinaire de 331 millions.

Un autre article portait que les obligations pour travaux publics, dites obligations à long terme, dont la création avait été autorisée par la loi du 29 décembre 1876, seraient désormais remplacées par des rentes 3 % amortissables. Le Trésor avait donc à négocier sous cette forme la partie des obligations qui restaient à émettre pour 1877 et 1878.

L'arrêté ministériel du 16 juillet 1878 fixa à 439.878.547 francs le capital à réaliser en vertu de la loi du 11 juin précédent. Sur ce chiffre, il fut mis en circulation, du 12 août au 23 septembre 1878, un capital de 414.542.047 francs, à des prix variant entre 80 fr. 50 et 79 fr. 75. Le surplus, représentant 1.013.460 francs de rente, fut remis à la Caisse centrale du Trésor en remplacement des 50.673 obligations à long terme qu'elle avait encore en portefeuille, et devait être négocié, par l'intermédiaire des agents de change,

au cours de la bourse et au fur et à mesure des besoins
du Trésor.

Au 1er octobre 1878, la section du grand livre de la
Dette publique, spécialement consacrée à la Dette
amortissable par annuités, se trouva comprendre
16.495.500 francs de rente, représentant un capital
effectif de 439.878.537 francs pour un capital nominal
de 549.850.000 francs.

Emission d'un milliard en 1881. — Elle ne se
rouvrit qu'en 1881. En votant les budgets extraordinaires de 1879, 1880 et 1881 (1), le Parlement avait
prescrit chaque fois que les voies et moyens seraient
fournis par la négociation de valeurs conformes à celles
dont la création avait été autorisée par la loi du
11 juin 1878. Ces émissions avaient pu être différées
pendant deux années grâce à des recours à la Dette flottante; mais en 1881, la rente amortissable avait atteint
le cours de 89, et en présentant le budget de 1882,
le ministre des finances, M. Magnin, indiqua qu'il
allait être contraint d'user des autorisations qui lui
avaient été données. En effet, le 7 mars 1881, il fit
rendre un décret prescrivant la réalisation, par voie de
souscription publique, de rentes amortissables jusqu'à
concurrence d'un milliard. Un arrêté ministériel, en
date du même jour, fixa au 17 mars l'ouverture de la
souscription publique et à 83 fr. 25 le taux d'émission.
Cette souscription donna lieu à la création de 36 mil-

(1) Lois des 22 décembre 1878, 21 décembre 1879 et 22 décembre 1880.

lions 034.864 francs de rente, pour un capital réalisé de 899.967.305 francs et un capital nominal de 1 milliard 201.162.000 francs.

Emission de 1.200 millions en 1883. — Les emprunts de 1878 et de 1881 étaient loin de suffire à la réalisation du vaste programme de M. de Freycinet qui, au lieu de la dépense d'environ 4 milliards prévue à l'origine, ne tardait pas à dépasser le chiffre de 9 milliards. Cette fois, au lieu d'avoir recours à un appel direct au crédit, on procéda par voie de consolidation des capitaux de la Dette flottante, et plus particulièrement des fonds versés au Trésor par la Caisse des dépôts et consignations, tant pour son propre compte que pour celui des Caisses d'épargne. La loi de finances du 30 décembre 1882, qui a prescrit cette consolidation, a traversé des phases très agitées : présentée par M. Allain-Targé, elle fut remaniée par M. L. Say et reprise enfin par M. Tirard, qui la modifia profondément. « La consolidation, avait dit M. L. Say, est une mesure parfaitement justifiée ; elle l'est dans le fond, elle l'est dans la forme ; elle l'est particulièrement au point de vue de l'application de la loi de 1837 sur les Caisses d'épargne. Elle se justifie enfin par cette dernière considération que nous nous trouvons en présence d'un marché ébranlé et d'une situation anormale (1). »

Le montant des sommes à consolider fut fixé, par la

(1) L'orateur fait allusion au krach, tristement célèbre, qui venait de bouleverser le marché financier et aurait rendu difficile le placement d'un nouvel emprunt.

loi de finances de l'exercice 1883, à 1.200 millions de francs. D'après le rapport du ministre des finances au Président de la République en date du 20 juillet 1884, le résultat définitif des consolidations fut le suivant : 1.199.986.880 fr. 50 (1) furent convertis, au cours moyen de 80 fr. 26, en 44 millions 851.470 francs de rente de 3 % amortissable représentant un capital nominal 1.485.049.000 francs.

Emissions de 1884. — Nous avons parlé dans d'autres circonstances de la loi de finances du 30 janvier 1884, décidant que désormais la Caisse nationale d.) retraites pour la vieillesse aurait à pourvoir avec ses ressources propres au service des rentes viagères. L'article 10 de cette loi était ainsi conçu : Pour couvrir les pertes subies antérieurement au 1er janvier 1884 et assurer le service des rentes viagères en cours de la même date, le ministre des finances est autorisé à inscrire au grand livre de la Dette publique, section du 3 % amortissable, au nom de la Caisse nationale de retraites pour la vieillesse et à titre de dotation, une somme de rentes correspondant, d'après le cours moyen de 1883, au capital de rentes perpétuelles dont l'annulation a été opérée en échange de rentes viagères.

Les rentes ainsi remises à la Caisse nationale s'éle-

---

(1) On resta de 13.110 fr. 50 au dessous du chiffre prévu, par suite de l'obligation, sur laquelle nous reviendrons plus loin, de répartir également le montant de l'emprunt en un certain nombre de séries.

vèrent à 11.032.125 francs représentant un capital effectif de 294.769.204 fr. 95 et un capital nominal de 367.737.500 francs.

La loi de finances de l'exercice 1884 autorisait une autre émission rendue nécessaire par les découverts des budgets antérieurs, et surtout par les dépenses résultant de l'achèvement des travaux des Chemins de fer appartenant au réseau de l'Etat.

La rente ainsi inscrite fut de 13.706.745 francs à raison de 349.978.889 francs pour le capital encaissé, et de 456.881.500 francs pour le capital nominal; elle fut émise au taux de 76 fr. 50.

Dernière émission en 1891. — Pour voir se rouvrir la section du grand livre de la Dette publique consacrée aux rentes amortissables, il faut franchir un espace de sept années et arriver à la loi de finances de 1891.

Ce n'est pas que dans cet intervalle les gouvernements successifs se soient gardés de faire appel au crédit, mais ils préférèrent émettre des rentes perpétuelles. Lors du grand emprunt de 900 millions en 1886, sous l'administration de M. Carnot, la vraie raison qui détermina le choix du ministre fut la préférence marquée que le public de la bourse témoigna pour le 3 % perpétuel, en même temps qu'il se montrait hostile à toute émission d'amortissable. « On faisait observer, dit M. Cucheval-Clarigny (1) que la masse du 3 % représentant déjà un capital d'au moins 10 milliards, ne

____

(1) *Les Finances de la France de 1870 à 1891*, p. 170.

serait guère accrue que d'un dixième par le nouvel emprunt, et que le marché pourrait supporter sans fléchir cette addition. Au contraire, en amortissable, l'emprunt accroîtrait d'un tiers la masse de ce fonds, dont le marché était si étroit et le classement si pénible. On se rappelait que l'emprunt de M. Tirard était tombé, dès le lendemain, au-dessous de son prix d'émission et ne s'était relevé qu'avec peine. Quelle ne serait pas, au moment où le gouvernement confessait de graves embarras, l'influence sur les cours d'un emprunt d'importance triple : il en pouvait résulter une sérieuse désorganisation du marché. »

Le ministre des finances fut frappé de ces considérations que les journaux lui présentaient d'ailleurs avec une insistance extrême et presque comminatoire ; aussi déclara-t-il au sein de la Commission du budget, comme en fait d'ailleurs mention le rapport de M. Wilson, qu'il ne prendrait pas en ce moment la responsabilité d'une émission publique faite autrement qu'en 3 % perpétuel. « En 3 % perpétuel, disait M. Wilson, l'État aurait au moment de l'émission un bénéfice immédiat, l'infériorité de l'amortissable comme parité de cours ne permettant pas d'emprunter sous cette forme d'une façon aussi avantageuse. »

Il y avait donc, en recourant à un emprunt perpétuel, à la fois bénéfice sur le capital emprunté et allègement de charge par la disparition de la prime de remboursement. Aussi l'emprunt de 900 millions ne fut-il pas conclu en amortissable. De même l'emprunt de 869.488.000 francs contracté sous le ministère de M. Rouvier, en vertu de la loi du 24 décembre 1890, fut émis en 3 % perpétuel.

Mais la loi qui autorisait ce dernier emprunt, prescrivait également la conversion d'obligations (1) du Trésor et de bons de liquidation (2) 4 % en rentes 3 %; comme ces valeurs constituaient des engagements à terme, on n'osa pas les convertir en Dette perpétuelle, et on choisit l'amortissable pour type de la conversion. Il fut ainsi émis 5.503.695 francs de rente pour un capital effectif de 174.778.659 et un capital nominal de 183.456.500 fr.

Total des émissions de rente amortissable. — Il a été émis en tout, en vertu des diverses dispositions législatives que nous venons d'énumérer, pour 127.624.395 francs de rente 3 % amortissable. Elles correspondent à un capital nominal de 4.254.146.500 francs; le capital effectivement réalisé s'est élevé à 3.459.545 fr. 55 c., et le taux moyen d'émission de la coupure de 15 francs de rente a été de 406.586 (3).

(1) Ces obligations constituaient le résidu, encore en circulation, des obligations trentenaires émises pour travaux publics en vertu de la loi du 29 décembre 1876.

(2) Ces bons, émis en vertu des lois des 7 avril 1873 et 20 juillet 1874, représentaient : 1° le remboursement aux départements, villes et communes d'une partie des contributions extraordinaires de la guerre de 1870 et la réparation des dommages résultant de l'insurrection de 1871 ; 2° la réparation des dommages causés par les destructions qu'avait ordonnées le génie militaire en 1870 et 1871.

(3) Chiffres donnés par le *Compte général des finances pour l'année 1897*, p. 846.

CHAPITRE V

L'AMORTISSEMENT DU 3 % AMORTISSABLE

Sommaire : La forme du titre. — Division en séries. — Calcul de l'annuité d'amortissement. — Motifs qui ont fait adopter l'amortissement par série. — Situation actuelle de la rente amortissable. — De l'opération faite par l'Etat en émettant de la rente amortissable. — Projets de conversion de la Dette perpétuelle en Dette amortissable.

La forme du titre. — Le titre de crédit introduit dans nos finances par la loi du 11 juin 1878 est calqué, ainsi que l'a fait bien souvent ressortir M. L. Say, comme type et comme délai d'amortissement, sur les obligations 5 % des Chemins de fer. Ce délai est de soixante-quinze ans, correspondant à l'année 1953, époque approximative de l'extinction des concessions aux grandes Compagnies (1). Quant au type, il présente une modification puremen' de forme dans la manière dont il est coté à la bourse. Au lieu d'être coté par titre entier de 500 francs, il l'est par

(1) L'extinction s'échelonne de 1950 à 1960.

fraction de 100 francs et il porte en effet le nom de
3 % ; cependant la coupure la plus faible est de
500 francs de Capital ou 15 francs de rente. Les autres
coupures sont de 30 fr., 60 fr., 150 fr., 300 fr., 600 fr.,
1.500 fr. et 3.000 fr. de rente

On trouve en général que cette innovation n'est pas
heureuse (1). Si l'on avait intitulé les titres *obligations
de 500 fr. 3 %*, le gros public aurait mieux vu immédiatement ce dont il s'agissait, tandis que bien peu de
gens sont à même de se rendre compte de la nature
de cette rente amortissable qui n'est pas cotée d'après
la valeur de l'unité en cours sur le marché. Or, la principale qualité d'un fonds d'Etat destiné à une large
circulation, c'est d'être d'une forme claire et facile pour
le public.

Mais au lieu de partir de l'obligation de 500 francs,
il eut été plus simple d'adopter le titre de 3 francs
de rente pour 100 francs de capital nominal : cela est
si vrai que c'est ce dernier titre qui figure à la cote,
bien que n'existant pas en réalité. Cette forme est plus
commode dans la pratique, et se prête mieux aux divers
calculs de banque et de change que nécessite la négociation du titre. On aurait pu émettre ces coupures de
3 francs de rente en leur faisant représenter des cinquièmes d'obligations remboursables à 500 francs, puisque
l'on tenait tant à reproduire le type des obligations de
Chemins de fer. Cela n'aurait rien eu d'anormal, car la
Ville de Paris et le Crédit Foncier ont émis, avec un
succès considérable, des cinquièmes et dixièmes

(1) Voir P. L. Leroy Beaulieu, *loc. cit.*, p. 322.

d'obligations, coupures accessibles à la toute petite épargne.

Division en séries. — Les conditions de l'amortissement n'étaient pas fixées par la loi du 11 juin 1878 et devaient faire l'objet d'un décret ultérieur. Ce décret, en date du 16 juillet 1878, divisa le capital au pair du chiffre de rentes dont l'émission était autorisée, en 175 séries remboursables annuellement par la voie du sort, les tirages devant avoir lieu le 1er mars de chaque année, et le remboursement étant exigible à partir du 16 avril (échéance du 1er coupon suivant le tirage); l'amortissement doit être terminé au bout de 75 tirages et voici le tableau qui a réparti entre ces tirages les 175 séries :

Pendant 29 ans, de 1879 à 1907 inclus, 1 série par an, soit 29 séries.

»	18	»	1908 à 1925	»	2 séries	»	36	»
»	13	»	1926 à 1938	»	3 »	»	39	»
»	7	»	1939 à 1945	»	4 »	»	28	»
»	5	»	1946 à 1950	»	5 »	»	25	»
»	3	»	1951 à 1953	»	6 »	»	18	»

Les rentes émises depuis l'adoption de la loi, jusqu'au 1er mars 1879, devaient être réparties de manière égale entre les 175 séries originaires; et les séries subsistantes formeraient le cadre invariable des opérations d'emprunts qui, d'après les autorisations du Parlement, se poursuivraient pendant plusieurs années, jusqu'à l'achèvement du plan imaginé par M. de Freycinet. Ainsi, après le premier tirage, il ne resterait plus que

174 séries entre lesquelles seraient réparties, par égales portions, les rentes créées du 1er mars 1879 au 1er mars 1880. Le même procédé étant employé pour les émissions ultérieures, les séries non remboursées devaient toujours rester égales entre elles. Pour garnir les séries, il suffirait de diviser en un nombre de portions égal à celui des séries non amorties le capital nominal des rentes à émettre, et de remplir successivement les séries en commençant par la première au fur et à mesure des demandes d'inscription.

Calcul de l'annuité d'amortissement. — Pour assurer le service des intérêts de l'amortissement du nouveau fonds, on aurait pu calculer une annuité fixe, moyenne ou mathématique, permettant, avec le produit capitalisé des intérêts afférents aux séries amorties, de faire face aux exigences de l'emprunt jusqu'au terme de son amortissement. C'est la pratique suivie par les Compagnies de Chemin de fer : elles dressent un tableau d'amortissement à intérêt composé, amortissement progressif à mesure que croît le nombre de tirages effectués ; les sommes affectées jadis à titre d'intérêt aux obligations remboursées servent à en rembourser de nouvelles, de sorte que si dans un exercice on amortit 1000 obligations de 500 fr. rapportant 15 fr. d'intérêt, dans l'exercice suivant on en rembourse 1030 et ainsi de suite.

Au lieu de ce procédé, on préféra calculer une annuité variable, décroissant en même temps que les intérêts à payer, pour se relever ensuite à son niveau primitif quand il s'agirait de rembourser une série de plus. Avec ce système, pendant chacune des six périodes du tableau que nous avons donné ci-dessus, il est remboursé un même nombre de séries et l'amortissement reste constant. Dans la première période, par exemple, l'Etat rembourse uniformément une série par an ; il en résulte qu'au bout de la deuxième année, il a été dégagé des intérêts afférents à la série amortie ; au bout de la troisième année, il a été dégagé des intérêts afférents aux deux séries amorties et ainsi de suite jusqu'à la vingt-neuvième année au bout de laquelle, au lieu d'amortir une seule série comme auparavant, il en devra amortir deux. Avec ce système, l'amortissement restant constant pendant chacune des six périodes du tableau ; l'annuité totale affectée au service de la Dette doit décroître tous les ans en progression arithmétique, et la raison de la progression (1) est le produit du taux par l'amortissement annuel.

Tout en se départissant des règles ordinaires de l'amortissement, en vertu desquelles on affecte au service d'un emprunt une annuité constante, ce qui permet d'augmenter progressivement l'importance des remboursements, le ministre combina les annuités inégales que nous venons de décrire, de façon à ne pas trop favoriser certains budgets aux dépens de certains

(1) La lettre S représentant le montant du capital d'une série, cette raison est successivement, pendant chacune des six périodes :

$$\frac{3\,S}{100} \qquad \frac{6\,S}{100} \qquad \frac{9\,S}{100} \qquad \frac{12\,S}{100} \qquad \frac{15\,S}{100} \qquad \frac{18\,S}{100}$$

Cf. sur tous ces points : Léon Marie, *Traité mathématique et pratique des opérations financières*, p. 450.

autres; en consultant les tableaux d'amortissement
on s'en rend facilement compte.

**Motifs qui ont fait adopter l'amortissement par
série.** — On abandonna le procédé d'amortissement
adopté par les Compagnies privées pour leurs actions
et obligations, et suivi d'ailleurs jusque-là par le
Trésor pour les obligations trentenaires et les bons à
long terme, parce qu'on voulait procéder aux tirages,
non par numéros individuels ou collectifs de titres,
mais en prenant pour unité de tirage la série, c'est-à-
dire une fraction considérable de l'emprunt. En effet,
les tirages par numéros individuels ou collectifs de
titres ont des inconvénients graves, qui se seraient
aggravés encore considérablement en portant sur une
masse de plus de 4 milliards. « J'ai été frappé depuis
longtemps, écrit le président du Conseil d'administration d'une grande Compagnie (1), des inconvénients
et des dangers inhérents à cette fabrication continuelle
d'obligations en petites coupures, qui fait créer des
montagnes de papier couvert de signatures, oblige,
pour les tirages au sort, à des formalités embarras-
santes, et entraîne une multitude de soins, en exposant la Compagnie à de fréquentes erreurs. »
En effet, les tirages auxquels fait allusion M. Bartholony rendent nécessaire la conservation indéfinie
des numéros sortis, qui finissent, à la longue, par
former une liste formidable : il faut bien procéder

(1) François Bartholony, *Simple exposé de quelques idées financières et industrielles* (1860), p. 72.

aux transferts de titres en connaissance de cause, car cette opération engage de lourdes et graves responsabilités ; il était important de les éviter au Trésor. De même, les coupons de rente se paient à bureau ouvert chez tous les comptables du Trésor, receveurs généraux, particuliers et percepteurs. Pouvait-on songer à mettre dans les mains de ces six mille agents, disséminés sur toute l'étendue du territoire, des listes de tirage qui auraient bien vite compris un chiffre colossal de numéros?

On voulait obvier à ces difficultés en adoptant le tirage par série. De cette façon, les listes annuelles ne comporteront jamais plus de six numéros, les conversions de titres au porteur en titres nominatifs et la vérification des coupons pourront s'effectuer rapidement sans qu'il y ait aucune erreur à redouter.

Enfin, le système de la répartition des titres en séries présente, au point de vue des tirages eux-mêmes, des avantages très appréciables. Comme le fait observer un document officieux (1), « dès lorsqu'il ne s'agit d'insérer dans une roue que les 175 numéros qui doivent en être successivement extraits pendant la période de soixante-quinze ans, on n'a plus à redouter, dans les opérations matérielles du tirage, aucune des erreurs d'autant plus graves dans leurs conséquences qu'elles ne se révèlent que tardivement au terme final de la période d'amortissement. »

Le même document fait encore valoir l'avantage suivant : tout capitaliste qui souscrirait 175 coupures

____

(1) *Bulletin de Statistique* (novembre 1878), p. 286.

recevrait, s'il le voulait, une coupure de chacune des 175 séries, de sorte qu'il serait sûr d'avoir chaque année une de ses obligations remboursées pendant la première période de 29 ans, soit une prime annuelle de 99 francs pendant cette période; une prime double dans la deuxième et ainsi de suite.

Situation actuelle de la rente amortissable. — Le compte général des finances pour l'année 1897 donne, à sa page 853, le détail des diverses opérations effectuées sur la rente amortissable depuis sa création, ou à effectuer encore sur elle jusqu'à l'année 1953, date extrême où elle sera complètement éteinte. En voici le tableau récapitulatif :

	Séries remboursées	Capital amorti	Intérêts payés
De 1879 à 1897	19	367.484.500 fr.	1.824.920.415 fr. 62

	Séries à rembourser	Capital à amortir	Intérêts à payer
De 1898 à 1953	156	3.886.662.000 fr.	4.162.465.515 fr. 00
Total.....	175	4.254.146.500 fr.	5.087.385.930 fr. 62

De l'opération faite par l'Etat en émettant la rente amortissable. — Au moment du vote par la Chambre de la loi du 11 juin 1878, le 3 % ancien valait 74 francs. En se basant sur ce cours, le porteur de rente amortissable devait toucher dans une période de soixante-quinze ans une prime de remboursement s'élevant à 26 francs; cette prime correspondait à une valeur actuelle de 5 fr. 17, l'intérêt étant compté à 3 %. La nouvelle rente, afin qu'elle ne constituât pas

une valeur onéreuse pour le Trésor(1), devait donc valoir
5 fr. 17 de plus que l'ancienne; et en effet, à la veille
de l'émission, les journaux officieux annonçaient que
pour ses débuts elle coterait probablement dans les
environs de 80 francs. Mais le 17 juillet, jour de la
première émission, à l'ouverture de la Bourse, les
demandes furent tellement nombreuses relativement
aux rentes mises en vente (2), que les cours s'élevèrent d'une façon démesurée. Ils atteignirent 87 et
le cours le plus bas de la journée fut de 85.

Le Ministre n'aurait cependant désiré vendre qu'à
80 francs, et il avait raison. L'exagération des cours
de début devait indisposer tout le monde contre le
nouveau titre; la baisse arriva rapidement, et cependant pour qu'une valeur récemment lancée sur le
marché prenne de la vogue, il faut que par sa tendance
à la hausse elle constitue en bénéfice les premiers
acquéreurs. Le Ministre fit bien imprimer un tableau
des parités du 3 % perpétuel et de l'amortissable,
mais ces calculs n'eurent pas d'influence sur le rapport
de ces deux fonds et l'écart alla toujours en diminuant :
2 fr. 55 en décembre 1879, 2 fr. 32 $\frac{1}{2}$ en décembre 1880,
1 fr. 27 $\frac{1}{2}$ en decembre 1881 et seulement 1 franc
en décembre 1882; en 1891, année de la dernière
émission d'amortissable, les cours les plus hauts et les

(1) Cf. sur ce point : A. Neymarck, *La Rente 3 % amortissable*,
p. 30; — R.-G. Lévy, *Le Péril financier*, p. 184; — Cucheval-
Clarigny, *Les Finances de la France*, p. 107.

(2) L'arrêté ministériel portait qu'il serait vendu pour 1 million
13,460 fr. de rente, soit un capital de 30 millions.

plus bas furent, pour cette rente, 97 francs 80 et 92 francs 50, et pour le 3 % perpétuel, 96 francs 70 et 92 francs 20.

On voit donc que, sauf la première émission, il n'a jamais existé entre les deux valeurs l'écart mathématique nécessaire pour que l'Etat ne fut pas en perte en donnant de l'amortissable. Si l'Etat ne payait que 3 francs par an aux porteurs de rente perpétuelle, il payait, en fin de compte, 3 fr. 20 environ aux porteurs d'amortissable, et les cours n'ont jamais été en rapport avec cette prime de 0 fr. 20. Il est par conséquent permis de conclure qu'en émettant ses emprunts en obligations amortissables, au lieu de les émettre en rente perpétuelle, l'Etat a effectué une opération financière onéreuse. Les capitalistes n'ont pas suffisamment tenu compte de l'avantage que constituait pour eux le remboursssement avec prime, et le 3 % amortissable a finalement été un fonds incompris du public. M. P. Leroy-Beaulieu (1) en donne les raisons suivantes : « On a trop subtilisé, on a voulu trop innover; on s'est écarté, sans aucune espèce de profit, des règles habituelles pour les obligations de ce type, il en résulte que l'on a porté la confusion dans les idées..... Si ce mode d'emprunt n'a pas été très apprécié jusqu'ici du public des rentiers, la cause n'en est pas seulement dans la nouveauté du titre : on doit l'attribuer aux erreurs commises dans différents détails de la constitution de ce fonds nouveau ». Peut-être aussi le

____

(1) *Loc. cit.*, p. 323.

public redoutait-il que de trop nombreuses émissions ne vinssent comprimer l'essor de la rente amortissable.

Projets de conversion de la Dette perpétuelle en Dette amortissable. — L'article 2 de la loi du 11 juin 1878 s'exprimait ainsi : Seront inscrites à la section du grand livre de la Dette publique instituée par l'article premier les rentes 3 % amortissables en soixante-quinze ans, dont la création et la négociation font l'objet de la présente loi, ou seront autorisées par des lois ultérieures.

Et en effet, d'après l'opinion du gouvernement et des journaux ministériels, le nouveau 3 % devait être employé aux emprunts futurs et constituer en un mot le type de l'avenir. Au sein de la Commission du budget, en février 1878, M. J. Ferry avait annoncé que la rente amortissable, si elle parvenait à conquérir la faveur publique, comme tout portait à le croire, mettrait aux mains du ministre des finances un instrument puissant permettant de modifier tout le caractère de la Dette publique.

Un publiciste très connu, M. Ménier (1), soutenait énergiquement les idées de M. Ferry; partisan convaincu de l'amortissable, il demandait l'unification de la Dette par sa conversion en ce genre de fonds, et le

____

(1) M. Ménier était depuis longtemps partisan de l'amortissement par annuités. Voir notamment sa brochure : *L'Amortissement des Dettes publiques* (1872).

journal la *République Française* (1), à la même époque,
s'exprimait ainsi : « Nous soutenons que le nouveau
titre proposé par M. L. Say est le vrai, le seul qu'il faille
désormais employer, dans l'intérêt du Trésor comme
dans celui des rentiers ; que successivement tous les
fonds publics actuels pourront être échangés contre
des obligations amortissables, et qu'ainsi, nous arrive-
rons, sans secousses et sans efforts, à l'unité de titres
à laquelle tout le monde parait aspirer, au grand profit
du Trésor et sans perte pour les rentiers ».

M. Marion se fit à la Chambre l'écho de toutes ces
opinions en déposant une proposition de loi dont
voici l'article principal : Le ministre des finances est
autorisé à effectuer le remboursement des rentes 5 %
inscrites au grand livre, à raison de 100 francs par
5 francs de rente chaque, ou à en opérer la conversion en 92.267.094 obligations 3 % amortissables à
100 francs en soixante-quinze ans par voie de tirage
au sort, chaque porteur de 5 francs de rente qui
acceptera la conversion devant recevoir une obligation
et un tiers d'obligation. « Ce projet de conversion,
disait modestement l'auteur, m'a été inspiré par l'excellente création du 3 % amortissable ; si donc il est,
comme je crois, réalisable, tout le mérite en devra
revenir à M. le ministre des finances ».

C'était, en somme, proposer de convertir le 5 % perpétuel en 3 % amortissable en donnant pour chaque

_____

(1) Citation empruntée à l'ouvrage de M. A. Neymarck : *Les
Contribuables et la Conversion de la Rente* (1878).

coupon de 5 francs un coupon de quatre francs de rente 3 %. L'Etat, qui payait 316.001.605 d'arrérages pour la Dette à convertir, n'aurait plus payé après la conversion que 276.801.282, d'où bénéfice annuel de 69.200.323 ; il aurait pu de cette façon, tout en prélevant 34.600.000 francs sur cette somme pour des dégrèvements, amortir avec le surplus une Dette de 7 milliards en soixante-quinze ans (1).

Mais il y avait dans la Chambre un courant d'idées opposé à toute conversion, et la proposition de M. Marion n'aboutit pas. Il était d'ailleurs prématuré de vouloir imposer aux rentiers une réduction d'intérêt d'un cinquième : notamment les valeurs de Chemins de fer se trouvaient cotées à des cours inférieurs à ceux de la rente amortissable, et il eut été difficile d'imposer aux capitalistes la nécessité d'accepter cette dernière rente de préférence aux titres similaires garantis par l'Etat (2). Observons d'ailleurs combien il est illogique de commencer par accroître d'un tiers le capital nominal d'une Dette, sous prétexte qu'il importe de travailler à l'amortir. Aussi lorsque cinq ans plus tard le gouvernement se décida à la conversion, il adopta pour type le 4 1/2 %, faisant allusion dans son exposé des motifs au projet précédent qu'il repoussait parce que « loin de concilier l'intérêt des finances publiques et l'intérêt des rentiers, il léserait l'un et l'autre ». Depuis, il n'a

(1) On peut consulter, sur ce point, l'ouvrage de M. Mathieu Bodet : *Les Finances françaises de 1870 à 1878*, t. II, p. 353.

(2) Voir, à ce sujet, la brochure ci-dessus citée de M. A. Neymarck, p. 82.

plus été question, au Parlement, de pareille conversion (1); il a été proposé, au contraire, en sens inverse de transformer la rente amortissable en rente perpétuelle (2).

(1) Nous avons sous les yeux un intéressant « Plan d'amortissement de la Dette perpétuelle en cent ans », par M. Paul Goumain-Cornille (1886). Il est basé sur la conversion des 4 1/2 et 4 % en 3 % amortissable; il n'est donc plus de circonstance.

(2) Voir, à ce sujet, le Rapport général de M. Delombre sur le budget de 1895 (Chambre des députés, session de 1894, *Annexe* n° 903, p. 29).

CONCLUSION

Les différentes méthodes d'amortissement. — Si nous rapprochons les procédés d'amortissement que nous venons d'étudier, nous voyons qu'ils se peuvent ranger en deux catégories bien distinctes : ou bien ils reposent sur le jeu de combinaisons financières, ou bien ils sont simplement basés sur l'existence de ressources budgétaires.

Dans la première catégorie rentrent les Caisses et fonds d'amortissement opérant à intérêt composé et l'amortissement par annuités ou obligations remboursables à la suite de tirages au sort périodiques; à la deuxième se rattachent les méthodes qui consistent soit à consacrer à l'amortissement les excédents budgétaires au fur et à mesure qu'ils se produisent, soit à préparer d'avance ces excédents en affectant un chapitre du budget aux dépenses que l'on croit devoir s'imposer pour la réduction de la Dette.

On divise souvent les procédés d'amortissement en amortissement obligatoire et amortissement facultatif. Nous rejetons cette distinction pour deux motifs.

D'abord l'expression d'*amortissement facultatif* nous répugne, car nous considérons l'amortissement comme un devoir qui s'impose impérieusement; nous trouvons donc singulièrement impropre la qualification de *facultative* appliquée à une pareille politique, quels que soient ses procédés : l'idée de faculté est diamétralement opposée à celle de devoir. Les Allemands sont heureusement inspirés lorsqu'au lieu de parler d'*amortissement facultatif* ils disent *die freie Tilgung*, l'amortissement libre, c'est-à-dire l'amortissement effectué librement, sans que les conditions en soient déterminées d'avance par la loi, amortissement opéré avec les excédents budgétaires et dans la mesure de ces excédents. Accomplir librement un acte c'est chose toute autre qu'avoir la faculté de l'accomplir.

L'autre raison pour laquelle nous repoussons la division de l'amortissement en amortissement facultatif et amortissement obligatoire, c'est que cette dernière expression est trop compréhensive et ne désigne rien de précis. Parler d'amortissement obligatoire, c'est désigner à la fois des choses bien différentes : les Caisses et fonds opérant à intérêt composé, l'amortissement par les annuités viagères ou terminables et les obligations remboursables, enfin l'amortissement que l'on inscrit comme dépense nécessaire à l'un des chapitres du budget. Il nous semble donc que l'expression que nous critiquons ne peut être employée qu'exceptionellement dans un traité doctrinal.

Que l'on excuse cette discussion terminologique, car elle était nécessaire : la Science des finances, comme toute autre science, ne doit employer que des mots simples et précis, surtout à nos époques de suffrage universel où il importe qu'elle soit pénétrable à tous. « Il faut rendre la matière des finances si simple qu'elle puisse être facilement entendue par toutes sortes de personnes..... Il est clair que tant plus elle sera facilement entendue, tant plus elle approchera de la perfection. » Voici plus de deux siècles que cette maxime démocratique a été exprimée par un des ministres (1) de la monarchie la plus absolue qui ait jamais existé ; les divers gouvernements qui se sont succédé en France se sont tous également peu souciés de la mettre en pratique (2).

L'amortissement fondé sur les combinaisons financières. — Nous avons étudié d'abord les Caisses et fonds d'amortissement opérant à intérêt composé. Ces organismes n'offraient que des avantages problématiques en face d'inconvénients réels. Aussi les

(1) Citation empruntée à l'ouvrage de M. A. Neymarck, *Colbert et son temps*, t. I, p. 46.

(2) Voir sur ce point : C. Pelletan, Rapport sur la situation financière de la France (Chambre des députés, session extraordinaire de 1890, annexe n° 1031, p. 7), et Rapport sur le budget de 1899 (Chambre des députés, session extraordinaire de 1898, annexe n° 592, p. 78.)

avons-nous vu disparaître peu à peu du système financier des peuples modernes.

Combien paraissent plus séduisantes les méthodes d'amortissement par annuités : rentes viagères, annuités terminables, obligations remboursables par tirages au sort périodiques. On amortit tout doucement, d'une façon automatique, presque sans s'en apercevoir et, si l'on s'en aperçoit, sans pouvoir se dispenser d'amortir.

Mais, si l'on serre les choses de plus près, on est obligé de reconnaître que ce mode d'amortissement, reposant lui aussi sur la reconstitution d'un capital en un temps donné par une série de payements périodiques qui s'accumulent à intérêts composés, doit présenter l'inconvénient principal qu'offraient les anciennes Caisses : celui de poursuivre inflexiblement l'extinction de la Dette consolidée, sans tenir compte de la situation financière de l'État, alors même que la Dette flottante s'augmente des découverts d'exercices en déficit, alors même qu'il faut recourir à des emprunts avoués et directs.

Faisant la part de ces observations, une opinion très répandue prétend qu'il faut toujours émettre en rentes perpétuelles, les emprunts destinés à couvrir des dépenses improductives, indemnités de guerre, travaux militaires, déficits budgétaires, etc..., parce que dans ce cas « l'Etat, faute de ressources disponibles, pourrait être dans la nécessité de contracter de nouvelles Dettes pour opérer l'amortissement, ce qui serait un cercle vicieux. » Mais, en revanche, il y aurait tout avantage à émettre sous la forme amortissable les emprunts destinés à pourvoir à des consommations reproductives d'utilité, telles que les créations de travaux publics. La plus value résultant de ces créations est, dit-on, susceptible d'évaluation, et « d'après cette évaluation, il est possible de prévoir quelle annuité sera disponible aux diverses périodes, en vue de l'amortissement (1). »

Nous ne croyons pas que la distinction précédente, si naturelle qu'elle paraisse, doive être faite dans la pratique; et nous pensons qu'il est préférable pour l'État de contracter en rentes perpétuelles tous ses emprunts, quelle qu'en soit la destination. Sans doute, les travaux publics judicieusement entrepris finissent par procurer au pays des bénéfices certains qui donnent à l'État des plus values budgétaires réelles. Mais, malgré ces plus values obtenues sur certains points, il arrivera fatalement que, pendant les années de déficit ou d'emprunt, la situation financière de l'État sera aggravée par la nécessité d'amortir les Dettes que nous considérons. Il faut songer que l'amortissement ne se fait pas avec les revenus de telle ou telle administration, mais qu'il est prélevé en somme sur l'ensemble des recettes générales; celles-ci sont-elles insuffisantes pour couvrir l'ensemble des dépenses, l'amortissement devient fictif et illusoire. C'est ce qui est constamment arrivé à la France depuis 1871 (2), sauf au cours de ces dernières années : le jeu de la Dette remboursable à terme

(1) Ce sont les idées et les expressions de M. Cauwès dans son *Cours d'économie politique* (3e éd.), t. IV, p. 496.

(2) Voir sur ce point : P. Leroy-Beaulieu, *op. cit.*, p. 462.

ou par annuités a bien éteint pour plus de trois milliards et demi du capital nominal des engagements de l'État, mais peut-on sérieusement prétendre qu'il y a eu amortissement pour pareille somme, alors que les gouvernements qui se sont succédé ont dû recourir à tous les renouvellements et consolidations dont nous avons présenté plus haut l'histoire sommaire (1).

Aussi M. Camille Pelletan (2) appréciait-il ces prétendus amortissements de la façon suivante, lorsqu'il proposait de convertir en Dette perpétuelle toutes les annuités susceptibles de conversion : « Je dis que ces amortissements automatiques sont absolument fictifs et apparents; que lorsque, comme le fait le ministre cette année (3), on rembourse de vieilles Dettes à condition d'emprunter d'un autre côté, on substitue simplement une Dette à une autre..... Il me paraît absurde que, à une époque quelconque, on engage pour trente ans, trente-cinq ans après soi un renouvellement de Dettes automatiques annuelles sans savoir dans quelles conditions se fera l'amortissement, sans

(1) Et le Parlement anglais fait de même, quand bon lui semble, à l'égard de ses fameuses annuités terminables. Nous avons vu qu'en 1883 on avait prolongé jusqu'en 1903 des annuités expirant en 1885 ; de même, en 1887, une annuité de 3.600.000 livres fut transformée en une autre de 1.983.096 livres devant cesser en 1902 ; en 1886, le paiement des annuités créées en 1883 avait même été entièrement suspendu.

(2) Chambre des députés, séance du 20 novembre 1890, *Journal officiel*, Débats parlementaires, p. 2340.

(3) Il faut ajouter : et comme on l'avait fait les années précédentes.

savoir quel sera l'état du crédit cette année-là, quelles
seront les ressources du budget et s'il ne se présen-
tera pas telle circonstance où cet amortissement automatique, cette nécessité de rembourser la Dette ne
tombera pas précisément à un moment où on ne
pourra faire le remboursement que dans des conditions
désastreuses. Alors je dis : faites des budgets bouclés
le plus sévèrement possible, tâchez de réduire la Dette
avec des excédents réels, gardez toujours votre liberté
financière ».

**De l'amortissement fondé sur les ressources budgé-
taires.** — Et en effet, malgré les combinaisons financières les plus savantes, malgré les calculs les plus
compliqués « pour un Etat comme pour un particulier,
ainsi que l'a écrit excellemment J.-B. Say (1), il n'y a
pas deux moyens de s'affranchir de ses Dettes ;
l'unique moyen est d'y consacrer l'excédent de ses
revenus sur ses dépenses..... Tout autre amortissement, dit ailleurs l'illustre économiste (2), est un pur
charlatanisme, dont il ne résulte aucun avantage pour
l'Etat. » Tant que les revenus sont supérieurs aux
dépenses, on peut amortir utilement et efficacement ;
dès que cet état de choses cesse, l'amortissement n'est
plus qu'illusion, la Dette publique, quoique l'on fasse,
ne peut plus être diminuée réellement.

Mais décider d'amortir avec les excédents budgétaires, alors seulement qu'ils seront réalisés, c'est

(1) *Traité d'économie politique,* p. 547.
(2) *Cours complet d'économie politique,* t. II, p. 465.

décider, en général (1) du moins, de ne plus amortir ou de n'amortir que d'une façon insuffisante. Aussi avons-nous vu qu'il importait de modifier la formule, et de dire qu'il faut amortir avec des ressources budgétaires : cela signifie que les dépenses d'amortissement doivent être prévues au budget, et y faire l'objet, à un chapitre spécial, d'un crédit proportionné au chiffre de la Dette, ce chapitre et le crédit correspondant étant d'ailleurs destinés à disparaître entièrement pendant les années de déficit ou d'emprunt. L'amortissement ne fonctionne ainsi qu'avec un budget en équilibre ; il est effectué avec des recettes véritables et l'État poursuit réellement sa libération. C'est ce qui se passe en Angleterre depuis 1875, c'est ce qui sera réalisé en Prusse par la loi de 1897.

La méthode suivie par le premier de ces deux pays nous paraît plus habile que le procédé adopté par le second (2). L'amortissement anglais est en quelque sorte identifié avec la Dette, puisqu'une somme invariable (25 millions de livres) est affectée au service total de celle-ci, intérêts et amortissement compris ; dans ce chiffre fixe, il est difficile de démêler quelle est la part de l'amortissement, d'autant plus que le service de la Dette fait partie, comme on le sait, des dépenses soustraites au vote annuel du Parlement ; l'amortissement est ainsi mis à l'abri des discussions budgétaires périodiques.

(1) Il faut faire exception pour l'amortissement exceptionnel des Etats-Unis.

(2) Il consiste, on se le rappelle, à ménager obligatoirement au budget les voies et moyens nécessaires pour amortir au minimum les 3/5 % du capital nominal de la Dette.

Choix d'une méthode. — Il nous semble que, tout en évitant le grave inconvénient présenté par l'amortissement contractuel ou automatique, ce système en contient la seule qualité réelle : « Les lois qui ont pour objet l'amortissement automatique, a dit le principal promoteur (1) de cet amortissement en France, n'ont pas d'autre avantage que de forcer les Chambres, que de forcer le gouvernement le jour où on n'exécute pas la loi, le jour où on emprunte pour faire le service des annuités, à dire très haut : nous n'avons pas voulu continuer l'amortissement, nous avons cru que le pays ne peut pas supporter les impôts qui seraient nécessaires pour équilibrer un budget qui contient une dotation d'amortissement, et nous pensons qu'il faut maintenir la Dette à son chiffre le plus élevé. »

Eh bien! le système réalisé par le *New sinking fund* anglais de 1875 n'offre-t-il pas cet avantage? Lorsqu'une loi a fixé un chiffre de tant pour le service de la Dette et que le Parlement modifie ou suspend ce chiffre, soit par une loi budgétaire, soit par une loi spéciale comme cela se fait en Angleterre et pourrait se pratiquer chez nous, le pays n'est-il pas informé par les discussions de la loi, par la loi elle-même, que les circonstances obligent de modifier le traitement de la Dette? Le Parlement n'est-il pas astreint à dire clairement qu'il ne faut plus amortir du tout, ou ne plus amortir dans

___

1) Discours de M. L. Say, Chambre des députés, séance du 1er décembre 1890, *Journal officiel*, Débats parlementaires, p. 2352; — Voir encore, dans le même sens, l'ouvrage de M. L. Say, *les Finances de la France*, p. 362, et son article « Amortissement » au *Dictionnaire des finances*, p. 150.

les mêmes conditions? Lorsque, par suite de la réduction continue de la Dette publique, les Chambres anglaises ont porté de 28 millions de livres, à 26, puis à 25 millions, les sommes destinées au service total du passif de l'Etat, elles ont bien été obligées de déclarer qu'elles modifiaient l'amortissement et d'expliquer les motifs de leur décision. En 1886 et 1887, lors des opérations militaires en Egypte, elles ont bien dû prévenir le pays qu'il fallait suspendre les opérations de l'amortissement de la Dette afin d'alléger la situation financière. A cette époque, d'ailleurs, le payement des grandes annuités terminables, celles dues à la Cour de la Chancellerie et aux Caisses d'épargne, fut lui-même suspendu.

Si la méthode appliquée par le *New sinking fund* est celle qui nous semble offrir le plus garanties et le moins d'inconvénients, nous croyons inutile de la compliquer par le jeu d'annuités terminables ou viagères, car c'est une utopie de croire qu'on peut lier à l'avance un pays ou un Parlement. Si l'Angleterre amortit énergiquement sa dette, c'est parce que, indépendamment de ces fameuses annuités, elle est convaincue que les dépenses affectées à cette destination sont des dépenses essentielles au premier chef ; et elle en est tellement convaincue que l'inscription de ces dépenses au budget n'est pas soumise aux discussions annuelles de la loi de finances.

Cette méthode a d'ailleurs été importée d'Amérique où elle avait été imaginée, ainsi que nous l'avons vu, dès 1802, par le secrétaire du Trésor A. Gallatin ; nous avons vu aussi qu'elle avait conduit les Etats-Unis à l'extinction complète de leur Dette, vers 1834. Aussi les publicistes de ce pays (1) la considèrent-ils comme la seule vraie méthode d'amortissement. Après la guerre de Sécession, la situation économique spéciale de la grande République américaine et la volonté énergique qu'elle avait de diminuer sa Dette lui ont permis de se passer de méthode. Mais c'est là un cas exceptionnel et, pour amortir, il faut en général une méthode d'amortissement; nous trouvons que celle du *New sinking fund* anglais réalise les deux qualités maîtresses de toute bonne pratique financière, la simplicité et l'éfficacité.

La simplicité d'abord. On affecte d'une façon permanente au service de la dette une somme supérieure au montant des arrérages ; le surplus est consacré à l'amortissement. Quand la situation financière devient défavorable, quand il faut emprunter, ce surplus est supprimé et on ne commet pas la faute d'amortir. On sait ce que l'on fait, on voit clairement le sacrifice que l'on impose au pays et on n'entretient pas les illusions dangereuses qui font croire que, par le jeu de savantes combinaisons financières une Dette considérable peut s'éteindre avec des efforts relativement faibles. C'est là un principe entièrement faux : on peut entourer d'un appareil scientifique l'enregistrement des efforts qu'un peuple doit s'imposer pour atteindre sa libération, mais il n'est pas d'appareil scientifique permettant de diminuer l'intensité de ces efforts.

L'efficacité ensuite. Si la somme affectée au service de la Dette est maintenue d'une façon permanente, et le

(1) Henry Adams, *Public debts*, p. 268 ; — Edward Ross, *Sinking funds*, p. 100 ; — Carl Plehn, *Introduction to public finance,* p. 319, etc.

gouvernement anglais y arrive en la soustrayan' aux discussions budgétaires annuelles, l'amortissement progresse d'une façon rapide, puisque tous les ans les ressources qui lui sont consacrées augmentent à mesure que la Dette elle-même diminue. On ne retombe pas, bien entendu, dans les errements des anciennes Caisses et des vieux fonds d'amortissement et les titres rachetés sont annulés au fur et à mesure ; ainsi que nous l'avons démontré, cela n'empêche pas l'amortissement de se faire avec la rapidité de l'intérêt composé tant que la somme y affectée reste fixe. Au bout d'un certain temps, par suite des conversions et des amortissements réalisés, on peut diminuer cette somme et soulager d'autant le budget ; c'est ce qui s'est passé, comme nous l'avons vu, en Angleterre.

Ce que doit faire la France. — Telle est la méthode que nous devrions appliquer, croyons-nous, à l'amortissement de notre Dette perpétuelle, car la sagesse financière veut que nous ne supportions pas avec une continuelle indifférence le poids des 22 milliards auxquels s'élève cette Dette. Nous ne pouvons attendre un allègement suffisant des charges publiques par le seul effet du jeu de la Dette remboursable à terme ou par annuités : une certaine catégorie des engagements qui la composent est destinée à se renouveler incessamment (1), et le plus important d'entr'eux, le 3% amortissable, ne doit être éteint que dans un avenir encore bien éloigné. Les amortissements automatiques qui

(1) Se reporter au tableau relatif à ces engagements : l'année 1897 les voit diminuer, d'un côté, de 97.864.172 fr., mais, de l'autre, ils augmentent de 71.101.746 fr.

figurent à nos budgets ont une portée trop restreinte pour qu'on puisse s'en contenter, et il importe d'orienter nos finances vers une diminution plus franchement progressive de l'énorme poids mort qui pèse sur elles du chef de la Dette publique.

Il faut d'ailleurs constater que la préoccupation de l'amortissement, après avoir été mise de côté pendant bien longtemps, commence à renaître et à s'emparer des esprits. Depuis quelques années les ministres des finances, les rapporteurs de la Commission du budget (1), signalent aux Chambres les efforts qu'il y aurait lieu de faire pour diminuer la Dette publique et, tout récemment, M. Peytral (2) montrant qu'il ne fallait pas prétexter de l'énormité des Dettes de l'Etat pour ne pas s'efforcer de les amoindrir, s'exprimait en ces termes : « C'est à la politique d'amortissement qu'il faut nous attacher, c'est par elle que nous pouvons espérer voir se réduire un jour les sacrifices beaucoup trop importants que nous imposons à cette heure aux contribuables. C'est cette politique qui doit être poursuivie plutôt que celle des dégrèvements temporaires, sur la portée desquels nous ne sommes pas fixés et

(1) Voir notamment : Rapport de M. Cavaignac sur le budget de 1892, Chambre des députés, session de 1891, annexe n° 1614, p. 1677) ; — Rapport de M. E. Boulanger, (Sénat, session extraordinaire de 1891, annexe n° 514, p. 665) ; — Rapport de M. R. Poincarré sur le budget de 1893, (Chambre des députés, session ordinaire de 1892, annexe n° 2348, p. 75) ; — Rapport de M. Delombe, sur le budget de 1895, (Chambre des députés, session de 1894 annexe n° 103, p. 24) ; — Exposé des motifs du projet de budget présenté par M. Doumer pour l'exercice 1897, p. 5.

(2) *Journal Officiel* du 20 janvier 1899, Chambre des députés, compte-rendu in-extenso, p. 67.

sur lesquels nous ne pourrons avoir une opinion exacte que quand les réformes projetées ayant été étudiées dans leur ensemble, nous en connaîtrons le caractère général, et non tel ou tel point particulier. C'est seulement alors que nous pourrons envisager les dégrèvements possibles, pratiques ; mais, en attendant, il importe que nous soyons attachés à la politique d'amortissement. »

Nous souhaitons que les membres du Parlement sachent comprendre les sages paroles du ministre des finances. D'ailleurs en s'attachant à la politique qu'elles recommandent, ils ne feront que déférer aux vœux de leurs électeurs, car les divers groupements de contribuables qui se sont formés ces derniers temps ont tous inséré dans leurs programme l'amortissement de la Dette publique. Quant à nous, en consacrant bien des recherches et bien des efforts à l'étude de cette question, nous avons cru faire œuvre de citoyen profondément dévoué à la grandeur de son pays.

www.ingramcontent.com/pod-product-compliance
Ingram Content Group UK Ltd.
Pitfield, Milton Keynes, MK11 3LW, UK
UKHW020116130726
13696UKWH00001B/77